Kirchenrecht im Dialog

D1669653

Kirche und Recht – Beihefte

Herausgegeben von
Dipl.-Kfm. Dr. iur. Jörg Antoine, M.A., Bernd Th. Drößler, Katrin Gerdsmeier,
Prof. Dr. Burkhard Kämper, Dr. Jörg Kruttschnitt, Dr. Evelyne D. Menges L.I.C.,
Prof. Dr. Arno Schilberg, Prof. Dr. Gernot Sydow, M.A.

Beihefte, Band 5

Thomas Schüller und Thomas Neumann (Hrsg.)

Kirchenrecht im Dialog

Tagungsband zur Tagung
des Instituts für Kanonisches Recht,
18.–20. Februar 2019, Fulda

Berliner
Wissenschafts-Verlag

Bibliografische Information der Deutschen Nationalbibliothek:
Die Deutsche Nationalbibliothek verzeichnet diese Publikation in der Deutschen
Nationalbibliografie; detaillierte bibliografische Daten sind im Internet über
http://dnb.d-nb.de abrufbar.

© 2020 BWV | BERLINER WISSENSCHAFTS-VERLAG GmbH,
Markgrafenstraße 12–14, 10969 Berlin,
E-Mail: bwv@bwv-verlag.de, Internet: http://www.bwv-verlag.de

Druck: docupoint, Magdeburg
Gedruckt auf holzfreiem, chlor- und säurefreiem, alterungsbeständigem Papier.
Printed in Germany.

ISBN Print   978-3-8305-3946-9
ISBN E-Book   978-3-8305-4105-9

Vorwort

In den Augen des kirchlichen Gesetzgebers erscheint die Entwicklung und der Ausbau interdisziplinärer Beziehungen immer notwendiger (Art. 66 VG). Als eine der zwei Institutionen in Deutschland, die vertiefte kanonistische Studien anbietet, wollen wir mit diesem Tagungsband unserer primären Aufgabe nachkommen, mit den eigenen Themen des Kanonischen Rechts einen Beitrag zur kulturellen Debatte zu leisten. (Novus Postulatis Nr. 1). Es geht um einen Dialog der Kanonistik mit anderen Wissenschaften auf Augenhöhe. Über einen solchen Dialog sagt Papst Franziskus: „Vor allem die gemeinsame und sich überschneidende Forschung von Fachleuten verschiedener Disziplinen bildet einen qualifizierten Dienst für das Volk Gottes, insbesondere für das Lehramt." (VG Nr. 5).

Die interdisziplinäre Ausrichtung des Dialogs erfolgt im Sinne ihrer *starken* Form als Transdisziplinarität (VG Nr. 4c), die den Forschungsgegenstand nicht nur aus unterschiedlichen Perspektiven behandelt, sondern danach strebt, neue Erkenntnisse aus der Synthese der unterschiedlichen Disziplinen zu gewinnen.

Die Durchführung der Tagung „Kirchenrecht im Dialog" vom 18. – 20. Februar 2019 wäre ohne die große Unterstützung der Theologischen Fakultät Fulda bzw. des Bistums Fulda, namentlich Prof. Dr. Bernd Dennemarck, die uns ihre Räumlichkeiten zur Verfügung gestellt haben, nicht möglich gewesen. Ebenso möchten wir uns bei der Bank für Kirche und Caritas, dem Erzbistum Paderborn, dem Bistum Münster und dem Förderverein zur Förderung des Studiums des Kanonischen Rechts für deren Unterstützung bedanken. Für die Aufnahme des Tagungsbandes in die neue Reihe „Beihefte zur Zeitschrift Kirche und Recht" bedanken wir uns besonders bei Prof. Dr. Gernot Sydow und der kompetenten Redaktionsbetreuung durch Frau Jessica Gutsche. Für die Redaktion des Bandes am Institut für Kanonisches Recht sind wir Herrn Johannes Hohmann, Frau Maike Arping, Frau Pia Wenner, Herrn Jakob Königshoven und Herrn Paul Klostermann dankbar, die in kompetenter Weise die redaktionellen Arbeiten übernommen haben.

Zuletzt gilt unser Dank als Herausgeber dieses Tagungsbandes in besonderer Weise den Autorinnen und Autoren dieses Bandes, die sich auf den Dialog mit dem Kirchenrecht eingelassen und damit wesentlich zum Gelingen der Tagung und des Tagungsbandes beigetragen haben.

Am Fest der Heiligen Drei Könige

Prof. Dr. Thomas Schüller und Dr. Thomas Neumann, Münster

Inhaltsverzeichnis*

---

*   Alle Abkürzungen in diesem Band richten sich nach: HAERING, Stephan; REES, Wilhelm;
    SCHMITZ, Heribert (Hrsg.) Handbuch des katholischen Kirchenrechts, Regensburg ³2015. Die
    gängigen Gesetzestexte, Gesetzeskommentare und Gerichtsurteile werden in den Literaturver-
    zeichnissen nicht aufgeführt.

Inhaltsverzeichnis

Thomas Neumann

Vom inneren zum äußeren Dialog. Hinweise zu einer Topographie interdisziplinärer Kanonistik

Abstract Ausgehend von der teilweise negativen Haltung gegenüber dem Kanonischen Recht in der kirchlichen Öffentlichkeit und dessen postulierter Dialogunfähigkeit wird das kirchliche Recht als integraler Bestandteil der Theologie aufgrund der inneren Verwiesenheit von Rechts- und Heilswirklichkeit auf der Grundlage von LG 8 definiert. Im Beitrag wird die rechtstheoretische Einordnung des Kirchenrechts zwischen Rechtswissenschaft und Theologie mit der Metakanonistik Gottlieb Söhngens (juristische, metajuristische und metakanonistische Ebene) und der Antekanonistik Hans Barions (Kanonistik als ancilla, custos und illuminatrix theologiae) vorgenommen. Diese Verortung der Kanonistik bestimmt den innertheologischen Dialog. Von diesem ausgehend werden unter Einbeziehung der loci theologici Melchior Canos und des durch Elmar Klinger bestimmten auctoritas-Begriffs die Rahmenbedingungen des Dialogs mit den nicht-theologischen Wissenschaften in der Differenz der loci proprii und loci alieni bestimmt. Diese Rahmenbedingungen des äußeren Dialogs bilden die Grundlage für den interdisziplinären Dialog der Tagung.

Der Sündenbock

Kirchenrecht im Dialog; dieses Ansinnen erscheint aufgrund der Außenwahrnehmung des Faches äußerst diffizil.

Die Kanonistik als Wissenschaft vom Recht der Kirche und in der Kirche nimmt aus der Perspektive der Außenwahrnehmung innerhalb des Fächerkanons der katholischen Theologie eine Sonderstellung ein. Allein bezüglich der Zuordnung zur systematischen oder zur praktischen Fächergruppe ist man sich bereits uneins.[1] Nicht nur die Gläubigen in den Pfarreien und Diözesen, sondern auch die Fachkollegen an den Fakultäten sehen im Kanonischen Recht eher einen Grund für den Reformstau in der Kirche, als eine Lösung für die Zukunft der Glaubensgemeinschaft.[2] Die vielbemüh-

---

1   Vgl. die Zuordnung des Kirchenrechts zur systematischen Fächergruppe an der Universität Regensburg. URL: https://www.uni-regensburg.de/theologie/lehrstuehle/index.html [eingesehen am 29.05.2019] im Vergleich zur mehrheitlichen Zuordnung zur praktischen Fächergruppe z. Bsp. an der Westfälischen Wilhelms-Universität Münster. URL: https://www.uni-muenster.de/FB2/organisation/ [eingesehen am: 29.05.2019].

2   Vgl. die Diskussion zwischen Rainer Bucher und Judith Hahn unter dem Titel „Pastoral versus Kirchenrecht. Wie weiter mit dem Tragödienklassiker Teil I und II. URL:

ten Zeichen der Zeit (GS 4)[3] seien dem Recht fremd, was der Umgang mit gescheiterten Ehen[4], die Behandlung des Kirchenaustritts[5], die Erschwernis ökumenischer Bemühungen[6] und der Ausschluss einer demokratischen Herrschaftsordnung der Kirche[7] offensichtlich machen würden. Zudem stünden die juristische Sprache sowie die vereinnahmende juristische Methode dem Verständnis des Rechts sowie der Reform der Kirche im Wege.[8] Kurz gefasst mit dem evangelischen Juristen Rudolf Sohm: „Das Wesen des Rechts widerspricht dem Wesen der Kirche!"[9]

Man scheint nach diesen Ausführungen darin bestärkt zu sein, dass ein Dialog mit dem Kirchenrecht innertheologisch ein hölzernes Eisen sei. Außertheologisch wird Kirchenrecht nicht selten als nicht wirkliches Recht, als religiöse Ordnung abgetan.[10] Und doch gehen wir bei dieser Tagung davon aus, dass die Kanonistik dialogfähig mit den übrigen theologischen Disziplinen und anderen Humanwissenschaften ist. Der Ausgangspunkt für diese Annahme ist die komplexe Wirklichkeit der Kirche, wie sie in der Konstitution über die Kirche Lumen gentium 8 beschrieben wird:

---

https://www.feinschwarz.net/pastoral-versus-kirchenrecht-wie-weiter/ [eingesehen am: 29.05.2019].

3   Vgl. PAUL VI., Pastoralkonstitution Gaudium et spes vom 7. November 1965, in: AAS 58 (1966), S. 1025–1115; dt.: HThK-VatII, Bd. 1, S. 592–749: „Zur Erfüllung dieses ihres Auftrags obliegt der Kirche allzeit die Pflicht, nach den Zeichen der Zeit zu forschen und sie im Licht des Evangeliums zu deuten."

4   EBERTZ, Michael N., Der Kampf um Amoris laetitia – im soziologischen Blick, in: Burkard, Dominik (Hrsg.), Die christliche Ehe – erstrebt, erlebt, erledigt? Fragen und Beiträge zur aktuellen Diskussion im Katholizismus, Würzburg 2016 (= WTh; 15), S. 385–414.

5   Vgl. BIER, Georg, Wer nicht zahlt, der glaubt nicht?, in: Ders. (Hrsg.), Der Kirchenaustritt: Rechtliches Problem und pastorale Herausforderungen, Freiburg i. Br. 2013, S. 157–170.

6   Vgl. HALLERMANN, Heribert, Dringende Notwendigkeit. Eucharistie bei konfessionsverschiedenen Ehepaaren, in: HK 71 (2017), S. 25–26.

7   Vgl. DEMEL, Sabine, Power to the people. Die Mitbestimmung der Laien in der Kirche könnte sofort verbessert werden, in: HK 73 (2019), S. 38–41.

8   Vgl. insbesondere zur Rechtssprache: HAHN, Judith, Recht verstehen. Die Kirchenrechtssprache als Fachsprache: rechtslinguistische Probleme und theologische Herausforderungen, in: Schüller, Thomas; Zumbült, Martin (Hrsg.), Iustitia est constans et perpetua voluntas ius suum cuique tribuendi. Festschrift für Klaus Lüdicke zum 70. Geburtstag, Essen 2014 (= BzMK; 70), S. 163–198.

9   SOHM, Rudolf, Kirchenrecht Bd. 1 Die geschichtlichen Grundlagen, Leipzig 1892, insbesondere S. 56–68.

10   Positiv gewendet bezeichnet Rudolf Weigand die Kanonistik als „Brückenfach" zwischen Theologie und Rechtswissenschaften. Vgl. WEIGAND, Rudolf, s. v. Kanonistik, in: ³LThK, Sp. 1188–1197; hier Sp.1197. Ähnlich EGLER, Anna; MAY Georg, Einführung in die kirchenrechtliche Methode, Regensburg 1986, S. 20–22.

„Der einzige Mittler Christus hat seine heilige Kirche, die Gemeinschaft des Glaubens, der Hoffnung und der Liebe, hier auf Erden als sichtbares Gefüge verfasst und trägt sie als solches unablässig; so gießt er durch sie Wahrheit und Gnade auf alle aus. Die mit hierarchischen Organen ausgestattete Gesellschaft und der geheimnisvolle Leib Christi, die sichtbare Versammlung und die geistliche Gemeinschaft, die irdische Kirche und die mit himmlischen Gaben beschenkte Kirche sind nicht als zwei verschiedene Größen zu betrachten, sondern bilden eine einzige komplexe Wirklichkeit, die aus menschlichem und göttlichem Element zusammenwächst. "[11]

Die vom Konzil gelehrte Komplexität der Kirche kann nicht in die sichtbare Kirche, das rechtliche Gefüge und die unsichtbare Kirche, die Heilswirklichkeit, getrennt werden, sondern der Kirchenwirklichkeit und der Heilswirklichkeit wohnt eine wesentliche Verwiesenheit inne. Die Heilsordnung ist in die Wirklichkeit inkarniert.[12] Der Begriff der Inkarnation gilt hier jedoch nur analog, denn der Geist Christi wohnt dem Gemeinschaftsgefüge der Kirche ein, analog zur Inkarnation des Logos im Fleisch. Die sichtbare Kirche erhält ihr Leben und ihre Kraft aus den übernatürlichen Gaben, die nicht auf den unsichtbaren Logos, sondern auf die übernatürliche innere Begnadung der Kirche, ihre Sakramentalität, den Heiligen Geist Christi, verweist.[13]

Folglich muss auch das Kanonische Recht als theologisches Fach jene komplexe Wirklichkeit abbilden, es muss die aufeinander verweisenden sichtbaren und unsichtbaren Elemente in sich tragen, wenn es Teil der Theologie sein will. Kirchliche Normen – so die These – verweisen nicht nur auf die Rechtswirklichkeit, sondern zwingend auch auf die Heilswirklichkeit. Stimmt man dieser These zu, wird augenscheinlich die juristische Methode allein in der Kanonistik nicht ausreichen, sondern es bedarf sogleich der theologischen Methodologie. Die Kanonistik hat folglich einen Ort im inneren Dialog der theologischen Disziplinen. Bis dato haben nur zwei Theologen, ein Fundamentaltheologe und ein Kanonist, versucht diesen Ort zu bestimmen. Es waren der Fundamentaltheologe Gottlieb Söhngen und der umstrittene[14] Kanonist Hans Barion, der als Positivist und Genosse Carl Schmitts gilt.

---

11   PAUL VI., Dogmatische Konstitution Lumen gentium vom 21. November 1964, in: AAS 43 (1965), S. 5–75; dt.: HThK-VatII, Bd. 1, S. 73–185.

12   Vgl. GRAULICH, Markus, Unterwegs zu einer Theologie des Kirchenrechts. Die Grundlegung des Rechts bei Gottlieb Söhngen (1892–1971) und die Konzepte der neueren Kirchenrechtswissenschaft, Paderborn; München; Wien u. a. 2006 (= KStKR; 6), S. 104.

13   Vgl. GRILLMEIER, Aloys, Kommentar zu Lumen Gentium, in: LThK²-K, Bd. 1, S. 172.

14   Vgl. MARSCHLER, Thomas, Kirchenrecht im Bannkreis Carl Schmitts. Hans Barion vor und nach 1945, Bonn 2004.

Thomas Neumann

Ein Ort zwischen Rechtswissenschaft und Theologie

Es ist ein schmerzliches Desiderat, dass es keine Wissenschaftstheorie des Kanonischen Rechts gibt.[15] Vor dem Aufruf Papst Pauls VI. (1963–1978) auf dem zweiten internationalen Kongress der Kanonistik 1973 – „heute ist eine Theologie des Rechts notwendig, die all das aufnimmt, was die göttliche Offenbarung über das Geheimnis der Kirche aussagt."[16] – reichte die rein juristische Betrachtung des kirchlichen Rechts aus. Eine Verbindung zur übrigen Theologie bestand nur rudimentär, auch die Provokation Rudolf Sohms änderte unter katholischen Kanonisten nur wenig daran. Nach dem II. Vaticanum und der expliziten Bitte des Papstes, eine Rechtstheologie zu entwerfen, bestand das Bemühen hauptsächlich darin, den theologischen Kern des Kanonischen Rechts zu finden und es in die Theologie zu integrieren. Diese Phase ist von einem gewissen Vorbehalt gegenüber dem Recht insofern geprägt, dass man mehr den kerygmatischen Charakter[17] des kirchlichen Rechts hervorheben solle. Was den außertheologischen, juristischen Vorbehalt erklärt. Beide Extreme haben jedoch versäumt, die beiden Perspektiven der Kanonistik miteinander zu vereinen und nach den Voraussetzungen des Kanonischen Rechts zu fragen. Allenfalls – und das sehr vehement – wurde die Frage der Interpretation des Kirchenrechts, die zum Beispiel unter dem Schlagwort Codex vs. Konzil[18] firmiert, diskutiert.

Gottlieb Söhngens Metakanonistik

Welchen Platz nimmt nun die Kanonistik im Fächerkanon der Theologie ein und unter welchen Voraussetzungen ist die Wissenschaft vom Recht in der Kirche zu betreiben? Gottlieb Söhngen legt dar: „Auch Grund und Sinn der Rechtsordnungen und Rechtswissenschaften klären sich nicht rein aus sich selbst, sondern in einer ontologischen

---

15 Vgl. Pree, Helmuth, Kirchenrechtstheorie als eigenständige kanonistische Grundlagendisziplin, in: AfkKR 178 (2009), S. 52–67.

16 Paul VI., Ansprache an die Teilnehmer des II. Kongresses für Kirchenrecht in Mailand vom 17. September 1973, in: AfkKR 143 (1973), S. 463–471; hier S. 470.

17 Vgl. Graulich, Theologie des Kirchenrechts (wie Anm. 12), S. 94.

18 Vgl. Lüdecke, Norbert, Der Codex Iuris Canonici von 1983: „Krönung" des II. Vatikanischen Konzils?, in: Wolf, Hubert; Arnold, Claus (Hrsg.), Die deutschsprachigen Länder und das II. Vatikanum (Programm und Wirkungsgeschichte des II. Vatikanums; 4), Paderborn 2000, S. 209–237; Müller, Ludger, Codex und Konzil. Die Lehre des Zweiten Vatikanischen Konzils als Kontext zur Interpretation kirchenrechtlicher Normen, in: AfkKR 169 (2000), S. 469–491; Demel, Sabine, Zweites Vatikanisches Konzil und Kirchliches Gesetzbuch: Wer von beiden bestimmt die Auslegung des anderen?, in: Heinzmann, Richard (Hrsg.), Kirche – Idee und Wirklichkeit. Für eine Erneuerung aus dem Ursprung, Freiburg i. Br. 2014, S. 186–205.

Analyse[19] der Grundbereiche oder Grundschichten des Rechtslebens und Rechtsdenkens […].“[20] Die daraus resultierende Aufgabe fasst Johannes Neumann folgendermaßen zusammen: „Kirchliches Recht muß […] plausibel machen, worin es sich als Rechtsordnung legitimiert und wie es sich formal als eine solche erweist.“[21]

Als Rechtsordnung erweist sich das kirchliche Recht aufgrund seines formalen Charakters, den Söhngen auf der ersten Ebene, der juristischen, verortet. Kanonisches Recht muss formal richtiges Recht, wie jedes andere Recht, sein. Dieser Aspekt findet sich in dem ersten Leitsatz der Codexreform wieder: „Bei der Reform des Rechts muss der rechtliche Charakter des neuen Codex, den die soziale Natur der Kirche erfordert, im vollen Umfang beibehalten werden.“[22] An dieser Stelle ist eine erste entscheidende Differenz zum weltlichen Recht zu beachten. Die Materie – das Materialobjekt – des weltlichen Rechts ist die logische Relation von formaler Richtigkeit. Letztere kann im Kanonischen Recht jedoch nur das Formalobjekt sein, denn innerhalb der Theologie ist die metalogische Relation zur Wahrheit sachnotwendig, damit die Kanonistik nicht zu einem toten Formalismus verkommt.[23] Die metalogische Relation zur Wahrheit ist die Materie der Kanonistik, konkret das glaubensdogmatische Lehrgut.[24] Hierauf verweist auch Papst Paul VI., wenn er eine Rechtstheologie einfordert und erläutert: „Ihre erste Sorge wird also nicht darin bestehen, eine Rechtsordnung aufzustellen, die allein dem Zivilrecht nachgebildet ist, sondern darin, das Wirken des Geistes zu ergründen, das auch im Recht der Kirche seinen Ausdruck finden muss.“[25]

Die Bestimmung des Formalobjektes und des Materialobjektes des Kanonischen Rechts weist bereits auf die zweite, die metajuristische, kanonistische Ebene nach Söhngen hin. Die materiale Grundstruktur des metajuridischen Bereichs ist die Kirche im dogmatischen Begriff und ihrer dogmatischen Rechtsordnung.[26] Die Kirche selbst ist

---

19   Zum Versuch einer ontologischen Analyse vgl. SCHÜLLER, Thomas; NEUMANN, Thomas, Ordinatio rationis et/vel ordinatio fidei. Diskurs über die Quelle(n) des Kanonischen Rechts, in: ancilla iuris 2019 (im Druck).

20   SÖHNGEN, Gottlieb, Grundfragen einer Rechtstheologie, München 1962, S. 60 f.

21   NEUMANN, Johannes, Grundriss des Kirchenrechts, Darmstadt 1982, S. 62.

22   JOHANNES PAUL II., Codex des kanonischen Rechtes, Lateinisch-deutsche Ausgabe (im Auftrag der Deutschen Bischofskonferenz, der Österreichischen Bischofskonferenz, der Schweizer Bischofskonferenz, der Erzbischöfe von Luxemburg und von Straßburg sowie der Bischöfe von Bozen-Brixen, von Lüttich und von Metz), Kevelaer ⁸2017, Praefatio, S. XXXV.

23   Vgl. GRAULICH, Theologie des Kirchenrechts (wie Anm. 12), S. 94.

24   Vgl. ebd.

25   PAUL VI., Ansprache vom 17. September 1973 (wie Anm. 16), S. 470 f.

26   Vgl. GRAULICH, Theologie des Kirchenrechts (wie Anm. 12), S. 94.

das Grunddogma, welches wesentlich für das Kanonische Recht ist.[27] Dies läuft auf die Feststellung Hans Barions in seiner Auseinandersetzung mit Rudolf Sohm hinaus, dass der Glaube den Kirchenbegriff bestimmt und der Kirchenbegriff den Kirchenrechtsbegriff.[28] Der Begriff und das Wesen – das Materialobjekt – des Kanonischen Rechts auf der metajuridischen Ebene werden durch das Dogma – weiter gefasst das glaubensdogmatische Lehrgut – bestimmt.

Söhngen bleibt auf dieser Ebene nicht stehen, sondern führt die dritte metakanonistische Ebene ein. Für ihn kann nicht beim Dogma und dem Kanonischen Recht verweilt werden, sondern beide weisen über sich hinaus auf einen transzendenten Bereich, auf den sie innerlich und wesentlich bezogen sind.[29] Daraus folgernd besteht die Grenze für das Dogma und das kirchliche Recht darin, dass sie selbst nicht Heilssinn und Heilswirklichkeit in sich tragen, sondern ihnen nur ein instrumenteller Charakter zur Vermittlung der Heilswirklichkeit aneignet. Die Heilswirklichkeit ist damit transzendental – die Bedingung der Möglichkeit – für das Dogma und das Kanonische Recht. Diese Differenzierung ist zwingend, da sonst dem kirchlichen Recht eine heilsstiftende Funktion zugesprochen werden könnte, die es nie haben kann, da die Rechtsgerechtigkeit auf formaler Ebene nur auf die Heilsgerechtigkeit verweisen kann, sie aber nicht in sich selbst trägt.[30]

Daraus ist zu schließen, dass das Kanonische Recht auf formaler Ebene wahres, formal richtiges Recht sein muss. Im Sinn der komplexen Wirklichkeit besteht die erste Differenz im Materialobjekt, dem Dogma der Kirche, hebt jedoch nicht die interdisziplinäre Verbindung zur Rechtsgerechtigkeit auf. Die zweite Differenz besteht in dem transzendentalen Verhältnis zur Heilswirklichkeit, ein innerdisziplinäres Axiom.

Hans Barions Antekanonistik

Hans Barion bezieht sich auf die Ausführungen Gottlieb Söhngens zur Metakanonistik, knüpft jedoch begrifflich nicht an ihn an, sondern führt den Begriff *antekano-*

---

27 Vgl. ebd., S. 95.

28 Vgl. BARION, Hans, Rudolph Sohm und die Grundlegung des Kirchenrechts, in: Recht und Staat in Geschichte und Gegenwart; 81, Tübingen 1931, S. 26.

29 Vgl. GRAULICH, Theologie des Kirchenrechts (wie Anm. 12), S. 100.

30 Vgl. die in diesem Sinn angestellten Überlegungen zum ius divinum aus kanonistischer Perspektive: NEUMANN, Johannes, Das ius divinum im Kirchenrecht, in: Orientierung 31 (1967), S. 5–8; aufgenommen von HOLLERBACH, Alexander, Göttliches und Menschliches in der Ordnung der Kirche, in: Ders. (Hrsg.): Mensch und Recht. Festschrift für Erik Wolf zum 70. Geburtstag, Frankfurt a.M. 1972, S. 212–235; und PREE, Helmut, Zur Wandelbarkeit und Unwandelbarkeit des ius divinum, in: Reinhardt, Heinrich J.F. (Hrsg.), Theologia et ius canonicum. Festgabe für Heribert Heinemann zur Vollendung seines 70. Lebensjahres, Essen 1995, S. 111–135.

nistisch ein, da es nicht um das über das Recht Hinausweisende, sondern die Voraussetzungen des Rechts gehe.[31] Diese Vorausetzungen müssen für ihn nicht bewiesen werden, sondern stehen fest. Daher sind seine Ausführungen nicht auf der dritten metakanonistischen, sondern auf der zweiten, der metajuridischen, der kanonistischen Ebene einzuordnen.

Das Verhältnis der Kanonistik zur Theologie, also den Ort des Kanonischen Rechts, beschreibt Barion in drei Relationen: Sie sei *ancilla theologiae, custos theologiae* und *illuminatrix theologiae.*

Hinter der Magd der Theologie *(ancilla theologiae)* verbirgt sich die Annahme, dass die Kanonistik ihren vornehmsten und grundlegenden Gegenstand von der Theologie, spezifischer von der Dogmatik erhält.[32] Dogmatik und Kanonistik in ein Dienstverhältnis zu stellen, ist nichts Neues, doch die Erinnerung daran weist beiden ihren Ort zu und steht hinter dem von Johannes Paul II. postulierten Bemühen, durch den Codex die Ekklesiologie des II. Vaticanums in den Grenzen des Möglichen in die rechtliche Sprache zu übersetzen.[33] Für eine konstruktive Kritik am Kanonischen Recht, die nicht populistische Polemik sein will, bedeutet dies, dass es zwei Gegenstände der Kritik geben kann: Erstens die Kritik, man habe in den Normen das vorausgesetzte Lehrgut unzulänglich oder verfälscht wiedergegeben. Zweitens sei das zugrundeliegende Lehrgut reformbedürftig, was die Übergabe des Staffelstabs an die systematische Theologie erforderlich mache. Hierbei ist zu beachten, dass die Offenbarung nicht das Produkt der Theologie ist, sondern ihr Gegenstand.[34] Mit Söhngen gesprochen enthalten die Dogmen die Offenbarung nicht in sich selbst, sondern verweisen nur auf die Heilswirklichkeit. Oder mit Barion in einem provokativen Merksatz gefasst: „auctoritas, non theologia facit dogma!"[35] Die Verwiesenheit auf die metakanonistische Ebene entkräftet zugleich die Kritik an der juristischen Methode. „Drei be-

---

31 Vgl. BARION, Hans, Die gegenwärtige Lage der Wissenschaft vom katholischen Kirchenrecht, in: Böckenförde, Werner (Hrsg.), Hans Barion. Kirche und Kirchenrecht. Gesammelte Aufsätze, Paderborn 1984, S. 341–403; hier S. 344.

32 Vgl. ebd., S. 345.

33 Vgl. JOHANNES PAUL II., Apostolische Konstitution Sacrae disciplinae leges vom 25. Januar 1983, in: CIC/1983 (wie Anm. 22), S. XIX: „Ja, dieser Codex kann gewissermaßen als ein großes Bemühen aufgefasst werden, eben diese Lehre, nämlich die konziliare Ekklesiologie, in die kanonistische Sprache zu übersetzen."

34 Vgl. BARION, gegenwärtige Lage (wie Anm. 31), S. 348.

35 Vgl. ebd.; ausführlich auf S. 351: „Die Möglichkeit kritischer Selbstüberschreitung ist für die Wissenschaften im profanwissenschaftlichen Sinne konstitutiv, während die Kanonistik die göttlich-rechtlichen Grundlagen ihres Systems von der Theologie und diese wiederum vom kirchlichen Lehramt übernehmen muß, so daß der Kanonistik die eigenständige Feststellung ihrer inhaltlichen Grundlagen und damit die Möglichkeit transzendierender Kritik aus doppeltem Grunde versagt ist. [...] vor dem Stuhl der Wissenschaft steht die

richtigende Worte des Gesetzgebers, und ganze Bibliotheken werden zu Makulatur."[36] Denn der Gesetzgeber, der zugleich das oberste Lehramt inne hat, kann nicht die Offenbarung ändern, sondern sie nur tiefer durchdringen. Folglich müssen Veränderungen am Recht immer ihre metakanonistischen Voraussetzungen als Grenze haben, die das über die Dogmen Hinausweisende sind.

Zweitens ist für Barion die Kanonistik *custos theologiae,* was wiederum ein vor allem innertheologisches Verhältnis ist. Eine Wächterfunktion des Kanonischen Rechts mag zunächst den Eindruck einer rückwärtsgewandten Wissenschaft vermitteln. Aufgabe der Kanonistik sei es, Maßstäbe zur Bewahrung des *donum revelatum* aufzustellen.[37] Hierbei ist jedoch zu beachten, dass die Urgestalt des *donum revelatum* nicht am Anfang, sondern am Ende der Entwicklung steht. Das Ende ist erst erreicht, „wenn eine Glaubenslehre so formuliert wird, daß aus den möglichen theologischen Fassungen dieser Offenbarungswahrheit eine bestimmte als die kirchlich allein zulässige festgelegt wird, wenn also über eine bloß aussagenmäßige Eindeutigkeit hinaus, die noch verschiedene Arten des Verständnisses zu decken vermöchte, die sachliche erreicht ist, die nur ein einziges begriffliches Verständnis mehr zuläßt."[38] Wann dieser Zustand erreicht ist, festzustellen, obliegt nicht dem Kanonisten, auch nicht dem einzelnen Theologen, sondern der *auctoritas* der Theologie, auf die wir im nächsten Abschnitt näher eingehen werden. Die Grenze der *custos*-Funktion des Kanonischen Rechts liegt wiederum im metakanonistischen Bereich und kann mit der Frage nach dem Zweck des Kanonischen Rechts beantwortet werden. Johannes Neumann hält fest, dass das kirchliche Recht einzig einem Zweck dient, dem Seelenheil der Gläubigen – wie es auch in c. 1752 CIC/1983[39] festgehalten wird – und sich alle möglichen anderen Zwecke, der Schutz der theoretischen Glaubenslehren, der Erhalt der geistlichen Institutionen und die Sicherung der religiösen Machthaber diesem obersten unterordnen müssen und ihrerseits nur dafür da sind, den obersten Zweck zu verwirklichen.[40]

Die evolutive Offenheit des Kanonischen Rechts, die sich bereits in der *custos*-Funktion andeutet, findet ihre Bestätigung in der Bezeichnung der Kanonistik als *illuminatrix theologiae.* Es können sich in der wissenschaftlichen Auseinandersetzung mit dem kirchlichen Recht offene Fragen ergeben, die sofern sie nicht nur juristisch

---

Kanonistik trotzdem da wie Jakob vor Isaak: die Kleider zwar sind die Kleider der Wissenschaft, aber die Stimme ist die Stimme des kirchlichen Lehramts."

36 Ebd., S. 350.

37 Vgl. ebd., S. 353.

38 Ebd.

39 C. 1752 CIC/1983: „Bei Versetzungssachen sind die Vorschriften des can. 1747 anzuwenden, unter Wahrung der kanonischen Billigkeit und das Heil der Seelen vor Augen, das in der Kirche immer das oberste Gesetz sein muß."

40 Vgl. Neumann, Grundriss (wie Anm. 21), S. 26 f.

sind, dem Lehramt zur Beantwortung vorgelegt werden können.[41] Dies mündet in der Pflicht jeder Kanonistin und jedes Kanonisten, sich auf die offenen inhaltlichen Fragen zu besinnen und einen notwendigen Beitrag zur Entwicklung der Erfassung des *donum revelatum* beizutragen.[42] Auf der Grundlage dieser innertheologischen Verortung der Kanonistik ist es offensichtlich, dass sie ein *locus theologicus*[43] ist.

Innere antekanonistische Topographie

Mit dem Begriff der *loci theologici* ist die unmittelbare Verbindung zum Werk des spanischen Dominikaners Melchior Cano gegeben, dessen Werk *de locis theologicis*[44] 1563 – zwei Jahre posthum – veröffentlicht wurde.[45] Die *loci theologici* sind Gesichtspunkte, die für den theologischen Diskurs[46] und damit auch für die Verbindung der kanonistischen und metakanonistischen Ebene von Bedeutung sind. Cano selbst fasst die Intention seines Werkes wie folgt zusammen: „Das mache ich darum auch mit umso größerem Vergnügen, als es bisher keiner der Theologen – soweit ich es jedenfalls weiß – auf sich genommen hat, diese Klasse des Arguments zu behandeln: zumal es nötig ist, daß der Theologe über jene verbreitete Kunst des Unterscheidens hinaus, die wir von der Dialektik übernehmen, über eine andere verfügt – und ebenso andere Orte der Disputation –, von der aus er Argumentationen führt, die sich nicht im sozusagen allgemein Verbreiteten und Fremden erschöpfen, sondern eigentümlich sind, und daraus sowohl die eigenen Lehren zu stärken als auch die Aussagen der Gegner zu widerlegen."[47] Die zehn *loci theologici* sind: 1. *auctoritas sacrae scripturae*; 2. *auctoritas traditionum Christi et apostolorum*; 3. *auctoritas Ecclesiae Catholicae*; 4. *auctoritas Consiliorum, praesertim generalium*; 5. *auctoritas Ecclesiae Romanae*; 6. *auctoritas sanctorum veterum*; 7. *auctoritas theologorum scholasticorum*;

---

41 Vgl. Barion, gegenwärtige Lage (wie Anm. 31), S. 358 f.

42 Vgl. ebd., S. 359.

43 Vgl. als unbewiesenes Postulat Egler; May, Einführung (wie Anm. 10), S. 22–24.

44 Cano, Melchior, De locis theologicis, 1563, in: Serry, Hyacintho, Melchiris Cani Episcopi Canariensis ex Ordine Praedicatorum Opera, Padua 1762.

45 Vgl. Knapp, Markus, Das Wort Gottes, seine Überlieferung und Erkenntnis. Die Lehre von den loci theologici, in: Mette, Norbert; Sellmann, Matthias (Hrsg.), Religionsunterricht als Ort der Theologie (= QD; 247), Freiburg i. Br.; Basel; Wien 2012, S. 33–51; hier S. 33.

46 Vgl. Körner, Bernhard, Orte des Glaubens – loci theologici. Studien zur theologischen Erkenntnislehre, Würzburg 2014, S. 93.

47 Cano, De locis theologicis (wie Anm. 44), Prooemium, xlii; Übersetzung zitiert nach Sander, Hans-Joachim, Das Außen des Glaubens – eine Autorität der Theologie. Das Differenzprinzip in den Loci Theologici des Melchior Cano, in: Keul, Hildegund; Ders. (Hrsg.), Das Volk Gottes. Ein Ort der Befreiung, Würzburg 1998, S. 240–258; hier S. 242.

8. *ratio naturalis*; 9. *auctoritas philosophorum*; 10. *humanae auctoritas historiae.*[48] Diese Aufzählung war schon für Cano nicht taxativ.[49] Die *loci theologici* gelten als die Heimstätten jedweden theologischen Argumentes *(domicila omnia argumentorum theologicorum).*[50] Cano selbst versteht sie als Fundorte der theologischen Argumente und damit die Theologie als die Kunst des Auffindens eben jener Argumente aus ihren Heimstätten. Klassisch werden die *loci* unterteilt in die ersten sieben, die *loci proprii* und die letzten drei, die *loci alieni.*[51]

Über die Bedeutung der Lehre der *loci theologici* gibt es bis heute keine einmütige Meinung, sondern die Pole der Rezeption bilden sich um Max Seckler und Elmar Klinger.[52] Der Kern der Auseinandersetzung ist die Definition der *auctoritas,* mit denen neun der zehn *loci theologici* bedacht sind. Seckler[53] zufolge sind die *loci theologici* Bezeugungsinstanzen, denen mit Autorität versehene Argumente entnommen werden können. Die Autorität ergibt sich für Seckler aufgrund der Herkunft des Argumentes. Folglich habe im theologischen Diskurs ein Argument *auctoritas,* weil es etwa dem siebten *locus theologicus,* der Theologie der Scholastiker, wozu auch die Kanonisten zählen, entnommen ist. Die *auctoritas* leitet sich aus der Offenbarung, also dem metakanonistischen Bereich, der Heilswirklichkeit ab. Hingegen will Klinger die Heimstatt der Argumente und die Autorität nicht in eins fallen lassen, sondern postuliert: „Erst im Verhältnis zur Geschichte ist Autorität zu gewinnen; auctoritas steht potestas prinzipiell gegenüber und ermöglicht deren Qualifizierung. Das ist für Amtsträger der Kirche wichtig; es ist ihr geschichtliches Problem, Autorität zu werden. Sie sind es nicht schon durch die Macht, über die sie legal verfügen."[54] Die Glaubenssätze, oder nennen wir sie Dogmen, tragen ihre Autorität nicht wesenhaft in sich selbst, sie weisen – wie Söhngen es sagt – über sich hinaus auf die Heilswirklichkeit. Die *auctoritas* ist ein Merkmal des Begriffs, der von ihnen in der jeweiligen Zeit gebildet wird.[55] Dies impliziert eine evolutive Offenheit, von der auch Barion spricht, denn die vollkommene Durchdringung und Erfassung des *donum revelatum* steht am Ende, nicht am Anfang

---

48   Vgl. KÖRNER, Bernhard, Melchior Cano De locis theologicis. Ein Beitrag zur theologischen Erkenntnislehre. Graz 1994, S. 97; S. 149–155.

49   Vgl. SANDER, Das Außen des Glaubens (wie Anm. 47), S. 250.

50   Vgl. HÜNERMANN, Peter, Neue Loci Theologici. Ein Beitrag zur methodischen Erneuerung der Theologie, in: Christianesimo nella storia 24 (2003), S. 1–21; hier S. 3.

51   Vgl. KÖRNER, Melchior Cano (wie Anm. 48), S. 95.

52   Vgl. zur Debatte die Übersicht bei KÖRNER, Melchior Cano (wie Anm. 48), S. 24–46.

53   Die Position zusammenfassend vgl. SECKLER, Max, Die Communio-Ekklesiologie, die theologische Methode und die Loci-theologici-Lehre Melchior Canos, in: THQ 187 (2007), S. 1–20.

54   SANDER, Hans-Joachim, Das Außen des Glaubens (wie Anm. 47), S. 249.

55   Ebd., S. 245.

der Theologie. Folglich liegt die Bedeutung der *loci theologici* darin, dass sie Orte bzw. Gesichtspunkte sind, denen zulässige Argumente entnommen werden können, um *auctoritas* zu erzeugen, dem Argument selbst kommt aber aufgrund seiner Herkunft nicht schon eine unumstößliche Autorität zu. Die Kanonistik als *locus theologicus* kann also, weil sie Theologie ist, niemals endgültige Argumente vorlegen, weil sie Gesetze sind, sondern *auctoritas* erlangen sie erst, wenn sie sie in der Geschichte – der Tradition – erlangt haben. Sie können durch Argumente aus anderen *loci theologici* gestützt oder widerlegt werden, genauso wie die *illuminatrix theologiae* es vermag, Argumente aus anderen *loci* zu bestätigen oder zu widerlegen. So wird die Wissenschaft vom kirchlichen Recht zu einer Erkenntnisquelle der Theologie. Mit diesem Verständnis der *auctoritas* gilt Barions Satz unumstößlich: „auctoritas non theologia facit dogma!"

Äußerer Dialog

Die aufmerksamen Leser werden sich nun fragen, was ist denn nun mit dem äußeren Dialog, kommt er noch vor, oder erübrigt er sich im innertheologischen Disput?[56] Der äußere Dialog manifestiert sich in den *loci alieni*, der natürlichen Vernunft, den Philosophen, zu denen auch die weltlichen Juristen gezählt werden und der menschlichen Geschichte. Nochmals sei daran erinnert, dass zum einen die Liste nicht abschließend ist und es zum anderen u. a. von Hünermann den Versuch gibt, diese Liste zu modernisieren und zu erweitern.[57] Zu den *loci alieni* können so alle nicht-theologischen Wissenschaften gerechnet werden und ihnen kann die gleiche *auctoritas* zukommen wie den *loci proprii*.

Resümieren wir an dieser Stelle: Die drei Ebenen des Kanonischen Rechts nach Söhngen vereinen die juristische und die theologische Methode und setzen den Bezug zur Heilswirklichkeit auf der dritten Ebene. Mit Barions Antekanonistik kann der Ort und die Funktion der Kanonistik innerhalb der Theologie auf der zweiten Ebene Söhngens bestimmt werden als von der Dogmatik abhängige Dienerin, Wächterin über die Entwicklung der Erfassung des *donum revelatum* und Erleuchterin der Theologie in Bezug auf offene Fragen. Die letzte Funktion wird bestärkt durch die *loci theologici* – insbesondere die *loci proprii* – Melchior Canos. Dem Kanonischen Recht können Argumente für den theologischen Diskurs entnommen werden, die *auctoritas* erwerben können. Noch offen ist die Frage nach dem Wie, also wie ein den *loci theologici* entnommenes Argument Autorität erlangt.

---

56 Gegen den rein innertheologischen Disput vgl. ebd. S. 255: „Die Abschottung vor der Autorität dessen, was nicht das eigene ist, verdeckt die Differenz zwischen den Orten der Theologie und ihrer Autorität. Sie werden eins gesetzt."

57 Vgl. HÜNERMANN, Neue loci theologici (wie Anm. 50), S. 8.

An dieser Stelle muss nochmals auf die Rezeption Canos eingegangen werden, denn im 19. Jahrhundert wurden die *loci* und die Autorität in eins gesetzt, womit jedes einem der *loci proprii* entnommene Argument ein Autoritätsargument war.[58] Die *loci alieni* verschwanden aus der Perspektive der Theologen. Hans Joachim Sander kritisiert diese Verengung des Blickwinkels ausschließlich auf die *loci proprii,* denn für ihn ist gerade die Differenz der *loci proprii,* die vornehmlich *ab auctoritate* – hier die Offenbarung – argumentieren und den *loci alieni,* die *ab ratione* argumentieren, der entscheidende Faktor für die neuzeitliche Theologie.[59] Ein Argument, welches innertheologisch Sinn ergibt, kann im Außen gegenüber den *loci alieni* zu einer leeren Worthülse verkommen.[60] Für Sander ist Theologie „die Kunst des Argumentierens in der Differenz der loci proprii und loci alieni. Sie bildet vom Glauben einen Begriff im Zeichen der Zeit und wird dadurch selbst geschichtsmächtig."[61] Die Differenz zwischen dem Innen und Außen ist die Chance der Eröffnung neuer Erkenntnisquellen und neuer Dimensionen für die Theologie. Die Wahrnehmung, die Nutzung und der Respekt dieser Differenz werden exakt der komplexen Wirklichkeit gerecht, die die Kirche nach LG 8 abbildet. Nochmals: Autorität resultiert aus Anerkennungsverhältnissen. So muss theologische Autorität nicht immanent zugesprochen, sondern in der Differenz zum Außen erworben werden, im Dialog von rationalen *(ab ratione)* und theologischen *(ab auctoritate)* Argumenten.

Darum tritt das Kirchenrecht auf dieser Tagung in den Dialog mit nicht-theologischen Disziplinen, denn sie sind Orte, an denen Argumente für die Kirche, für den Glauben gefunden werden können, wenn wir gemeinsam die Differenz zwischen ihnen nutzen und für den Diskurs fruchtbar machen. Dieses Verhältnis gilt natürlich vice versa.

Dies erfolgt in vier Panels, die folgend kurz vorgestellt werden:

Im Panel Recht zwischen historischer Kontingenz und überhistorischer Relevanz geht es um die Differenz zwischen den *Glaubenswahrheiten,* den Dogmen und Normen und ihrer historischen Findungsphase. Sind wir in den unterschiedlichen Fragen bereits am Ende angekommen oder können uns Erkenntnisse der Geschichtswissenschaft neue Horizonte eröffnen, die wir in der Differenz nutzbar machen können?

Im Panel Recht zwischen Globalität und Partikularität in Staat und Kirche soll die Differenz zwischen juristischen bzw. organisationsrechtlichen Modellen und ekklesiologischen Konzeptionen im Vordergrund stehen. Eine Frage aus diesem Differenzbereich ist die Anwendbarkeit des juristisch-soziologischen Subsidiaritätsprinzips

---

58   Vgl. SANDER, Das Außen des Glaubens (wie Anm. 47), S. 255.

59   Vgl. ebd., S. 243.

60   Vgl. ebd., S. 255.

61   Ebd., S. 254.

auf die Kirche. Wo liegt die Differenz von Globalität und Universalität und wie kann diese Differenz für die Kanonistik nutzbar gemacht werden?

Im Panel Herausforderungen der Pluralisierung der Gesellschaft für das geltende Religionsverfassungsrecht geht es um die Differenz in der Pluralisierung des religiösen Lebens im Staat und den historisch erworbenen Rechten christlicher Kirchen. Welche Schlüsse können kanonistisch und theologisch aus der juristischen Öffnung für andere Religionen und damit der Anerkennung der Religionsfreiheit – zumindest im Außen – geschlossen werden?

Im Panel Rechtlicher Umgang mit und Gründe für Scheitern geht es um die Differenz von Schuld und Verbrechen. Einem gleichen Sachverhalt werden im Innen und im Außen unterschiedliche Qualifizierungen zugesprochen. Was kann aus dieser Differenz erkannt werden? Gibt es evtl. sogar über die Differenz hinaus Gemeinsamkeiten, die zu gegenseitigem Lernen anregen könnten?

Ich lade Sie als Mitherausgeber dieses Tagungsbandes ein, gemeinsam mit den Autorinnen und Autoren in der Differenz der *loci proprii* und *loci alieni* Argumente zu finden und ihnen für den theologischen Diskurs *auctoritas* zukommen zu lassen. Ein ambitioniertes und, um es mit Hans Joachim Sander zu sagen, notwendiges Projekt, um Theologie sachgerecht zu betreiben.

Literaturverzeichnis

BARION, Hans, Die gegenwärtige Lage der Wissenschaft vom katholischen Kirchenrecht, in: Böckenförde, Werner (Hrsg.), Hans Barion. Kirche und Kirchenrecht. Gesammelte Aufsätze, Paderborn 1984, S. 341–403.

BARION, Hans, Rudolph Sohm und die Grundlegung des Kirchenrechts, in: Recht und Staat in Geschichte und Gegenwart; 81, Tübingen 1931.

BIER, Georg, Wer nicht zahlt, der glaubt nicht?, in: Ders. (Hrsg.), Der Kirchenaustritt: Rechtliches Problem und pastorale Herausforderungen, Freiburg i.Br. 2013, S. 157–170.

CANO, Melchior, De locis theologicis, 1563, in: Serry, Hyacintho, Melchiris Cani Expiscopi Canariensis ex Ordine Praedicatorum Opera, Padua 1762.

DEMEL, Sabine, Power to the people. Die Mitbestimmung der Laien in der Kirche könnte sofort verbessert werden, in: HK 73 (2019), S. 38–41.

DEMEL, Sabine, Zweites Vatikanisches Konzil und Kirchliches Gesetzbuch: Wer von beiden bestimmt die Auslegung des anderen?, in: Heinzmann, Richard (Hrsg.), Kirche – Idee und Wirklichkeit. Für eine Erneuerung aus dem Ursprung, Freiburg i.Br. 2014, S. 186–205.

EBERTZ, Michael N., Der Kampf um Amoris laetitia – im soziologischen Blick, in: Burkard, Dominik (Hrsg.), Die christliche Ehe – erstrebt, erlebt, erledigt? Fragen und Beiträge zur aktuellen Diskussion im Katholizismus, Würzburg 2016 (= WTh; 5), S. 385–414.

EGLER, Anna; MAY Georg, Einführung in die kirchenrechtliche Methode, Regenburg 1986.

GRAULICH, Markus, Unterwegs zu einer Theologie des Kirchenrechts. Die Grundlegung des Rechts bei Gottlieb Söhngen (1892–1971) und die Konzepte der neueren Kirchenrechtswissenschaft, Paderborn; München; Wien u.a. 2006 (= KStKR; 6).

HAHN, Judith, Recht verstehen. Die Kirchenrechtssprache als Fachsprache: rechtslinguistische Probleme und theologische Herausforderungen, in: Schüller, Thomas; Zumbült, Martin (Hrsg.), Iustitia est constans et perpetua voluntas ius suum cuique tribuendi. Festschrift für Klaus Lüdicke zum 70. Geburtstag, Essen 2014 (= BzMK; 70), S. 163–198.

HALLERMANN, Heribert, Dringende Notwendigkeit. Eucharistie bei konfessionsverschiedenen Ehepaaren, in: HK 71 (2017), S. 25–26.

HOLLERBACH, Alexander, Göttliches und Menschliches in der Ordnung der Kirche, in: Ders. (Hrsg.): Mensch und Recht. Festschrift für Erik Wolf zum 70. Geburtstag, Frankfurt a.M. 1972, S. 212–235.

HÜNERMANN, Peter, Neue Loci Theologici. Ein Beitrag zur methodischen Erneuerung der Theologie, in: Christianesimo nella storia 24 (2003), S. 1–21.

KNAPP, Markus, Das Wort Gottes, seine Überlieferung und Erkenntnis. Die Lehre von den loci theologici, in: Mette, Norbert; Sellmann, Matthias (Hrsg.), Religionsunterricht als Ort der Theologie (= QD; 247), Freiburg i. Br.; Basel; Wien 2012, S. 33–51.

KÖRNER, Bernhard, Orte des Glaubens – loci theologici. Studien zur theologischen Erkenntnislehre, Würzburg 2014.

KÖRNER, Bernhard, Melchior Cano De locis theologicis. Ein Beitrag zur theologischen Erkenntnislehre. Graz 1994.

LÜDECKE, Norbert, Der Codex Iuris Canonici von 1983: „Krönung" des II. Vatikanischen Konzils?, in: Wolf, Hubert; Arnold, Claus (Hrsg.), Die deutschsprachigen Länder und das II. Vatikanum (Programm und Wirkungsgeschichte des II. Vatikanums; 4), Paderborn 2000, S. 209–237.

MARSCHLER, Thomas, Kirchenrecht im Bannkreis Carl Schmitts. Hans Barion vor und nach 1945, Bonn 2004.

MÜLLER, Ludger, Codex und Konzil. Die Lehre des Zweiten Vatikanischen Konzils als Kontext zur Interpretation kirchenrechtlicher Normen, in: AfkKR 169 (2000), S. 469–491.

NEUMANN, Johannes, Grundriss des Kirchenrechts, Darmstadt 1982.

NEUMANN, Johannes, Das ius divinum im Kirchenrecht, in: Orientierung 31 (1967), S. 5–8.

PAUL VI., Ansprache an die Teilnehmer des II. Kongresses für Kirchenrecht in Mailand vom 17. September 1973, in: AfkKR 143 (1973), S. 463–471.

PREE, Helmuth, Kirchenrechtstheorie als eigenständige kanonistische Grundlagendisziplin, in: AfkKR 178 (2009), S. 52–67.

PREE, Helmut, Zur Wandelbarkeit und Unwandelbarkeit des ius divinum, in: Reinhardt, Heinrich J. F. (Hrsg.), Theologia et ius canonicum. Festgabe für Heribert Heinemann zur Vollendung seines 70. Lebensjahres, Essen 1995, S. 111–135.

SANDER, Hans-Joachim, Das Außen des Glaubens – eine Autorität der Theologie. Das Differenzprinzip in den Loci Theologici des Melchior Cano, in: Keul, Hildegund; Ders. (Hrsg.), Das Volk Gottes. Ein Ort der Befreiung, Würzburg 1998, S. 240–258.

SCHÜLLER, Thomas; NEUMANN, Thomas, Ordinatio rationis et/vel ordinatio fidei. Diskurs über die Quelle(n) des Kanonischen Rechts, in: ancilla iuris 2019 (im Druck).

SECKLER, Max, Die Communio-Ekklesiologie, die theologische Methode und die Loci-theologici-Lehre Melchior Canos, in: THQ 187 (2007), S. 1–20.

Soнм, Rudolf, Kirchenrecht Bd. 1 Die geschichtlichen Grundlagen, Leipzig 1892.

Söhngen, Gottlieb, Grundfragen einer Rechtstheologie, München 1962.

Weigand, Rudolf, s. v. Kanonistik, in: ³LThK, Sp. 1188–1197.

1. Panel

Recht zwischen Kontingenz und überhistorischer Relevanz

In diesem Panel geht es um die mögliche Konvergenz historischer und kanonistischer Erkenntnisse. Sofern sich Historiographen mit rechtlichen Themen und Kanonisten mit historischen Themen beschäftigen, scheinen in den meisten Fällen die Forschungen isoliert voneinander stattzufinden. Der Kanonist hat jedoch einen besonderen Blick und dadurch auch ein eigenes Verständnis normativer Gegebenheiten, welches theologisch geprägt ist. Der Historiker wiederum hat einen besonderen Blick und daraus resultierendes Verständnis historischer Phänomene und Prozesse in ihrem jeweiligen Kontext. Der Rekurs aus rechtlicher Perspektive auf Rechtstraditionen ist ein viel bemühtes Mittel, um Reformen auf der Grundlage der Geschichte anzustreben. Die Analyse normativer Texte ermöglicht dem Historiker die Analyse gesellschaftlicher, ritualtheoretischer oder weiterer Prozesse und Phänomene. Die Frage in Bezug auf das Thema der Tagung ist, inwiefern eine Rechtstradition aus historiographischer Perspektive kontingent ist und daher nicht ohne ahistorische Konsequenzen in heutige Rechtssysteme integriert werden kann und weiterhin die Frage, ob Recht aufgrund seines Entstehungskontextes als überkommen gelten müsste. Auf der anderen Seite steht die Frage, ob es aus kanonistischer Perspektive Rechtsprinzipien wie *quod omnes tangit ab omnibus approbari debet* gibt, die eine über die historische Situation hinausweisende Bedeutung haben und bis heute das Rechtssystem der Kirche prägen, also letztendlich nicht kontingent sind.

Bernward Schmidt

Normen als kontingentes Instrument. Ein Beitrag zum Dialog von Kirchenrecht und Kirchengeschichte

Abstract Bezeichnet „Kontingenz" im juristischen Kontext die Frage nach der Geltung oder Relativität von Normen, begegnet sie im Kontext der historischen Forschung mit anderer Bedeutung. Hier steht der Begriff dafür, dass menschliches Handeln zumindest nicht vollständig determiniert ist und daher Ereignisse, Entwicklungen und Strukturen als nicht-notwendig erscheinen; insofern können Rechtsnormen sowohl der Kontingenzbewältigung als auch der Kontingenzgenerierung dienen. Am Beispiel der Bischofswahl im (früh-)mittelalterlichen Kirchenrecht plädiert der Beitrag dafür, Rechtstexte nicht nur als Zeugen vergangener Normativität, sondern als Spiegel zeitgenössischer Diskurse aufzufassen. Zugleich bewahrt das Ernstnehmen von Kontingenz die Kirchengeschichte davor, ihre Arbeiten von einem feststehenden Apriori her zu betreiben und ermöglicht die Offenheit für historische Alternativen, die in der Gegenwart Reformoptionen eröffnen. Sowohl der Verabsolutierung einer Vergangenheit als auch dem anachronistischen Versuch, Normen aus der Vergangenheit direkt in die Gegenwart zu übertragen, kann so begegnet werden.

Man hat sich in unserer Gegenwart daran gewöhnt: Wenn ein größeres (Erz-)Bistum zu besetzen ist, erhält üblicherweise der Bischof einer anderen, kleineren Diözese den Posten. Was sinnvoll erscheint, wenn man jemanden mit Leitungs- und Verwaltungserfahrung sucht, wird auf der pastoralen und der theologischen Ebene bisweilen problematisiert: Angesichts der hohen „Bischofsfluktuation" in den ostdeutschen Diözesen fragte ein Bischof, ob denn diese Bistümer nun zu „Praktikumsstellen zur Qualifizierung für höhere Ämter" verkommen sollten.[1] Damit ist bereits etwas vom Thema dieses Beitrags angeklungen, der historischen Kontingenz rechtlicher Normen. Denn Kontingenz heißt ja zunächst einmal ganz grundlegend, „dass alles Wirkliche die Verwirklichung eines, aber nicht des einzigen Möglichen darstellt. Das Wirkliche hat in dieser Perspektive neben sich selbst (dem So-sein) noch ein potentielles Anders-sein oder ein Nicht-sein zu dulden."[2] Auf unser Beispiel bezogen heißt das

---

1 Vgl. LUKASSEK, Agathe, Interview mit Bischof Gerhard Feige, „Ich habe einen Nerv getroffen", vom 12. Juni 2015, URL: https://www.katholisch.de/aktuelles/aktuelle-artikel/ich-habe-einen-nerv-getroffen [eingesehen am: 17.03.2020].

2 WALTER, Uwe, Kontingenz und Geschichtswissenschaft. Aktuelle und künftige Felder der Forschung, in: Becker, Frank u. a. (Hrsg.), Die Ungewissheit des Zukünftigen. Kontin-

26

zweierlei: Erstens, dass der Wechsel eines Bischofs von einer Diözese in eine andere ein höchst kontingenter Vorgang ist, da man davon ausgehen darf, dass es grundsätzlich nicht nur diese eine Möglichkeit der Besetzung des betreffenden Bischofsstuhls gegeben hat; zweitens, dass auch Rechtsnormen zu historisieren sind, also daraufhin zu befragen, wann und unter welchen Umständen sie entstanden und sich eventuell wandelten oder welche Bedeutung ein und derselben Norm unter unterschiedlichen Umständen zugeschrieben wurde.[3] So verweisen praxeologische Ansätze in der Geschichtswissenschaft darauf, dass Wissensordnungen (auch des Rechts) weniger auf ein Tatsachenwissen als vielmehr auf Handlungsorientierung zielten.[4]

Zu meinen, Kontingenz sei für Historiker keine relevante Kategorie, hieße die großen historischen Paradigmen der Vergangenheit fortzuschreiben, die Kontingenz weitgehend ausblendeten. Die neuere Geschichtstheorie und Geschichtsschreibung hat die Kontingenz jedoch als wertvolles Untersuchungsfeld erschlossen und das Verhältnis von Ursächlichkeit und Kontingenz neu hinterfragt.[5] Wenn daher im Folgenden von Kontingenz aus der Perspektive eines Historikers die Rede sein soll, dann ist diese Kontingenz gewissermaßen von der Kontingenz des Juristen zu unterscheiden. Denn es geht mir nicht um die Kontingenz des Rechts in einem normativen Sinn, die mit dem Problem der Relativität bzw. einer Infragestellung seiner Geltung einhergeht. Insofern Recht kontingent ist, bedarf es der Legitimation und zugleich der Prüfinstanzen, eine Doppelfunktion, die bei Niklas Luhmann die „Kontingenzformel Gerechtigkeit" erfüllt.[6] Das Geschäft des Historikers ist jedoch deskriptiv, nicht normativ, und

---

genz in der Geschichte, Frankfurt a. M. 2016, S. 95–118; hier S. 96. Grundlegend zum Begriff aus philosophischer Sicht: GRAEVENITZ, Gerhart von; MARQUARD, Odo u. a. (Hrsg.), Kontingenz, München 1998; VOGT, Peter, Kontingenz und Zufall. Eine Ideen- und Begriffsgeschichte, Berlin 2011, besonders S. 344–502 für die Frage nach Kontingenz in der Geschichtstheorie.

3   Die Frage nach der Bedeutung ist grundlegend für die neuere Kulturgeschichte, vgl. die grundlegenden Texte in: TSCHOPP, Silvia Serena (Hrsg.), Kulturgeschichte, Stuttgart 2008; für die Rechtsgeschichte vgl. etwa THIER, Andreas, Time, Law, and Legal History – Some Observations and Considerations, in: Rechtsgeschichte 25 (2017), S. 20–44, besonders S. 27 f.

4   Vgl. SCHELLER, Benjamin, Kontingenzkulturen – Kontingenzgeschichten: Zur Einleitung, in: Becker, Frank u. a. (Hrsg.), Die Ungewissheit des Zükünftigen. Kontingenz in der Geschichte, Frankfurt a. M. 2016, S. 9–30; hier S. 12.

5   Vgl. HOFFMANN, Arnd, Zufall und Kontingenz in der Geschichtstheorie. Mit zwei Studien zu Theorie und Praxis der Sozialgeschichte, Frankfurt 2005, S. 131–133 (im Anschluss an Niklas Luhmann).

6   Vgl. LUHMANN, Niklas, Das Recht der Gesellschaft, Frankfurt 1995, S. 214–238. Hierzu NIX, Andreas, Letztbegründungen des Rechts – Ideengeschichte und Kontingenz, in: Knobloch, Jörn; Schlee, Thorsten (Hrsg.), Unschärferelationen. Politologische Aufklärung – konstruktivistische Perspektiven, Wiesbaden 2018, S. 33–58, besonders S. 36; TEUBNER,

so hat er sich mit anderen Formen von Kontingenz herumzuschlagen. Konsequenterweise liest er Rechtstexte nicht nur mit der Frage nach ihrem normativen Charakter, sondern auch mit der Frage nach ihrer Aussagekraft über die Diskurse ihrer Entstehungs- oder Überlieferungszeit.

Damit ist auch die Kategorie der Zeitlichkeit angesprochen, auf die etwa Andreas Thier aufmerksam gemacht hat:[7] Grundlegende Begriffe von Zeit gelten ihm als notwendige epistemische Vorbedingung, will man rechtlichen Normen Sinn und Bedeutung zuschreiben.[8] Dies gilt zum einen für Zeitstrukturen, die durch die Normen selbst formuliert werden, zum anderen aber auch für gesellschaftliche Entwicklungen und Wandlungen im Verständnis der Welt, die sich dann in der Entwicklung von Rechtsnormen widerspiegeln. In diesem Sinne unterliegen soziale Praktiken generell der Zeitlichkeit.[9] Thier benennt in diesem Zusammenhang vier Aspekte von Zeitlichkeit im Recht: Kontinuität und Wandel, Geschichte und Tradition als hermeneutischer Rahmen des Rechts, Konzeptionen von Zukunft sowie die vor allem neuzeitliche Kategorie der Beschleunigung. Auf einige dieser Gedanken wird noch zurückzukommen sein.

Kontingenz begegnet dem Historiker grundsätzlich in zwei Modi: Auf der einen Seite erscheinen historische Ereignisse, Entwicklungen, Strukturen als kontingent. Dies ergibt sich ganz grundlegend aus der Tatsache, dass menschliches Handeln zwar beeinflussbar, nie aber völlig determiniert ist.[10] Daraus folgt, dass auch Strukturen in einem allgemeinen Sinn als „dynamische, sich selbst verändernde Resultate von früheren Handlungen" bezeichnet werden können und daher zu „durch die Akteure stets unzureichend bestimmte[n] und bestimmbare[n] Voraussetzungen für künftige Handlungen" werden.[11] Vor diesem Hintergrund können rechtliche Normen sowohl der

---

Gunther, Selbstsubversive Gerechtigkeit. Kontingenzformel oder Transzendenzformel des Rechts, in: Ders. (Hrsg.), Nach Jacques Derrida und Niklas Luhmann. Zur (Un-)Möglichkeit einer Gesellschaftstheorie der Gerechtigkeit, Stuttgart 2008, S. 9–36, besonders S. 16 f.

7   Vgl. THIER, Time, Law, and Legal History (wie Anm. 3), S. 26–36.

8   Vgl. ebd., S. 27.

9   Vgl. RECKWITZ, Andreas, Zukunftspraktiken – Die Zeitlichkeit des Sozialen und die Krise der modernen Rationalisierung der Zukunft, in: Becker, Frank u. a. (Hrsg.), Die Ungewissheit des Zukünftigen. Kontingenz in der Geschichte, Frankfurt a. M. 2016, S. 31–54, besonders S. 38–44.

10 Vgl. HOFFMANN, Arnd, Zufall und Kontingenz (wie Anm. 5), S. 88, der in diesem Kontext auf Strukturen, Normen und Habitus verweist.

11 So WALTER, Uwe, Kontingenz und Geschichtswissenschaft. Aktuelle und künftige Felder der Forschung, in: Frank Becker u. a. (Hrsg.), Die Ungewissheit des Zukünftigen. Kontingenz in der Geschichte, Frankfurt a. M. 2016, S. 95–118; hier S. 96 f.

Kontingenzbewältigung (als Eindämmung der negativen Folgen von Kontingenz) als auch der Kontingenzgenerierung (im Sinne der Ermöglichung von Plänen) dienen.[12]

Auf der anderen Seite ist es aber nicht selten die Überlieferung, die ebenso gut anders aussehen könnte, also kontingent ist.[13] Wer sich beispielsweise schon einmal mit der Rechtsgeschichte des frühen Mittelalters beschäftigt hat, kennt die Probleme: Quellen können vorhanden sein oder auch nicht; dass sie einem bestimmten Ort und einer bestimmten Zeit zugewiesen werden können, kann aussagekräftig sein, muss es aber nicht; und dass eine Textüberlieferung bestimmte Varianten aufweist – war das Absicht des Schreibers oder einfach nur Nachlässigkeit? Unter anderem standen derartige Fragen im Hintergrund, wenn in den vergangenen Jahren immer wieder das Entstehungsdatum der wichtigsten Kirchenrechtssammlung der Karolingerzeit, der *Collectio Dionysio-Hadriana,* diskutiert wurde.[14] Diese knappen theoretischen Vorüberlegungen sollen im Folgenden anhand eines Blicks in die Rechtsgeschichte gestützt und verfeinert werden.

Sammlungen des kirchlichen Rechts im Frühmittelalter zeigen – sofern sie systematisch und nicht historisch geordnet sind – häufig bestimmte thematische Schwerpunktsetzungen, die ihrerseits Hinweise auf Zeit und Ort ihrer Zusammenstellung geben können. So ist es auch mit der kleinen, aber nicht uninteressanten Sammlung in 53 Titeln, die in drei Handschriften des 9. und 11. Jahrhunderts überliefert ist:[15] Ihren Kern bildet ein Quellenkommentar zu einem der fundamentalen Gesetze Karls des Großen, der *Admonitio generalis;* doch in einem zweiten Schritt wurde sie um Kanones zu einigen Themengebieten erweitert: Kirchengut, kirchliche Strafverfahren und Translation bzw. Transmigration von Bischöfen.[16] Man mag an diesem Beispiel einiges wiederentdecken, was oben bereits zur Kontingenz der Überlieferung gesagt wurde. Die Entstehung der Sammlung in ihrer letzten Form lässt sich mit guten Gründen – nicht nur inhaltlichen – in Reims unter Erzbischof Hinkmar (845–882) vermuten.[17]

---

12   Vgl. ebd. S. 101; THIER, Time, Law, and Legal History (wie Anm. 3), S. 28.

13   Vgl. den klassischen Beitrag von ESCH, Arnold, Überlieferungs-Chance und Überlieferungs-Zufall als methodisches Problem des Historikers, in: HZ 240 (1985), S. 529–570.

14   Vgl. FIREY, Abigail, Mutating Monsters: Approaches to „Living Texts" of the Carolingian Era, in: Digital Proceedings of the Lawrence J. Schoenberg Symposium on Manuscript Studies in the Digital Age, Volume 2, Issue 1, URL: http://repository.upenn.edu/ljsproceedings/vol2/iss1/1 [eingesehen am 17.03.2020].

15   Hierzu SCHMIDT, Bernward, Herrschergesetz und Kirchenrecht. Die Collectio LIII titulorum – Studien und Edition, Hamburg 2004.

16   Vgl. SCHMIDT, Bernward, Bibliothekserweiterung durch kanonistische Praxis. Überlieferung und Verarbeitung der „Admonitio generalis" im 9. Jahrhundert, in: Embach, Michael u. a. (Hrsg.), Die Bibliothek des Mittelalters als dynamischer Prozess, Wiesbaden 2012, S. 19–32.

17   Vgl. SCHMIDT, Herrschergesetz und Kirchenrecht (wie Anm. 15), S. 54–58.

Zum Thema der Translation und Transmigration von Bischöfen ist unsere kleine Sammlung sehr klar, denn sie zitiert in Titel 23 eine Reihe von Kanones von Konzilien des 4. und 5. Jahrhunderts, die beides dezidiert verbieten.[18] Ein Blick in die Mitte des 9. Jahrhunderts zeigt, wie gut diese Bestimmungen auf die Situation in Reims passen. Denn zwei Mal hatte der dortige Erzbischof Ebo wohl aus politischen Gründen seinen Bischofsstuhl aufgeben müssen, 835 und 841, nachdem er für kurze Zeit hatte zurückkehren dürfen. Papst Sergius II. (844–847) lehnte eine Wiedereinsetzung ab und als Ebo sich auch mit Kaiser Lothar I., seinem bisherigen Schutzherrn, überworfen hatte, ging er ins ostfränkische Reich. Dort setzte ihn König Ludwig der Deutsche wohl im Winter 844/845 als Bischof von Hildesheim ein, obwohl für Reims noch kein neuer Erzbischof gewählt war.[19] Ebo starb 851 als Bischof von Hildesheim. Wichtig sind diese Vorgänge, weil beide Bischöfe, sowohl Ebo als auch sein Reimser Nachfolger Hinkmar, die Legitimität ihrer Bischofserhebungen unter Beweis stellen mussten.[20]

Ebo versuchte dies mit einem gefälschten Papstbrief (unter dem Namen Gregors IV., 827–844), der – das sei vorweggenommen – zwar Parallelen mit pseudoisidorischem Material aufweist, aber nicht davon abhängig ist.[21] Das Hauptargument in dem Schreiben bildet die generelle (vorgebliche) Erlaubnis des Papstes, verfolgte und vertriebene Bischöfe in vakanten Bistümern einzusetzen. Hinzu kommt der Hinweis auf die besondere Verbundenheit Ebos mit dem Heiligen Stuhl durch den Auftrag zur Dänenmission, den er von Papst Paschalis I. erhalten habe. Sebastian Scholz hat zu Recht darauf hingewiesen, dass der Verweis auf den Papst als Legitimationsinstanz für die Translation eines Bischofs um die Mitte des 9. Jahrhunderts offenbar plausibel klang. Anders als die pseudoisidorische Fälscherwerkstatt brachte Ebo jedoch nicht

---

18   Im Einzelnen handelt es sich um Canon Apostolorum 15, canon 15 von Nizäa (325), can. 5 von Chalcedon (451) und can. 1 von Serdika (343/44), vgl. SCHMIDT, Herrschergesetz und Kirchenrecht (wie Anm. 15), S. 90 f.

19   Auf die bisweilen entscheidende Rolle weltlicher Herrscher bei Translation und Bischofserhebung kann an dieser Stelle nicht eingegangen werden. Siehe den Überblick von ERKENS, Franz-Reiner, Die Bischofwahl im Spannungsfeld zwischen weltlicher und geistlicher Gewalt. Ein tour d'horizon, in: Ders. (Hrsg.), Die früh- und hochmittelalterliche Bischofserhebung im europäischen Vergleich, Köln u. a. 1998, S. 1–32.

20   Zur Biographie vgl. SCHRÖR, Matthias, Aufstieg und Fall des Erzbischofs Ebo von Reims, in: Becher, Matthias; Plasmann, Alheydis (Hrsg.), Streit am Hof im frühen Mittelalter, Göttingen 2011 (= Super alta perennis. Studien zur Wirkung der Klassischen Antike; 11), S. 203–221. Zu den Rahmenbedingungen für Bischofserhebungen im westfränkischen Reich vgl. SCHIEFER, Rudolf, Bischofserhebungen im westfränkisch-französischen Bereich im späten 9. und 10. Jahrhundert, in: Erkens, Franz-Reiner, Die früh- und hochmittelalterliche Bischofserhebung im europäischen Vergleich, Köln u. a. 1998, S. 59–82.

21   Epp. Sel. Pont. Rom. 15 (MGH Epp. 5, S. 81–84). Hierzu SCHOLZ, Sebastian, Transmigration und Translation. Studien zum Bistumswechsel der Bischöfe von der Spätantike bis zum hohen Mittelalter, Köln 1992, S. 118–121.

den Hinweis auf die *utilitas ecclesiae* als legitimen Grund für eine Translation. Denn dieses Motiv, das sich unter anderem bereits in den gallischen *Statuta ecclesiae antiqua* aus dem 5. Jahrhundert findet, ist dort mit einer anderen Autorität verbunden:[22] Nicht der Papst, sondern die Provinzialsynode entscheidet über den Wechsel eines Bischofs in ein anderes Bistum. Dieses Vorgehen entspricht dem im gallischen Kirchenrecht formulierten Verfahren der Bischofserhebung, das auf die Aufnahme des neuen Bischofs in die bischöfliche Gemeinschaft großen Wert legte.[23] Genau hier wäre es für Ebo freilich heikel geworden, denn eine Synode hatte in seinem Fall nie getagt. Papst statt Synode also – scheinbar eine argumentative Kleinigkeit, doch eine Entscheidung mit zukunftsweisendem Charakter.[24]

Doch auch Ebos Nachfolger Hinkmar sah sich genötigt, die Legitimität seiner Wahl zu begründen. Je nach Kommunikationssituation wählte er dafür zwei Argumentationslinien: Gegenüber den westfränkischen Synoden von Soissons 866 und Troyes 867 erklärte er, die altkirchlichen Canones, die unter bestimmten Voraussetzungen einen Bistumswechsel erlaubten, seien auf den Fall Ebos nicht anwendbar, da eben die Voraussetzungen nicht identisch seien.[25] Gegenüber Papst Nikolaus I. (858–867) dagegen stellte Hinkmar den Wechsel Ebos als unerlaubte Flucht aus seinem Bistum dar, mit der er die ihm anvertrauten Kleriker und Laien im Stich gelassen habe. Selbst wenn der Papst also „die Absetzung Ebos für unrechtmäßig erklärte und damit die Rechtmäßigkeit der Erhebung Hinkmars in Zweifel zöge, konnte nicht bestritten

---

22 Can. 27: „Ut episcopus de loco ignobili ad nobilem per ambitionem non transeat, nec quisquam inferioris ordinis clericus. Sane si id utilitas ecclesiae faciendum poposcerit, decreto pro eo clericorum et laicorum episcopis porrecto, per sententiam synodi transferatur, nihilominus alio in loco eius episcopo subrogato; inferioris uero gradus sacerdotes uel alii clerici, concessione suorum episcoporum, possunt ad alias ecclesias transmigrari." Vgl. MUNIER, Charles; CLERCQ, Carlo de (Hrsg.), Concilia Galliae, Bd. 1: 314–506, Turnhout 1967 (=Corpus Christianorum Series Latina; 148), S. 168. Die *Statuta ecclesiae antiqua* übernahmen damit einen Canon der afrikanischen Synoden, siehe MUNIER, Charles (Hrsg.), Concilia Africae 345–525, Turnhout 1974 (=Corpus Christianorum Series Latina; 148), S. 346.

23 Vgl. THIER, Andreas, Hierarchie und Autonomie. Regelungstraditionen der Bischofsbestellung in der Geschichte des kirchlichen Wahlrechts bis 1140, Frankfurt 2011, S. 74 f.

24 Hinkmar erfuhr Im Kontext der Synode von Troyes 867 von dem von Ebo gefälschten Papstbrief und wurde zu Recht misstrauisch; im November 867 fragte er daher den römischen Abt Anastasius, ob er aus dem päpstlichen Archiv die Echtheit bestätigen könne, vgl. HINKMAR, ep. 200 (MGH Epp. 8, S. 223–225).

25 Hinkmar nennt u. a. canones von Antiochia, Serdika und Chalcedon sowie Beispiele aus den Briefen Leos I. und Gregors I., vgl. HINKMAR, ep. 184B (MGH Epp. 8, S. 177–182). Die Quellen zu beiden Synoden finden sich ediert bzw. verzeichnet in: HARTMANN, Wilfried (Hrsg.), Die Konzilien der karolingischen Teilreiche 860–874, Hannover 1998 (=MGH Concilia; 4), S. 201–244.

werden, dass Ebo die Reimser Kirche verlassen hatte und sie deshalb eines neuen Bischofs bedurfte."[26] Und selbst ein zurückkehrender Bischof, so argumentierte Hinkmar, müsse nach altkirchlichem Recht als Presbyter unter dem rechtmäßig eingesetzten neuen Bischof fungieren.[27] Dass Hinkmar mit seiner Einschätzung der Vorgänge nicht allein stand, belegt die Tatsache, dass Ebos Hildesheimer Nachfolger Altfrid alle Amtshandlungen Ebos für ungültig erklärte, da dieser beim Verlassen der Erzdiözese Reims das geistliche Eheband zu seiner Gemeinde zerrissen habe. Dieses Bild kommt offenbar im 4. Jahrhundert auf und findet sich auch im Karolingerreich häufiger.[28] Interessanter ist aber, dass Nikolaus I. in das Verfahren um den Wechsel Ebos nicht weiter eingriff und so auch nicht die latente Konkurrenz zwischen synodaler und päpstlicher Entscheidungskompetenz über Translationen zu bereinigen versuchte.[29]

Auf eine Reihe anderer Translationen dieser Zeit können wir an dieser Stelle nicht eingehen, erwähnt sei nur, dass einer der von Ebo in Reims geweihten Kleriker, dessen Weihe im Nachhinein für irregulär erklärt worden war, mehrfach versuchte, höhere Ämter zu erlangen. Dieser Wulfad fungierte als Abt mehrerer Klöster, scheiterte 857 mit einem Versuch Bischof von Langres zu werden am Widerstand Hinkmars und gelangte schließlich 866 auf den Bischofsstuhl von Bourges. Hinkmar hatte also noch lange an Ebos Erbe zu arbeiten, was auch die bereits erwähnten Synoden belegen.

Eine weitere Translation, die Hinkmar zu schaffen machte, war diejenige des Bischofs Actard von Nantes. Dieser war von Bretonen und Normannen aus seinem Bistum vertrieben worden, der Fall wurde von der Synode von Soissons 866 verhandelt. Diese ließ den Papst wissen, einer Translation Actards stünde nichts im Wege, sollte er selbst auch einverstanden sein. Im Jahr darauf intervenierte auch der westfränkische König Karl der Kahle bei Papst Nikolaus I. zugunsten Actards und bat um die Translation. Die Sache wurde dann vom Nachfolger des 867 verstorbenen Nikolaus, Hadrian II. (867–872), entschieden: Actard solle transferiert werden, freilich in ein größeres Bistum oder einen Metropolitansitz. Hadrian II. legt Wert auf die Feststellung, dass nicht Actard darum gebeten habe – der entsprechende Ehrgeiz galt in den Canones als Indiz für eine nicht statthafte Translation – sondern dass er selbst diese Auszeichnung

---

26 Scholz, Transmigration und Translation (wie Anm. 21), S. 123 f.

27 Hinkmar, Ep. 198 (MGH Epp. 8, S. 205–217).

28 Vgl. Naz, Raoul, Art. Translation d'office, in: Dictionnaire de droit canonique 7 (1965), Sp. 1320–1325, hier 1320 f.; Merzbacher, Friedrich, Die Bischofsstadt, Wiesbaden 1961, S. 9. Eine Deutung des Bischofsrings als Ehering ist nach Lage der Quellen auszuschließen, näher liegt für das Frühmittelalter die Interpretation als Ehrenring, seit dem Hochmittelalter dann als Investiturring: vgl. Labhart, Verena, Zur Rechtssymbolik des Bischofsrings, Köln u. a. 1963.

29 Ähnliches gilt auch für die Translation Ansgars im Zuge der Zusammenlegung des Erzbistums Hamburg mit Bremen, vgl. Scholz, Transmigration und Translation (wie Anm. 21), S. 128 f.

für angebracht halte. Hinkmar entsprach dem Wunsch des Papstes und wies Actard zunächst das Bistum Thérouanne in der Reimser Kirchenprovinz zu (869), bevor Actard 871 zum Erzbischof des vakant gewordenen Tours gewählt werden konnte. Eine weitere Synode, die im August 871 in Douzy tagte, bestätigte die Rechtmäßigkeit des Vorgehens und ließ den Papst darüber informieren.[30]

Eine wohl am Papsthof entstandene kleine kanonistische Sammlung trug noch einmal die Kriterien zusammen, nach denen der Papst dieser Translation zustimmen konnte: die Vertreibung Actards als *necessitas,* seine persönliche Integrität, die Wahl durch Klerus und Volk von Tours sowie die Bestätigung durch die Synode von Douzy.[31]

Weshalb Hinkmar daher in einer eigenen Schrift *De translationibus episcoporum* gegen Translationen im Allgemeinen und diejenige Actards im Besonderen so scharf Stellung bezog, ist daher unklar.[32] Er fährt in diesem Text das gesamte Arsenal seiner kanonistischen Gelehrsamkeit auf, von der Alten Kirche bis zu Pseudoisidor. Die Ausbreitung des Glaubens, die Nicht-Annahme eines Bischofs durch die Ortsgemeinde oder die Verfolgung des Bischofs lässt Hinkmar dabei durchaus als Gründe für eine Translation gelten – sofern der Fall sorgfältig geprüft wurde, eine Synode die Translation angeordnet und der Papst zugestimmt hat. Für alle anderen Fälle gelten die altkirchlichen Canones, auch das Argument der *utilitas,* das immerhin die gallischen *Statuta ecclesiae antiqua* kannten, sei durch präziseres jüngeres Recht überholt worden.[33] Mehrfach führt Hinkmar auch die Metapher vom Ehebruch an, um Translationen als unrechtmäßige Ungeheuerlichkeit darzustellen, insbesondere im Falle Actards, den er immer wieder erwähnt. Auf dieser Linie liegt nun auch die vorhin erwähnte kleine Sammlung in 53 Titeln, die keinerlei Ausnahmen beim Translationsverbot kennt. Beide Texte zeigen, wie lebendig das altkirchliche Recht im westfränkischen Reich zu Hinkmars Zeit war (nach seinem Tod wird die Quellenlage deutlich schlechter). Es hatte durchaus Relevanz für die Rechtspraxis und erschöpfte sich keineswegs nur in Postulaten.[34]

Diese Beispiele zur Amtszeit Hinkmars von Reims sollen genügen. Aus ihnen geht hervor, dass jede Translation eines Bischofs zugleich seine Autorität und diejenige seines Nachfolgers in Frage stellen konnte. Alles hing an der Legitimität des Verfahrens und der Integrität des betreffenden Bischofs. Das altkirchliche Recht fand zu

---

30 Zu den Vorgängen Scholz, Transmigration und Translation (wie Anm. 21), S. 130–135.

31 Vgl. ebd., S. 135 f. Die Sammlung schöpft dabei in erheblichem Umfang aus pseudoisidorischem Material.

32 Hinkmar, ep. 31 (MPL 126, Sp. 210–230). Zum Schreiben, seinem Kontext und seiner kanonistischen Argumentation: Sommar, Mary E., Hincmar of Reims and the Canon Law of Episcopal Translation, in: The Catholic Historical Review 88 (2002), S. 429–445.

33 Vgl. Hinkmar, ep. 31 (MPL 126, Sp. 222C); Scholz, Transmigration und Translation (wie Anm. 21), S. 142.

34 So Schieffer, Bischofserhebungen (wie Anm. 20), S. 71–75.

Hinkmars Zeit insofern Anwendung, als stets Synoden, in der Regel in der Reimser Kirchenprovinz, als erste Entscheidungsinstanz fungierten.[35] Damit konnte jedoch das päpstliche Recht zur Bestätigung der Synodenbeschlüsse konkurrieren, was sich Ebo zunutze machte. Hinkmar dürfte es daher ein Anliegen gewesen sein, mit einer Einschärfung des Translationsverbots auch ein mögliches Einmischungsfeld der Päpste möglichst klein zu halten.

An dieser Stelle kann nur darauf verwiesen werden, dass das Translationsverbot und daraus resultierende Irregularitäten auch im Fall der *Leichensynode* und des Urteils gegen Papst Formosus (896) im Hintergrund stand. In diesem Fall wurde es nicht zuletzt deswegen eingesetzt, um die Autorität des amtierenden Papstes abzusichern.[36]

Im kanonistischen Diskurs um die Bischofswahl des 10. und 11. Jahrhunderts scheint die Translation dagegen nur eine untergeordnete Rolle gespielt zu haben, was nicht bedeutet, dass es keine signifikanten Fälle gegeben hätte.[37] Für Clemens II. etwa genügte im Jahr 1047 der ausdrückliche Wunsch und die Wahl der Ortskirche von Salerno als *necessitas,* um den Bischof von Paestum dorthin zu versetzen; freilich legte er ganz im Sinne altkirchlicher Canones Wert darauf, dass der Verdacht der *ambitio* ausgeschlossen sein müsse.[38] Von der Entscheidungskompetenz der Provinzialsynode, die im fränkischen Reich des 9. Jahrhunderts unbestritten war, ist hier keine Rede mehr. Die Konsequenzen zog dann Gregor VII. mit dem 13. Satz des *Dictatus Papae: Quod illi liceat de sede ad sedem necessitate cogente episcopos transmutare.*[39] Dies fügt sich nahtlos in die Politik Gregors VII. ein, die vollständige Kontrolle über die Verfahren der Bischofserhebung zu erlangen.[40] Aus der Translation wird also im Lauf des 11. Jahrhunderts ein Recht des Papstes, was nicht nur die Praxis der Päpste von da an, sondern auch zwei der bedeutenden Kanonessammlungen der Zeit bestätigen, die

---

35 Vgl. THIER, Hierarchie und Autonomie (wie Anm. 23), S. 236: „[…] die Basis aller episkopalen Herrschaft war auch und gerade für Hinkmar die verfahrensförmige Ordnung der Bischofsbestellung."

36 Vgl. SCHOLZ, Transmigration und Translation (wie Anm. 21), S. 216–242; SCHIMA, Stefan, Papsttum und Nachfolgebeeinflussung. Von den Anfängen bis zur Papstwahlordnung von 1179, Freistadt 2011, S. 212–215.

37 Ausführlich SCHOLZ, Transmigration und Translation (wie Anm. 21), S. 188–208.

38 Vgl. insbesondere den can. 1 von Serdika (HAMILTON TURNER, Cuthbert, Ecclesiae occidentalis monumenta iuris antiquissima, Bd. 1, Oxford 1930, S. 452 f.).

39 Register Gregors VII., II,55a, in: Caspar, Erich (Hrsg.), Das Register Gregors VII., Bd. 1 (MGH Epp. Sel. in us. schol., II,1), Berlin 1920, S. 204. Zum rechtshistorischen Kontext vgl. THIER, Hierarchie und Autonomie (wie Anm. 23), S. 308–331.

40 Vgl. ENGLEBERGER, Johann, Gregor VII. und die Bischofserhebungen in Frankreich. Zur Entstehung des ersten römischen Investiturverbots vom Herbst 1078, in: Erkens, Franz-Reiner (Hrsg.), Die früh- und hochmittelalterliche Bischofserhebung im europäischen Vergleich, Köln u. a. 1998, S. 193–258.

74-Titel-Sammlung und die *Collectio canonum* des Anselm von Lucca.[41] Die Rezeptionsprozesse antiken und pseudoisidorischen Rechts, die in diesen Sammlungen stattfinden, wären zweifellos ebenfalls von Interesse für das Thema *Kontingenz,* geht es doch immer um die bewusste Selektion von Möglichkeiten und die Entscheidung für ein Verständnis.[42] Um die Mitte des 12. Jahrhunderts scheinen freilich nur noch Teilaspekte des Themas diskussionswürdig zu sein, nicht mehr die Translation an sich. So wird die Frage im *Decretum Gratiani* anhand eines sehr konkreten Problems im zweiten Teil erörtert, es geht um die Weihe eines Bischofs als Ersatz für einen durch Krankheit amtsunfähigen Bischof und was im Fall einer Heilung des erkrankten Bischofs mit dem Neugeweihten geschehen solle.[43] Einen gewissen Abschluss erreicht die Entwicklung der Normen zur Translation mit Innozenz III. (1198–1216), der die Kompetenz des Papstes in dieser Sache mehrfach betonte und einem transmigrierenden Bischof den Verlust der früheren und der angestrebten Diözese in Aussicht stellte.[44] Verständigte sich ein wählendes Dom- oder Metropolitankapitel auf einen amtierenden Diözesanbischof, so konnte es ihn nicht formell wählen, sondern den Kandidaten lediglich in Rom postulieren. Aufgabe des Papstes war es sodann, das Band zwischen dem betreffenden Bischof und seinem Bistum zu lösen sowie ihn seinem neuen Bistum zur Verfügung zu stellen.[45] Dies geschah im 13. Jahrhundert in einer größeren Anzahl von Fällen, wobei der Pontifikat Bonifaz' VIII. (1294–1303) einen zahlenmäßigen Höhepunkt zu markieren scheint.[46]

Unter den Dekretalisten flankierte etwa Heinrich von Segusia (Hostiensis) dieses Vorgehen mit seinen Rechtskommentaren in der *Summa aurea* und der *Lectura in Decretales Gregorii IX.* Die Verbindung zwischen Bischof und Bistum fasst er dabei nicht nur metaphorisch, sondern insbesondere terminologisch analog zur Ehe.[47] Dieses geistliche Eheband kann im Falle einer Translation nur vom Papst als Stellvertreter

---

41 Vgl. Scholz, Transmigration und Translation (wie Anm. 21), S. 191.

42 Vgl. die Analyse anhand der canones zur Bischofserhebung bei Thier, Hierarchie und Autonomie (wie Anm. 23), S. 343–421.

43 Decretum Gratiani, pars secunda, causa VII, Friedberg, Emil (Hrsg.), Leipzig 1879, Sp. 566–589.

44 Vgl. Friedberg, Emil (Hrsg.), Corpus Iuris Canonici, Bd. 2, Leipzig 1881, Sp. 96–100.

45 Zur Rechtslage siehe Ganzer, Klaus, Papsttum und Bistumsbesetzungen in der Zeit von Gregor IX. bis Bonifaz VIII., Köln u. a. 1968, S. 21–23.

46 Eine Reihe von Fällen werden erwähnt in: Aldinger, Paul, Die Neubesetzung der deutschen Bistümer unter Papst Innocenz IV. 1243–1254, Leipzig 1900, S. 20–22, 32 f., 129 f., 171 und 178; Ganzer, Papsttum (wie Anm. 45), S. 222, 260 f., 287, 304, 308, 320 f., 335, 346 f., 363 und 403–409 (letzteres zu Bonifaz VIII.).

47 Vgl. Henrici Cardinalis Hostiensis, Summa Aurea, Venedig 1570, fol. 40va: „[…] matrimonium intelligatur esse inter Episcopum et ecclesiam, quod in electione initiatur, in confirmatione ratificatur et in consecratione consumatur […]"

Gottes gelöst werden, wobei *utilitas* oder *necessitas* vorliegen müssen und die Sachlage ebenso wie die Person des Kandidaten vom Papst eingehend zu prüfen sind.[48] Dies ist auch deswegen von Bedeutung, weil ein Bischof nie aus eigener Entscheidung sein Bistum wechseln darf, sondern seine Rolle im Translationsverfahren stets passiv zu sein hat.[49] Nur indirekt hat sich hier also ein Rest des früheren Transmigrationsverbots gehalten, das den Ehrgeiz als Quelle allen Übels ausgemacht hatte. Dies ist aber deswegen von Bedeutung, weil Hostiensis ganz allgemein Translationen als Beförderungen bzw. als Schritte auf einer kirchlichen Karriereleiter auffasst.[50]

Es wäre zweifellos lohnend, der Translationspraxis und ihrer diskursiven Verarbeitung in der Frühen Neuzeit und der Moderne weiter nachzugehen.[51] Da dies jedoch bislang weitgehend unerforschtes Territorium ist, sei der Durchgang an dieser Stelle abgebrochen.[52] Was lässt sich nun aus dem bisher Gesagten für den Dialog zwischen der Kirchenrechtswissenschaft und den historischen Disziplinen ableiten?

Eine von der neuen Kulturgeschichte beeinflusste Kirchengeschichtsschreibung übernimmt zunächst deren Kulturbegriff „als ein symbolisch vermitteltes, kollektives Sinnsystem, dessen grundlegende Ordnungskategorien durch das Handeln des einzelnen fortgesetzt reproduziert, aber auch verändert werden."[53] Entsprechend große Bedeutung kommt dabei neben symbolisch-rituellen Formen, die eine dem Recht vergleichbare Funktion erfüllen, der positiv-rechtlichen, der verfahrenspraktischen und der theoretisch-diskursiven Ebene zu.[54] Gerade auch mittelalterliches (Kirchen-)Recht

---

48 Vgl. Summa Aurea, fol. 40va-41rb (wie Anm. 47); GANZER, Papsttum (wie Anm. 45), S. 21.

49 Vgl. Summa Aurea, fol. 41vb. (wie Anm. 47).

50 Vgl. Summa Aurea, fol. 40ra (wie Anm. 47): „Qualiter fiat [sc. translatio, B. S.]? De minore ad maius, quia qui promovetur, gradatim promovendus est."

51 Vgl. etwa als kanonistisches Handbuch: REIFFENSTUEL, Anaklet, Jus canonicum universum, Bd. 1, München 1702, S. 325–334. Einblicke in die grundlegenden Problematiken bietet der Artikel „Traslazione de'benefizi e de'benefiziati ecclesiastici" in: Moroni, Gaetano, Dizionario di erudizione storico-ecclesiastica, Bd. 79, Venedig 1856, S. 151–153. Hier wird auch erwähnt, dass das Konstanzer Konzil 1417 zu größter Zurückhaltung bei der Translation von Bischöfen mahnte. Die Rechtslage des 18. und 19. Jahrhunderts fasst zusammen der Artikel „Vescovi" in: ebd., Bd. 95, Venedig 1859, S. 144–151.

52 Zu grundlegenden Fragestellungen siehe FAGGIOLI, Massimo, Problemi relativi alle nomine episcopali dal concilio di Trento al pontificato di Urbano VIII, in: Cristianesimo nella storia 21 (2000), S. 531–564; FRENZ, Thomas, Die päpstlichen Ernennungsurkunden für die Würzburger Bischöfe vom 14.–20. Jahrhundert, in: Würzburger Diözesangeschichtsblätter 50 (1988), S. 69–81.

53 STOLLBERG-RILINGER, Barbara, Verfassungsgeschichte als Kulturgeschichte, in: ZRG Germ. Abt. 127 (2010), S. 1–32; hier S. 31.

54 Vgl. STOLLBERG-RILINGER, Barbara, Des Kaisers neue Kleider. Verfassungsgeschichte und Symbolsprache des Alten Reiches, München 2008, S. 18.

kann noch nicht als geschlossenes, autonomes, widerspruchsfreies und geltungssicheres System in Analogie zu einer modernen Verfassung gelten. Daher gilt für die Forschung: Will man über reinen Quellenpositivismus hinausgehen, wird man nicht darum herumkommen, Quellen aus der kirchlichen Rechtsgeschichte nicht nur als Zeugnisse vergangener Normativität, sondern gerade auch als Teile von Diskursen aufzufassen. Dies lässt sich in dem hier gewählten Beispiel von der Translation der Bischöfe gut an Hinkmars *De translatione episcoporum* oder an den Rechtssammlungen des 11. Jahrhunderts ablesen. Unter diesem Gesichtspunkt wird man auch die Frage nach Kontinuität und Diskontinuität zu stellen haben, freilich nicht mit dem Interesse an Geltung und Nicht-Geltung von Normen, sondern an den Bedingungen für die Ermöglichung von Veränderung.[55]

Vor diesem Hintergrund wird man sich davor hüten, allzu einfache Alternativen einzuführen, beispielsweise Kontingenz *oder* überzeitliche Geltung im Sinne eines kontradiktorischen Gegensatzes.[56] Schließlich ist die Geschichte – recht verstanden – keine normative, sondern deskriptive Disziplin und hat daher nicht über die Geltung von Normen zu entscheiden, sondern ihre Anwendung zu hinterfragen, Ansprüche zu analysieren und die Aushandlungsprozesse nachzuvollziehen, in denen Recht gebildet wurde. Insofern hat es eine historische Disziplin immer auch mit den unterschiedlichen Möglichkeiten und Alternativen zu tun, die der Begriff *Kontingenz* impliziert.[57] Freilich müssen wir uns dazu den hermeneutischen Rahmen klar machen, innerhalb dessen Möglichkeiten gedacht werden konnten und den – gerade in der Vormoderne – Geschichte und Tradition vorgaben.[58] Die Rechtspraxis der vorgratianischen Zeit war nicht zuletzt diskursiv angelegt: Kanonessammlungen fungierten als „Speicher des Gedächtnisses kirchlicher Rechtskultur"[59] und konnten auf Synoden bzw. zu ihrer Vorbereitung oder auch im privaten Studium konsultiert werden. Auch die neuzeitliche Unterscheidung vom *ge-fundenen* und *er-fundenen* Recht scheint keine passenden Kategorien für die Praxis des frühmittelalterlichen Kirchenrechts bereitzustellen. Denn die altkirchlichen Kanones lagen zwar den synodalen Urteilen zugrunde und konnten – je nach Provenienz und Alter – höhere Autorität beanspruchen als die aktuell tagende Synode, boten aber schon aufgrund ihrer Diversität eher Richtlinien als konkrete Vorgaben. Zu bedenken wäre auch der Kontext, in dem Recht gesetzt und angewandt wurde; die oben angeführte intensive Synodalpraxis beispielsweise blieb ein Charak-

---

55 Vgl. THIER, Time, Law, and Legal History (wie Anm. 3), S. 29–32.

56 Vgl. HOFFMANN, Zufall und Kontingenz (wie Anm. 5), S. 2 f.

57 Vgl. ebd., S. 135.

58 Vgl. THIER, Time, Law, and Legal History (wie Anm. 3), S. 32–34.

59 THIER, Hierarchie und Autonomie (wie Anm. 23), S. 417.

teristikum des fränkischen (nach 843 besonders des westfränkischen) Reiches.[60] Nicht zuletzt anhand Ehe- und Sexualstrafrecht ließ sich daher das komplexe Verhältnis von Tradition und Innovation im 9. Jahrhundert untersuchen.[61]

Innerhalb der Theologie ist die Kirchengeschichte von der hier behandelten historischen Kontingenz herausgefordert. Die Aufgabe des Faches erschöpft sich nicht in einer Hermeneutik des Bestehenden, sondern in der Analyse von Möglichkeiten und Alternativen in der Vergangenheit. Sie wird daher kein *dogmatisches* Kriterium als unhinterfragtes Apriori für ihre Arbeiten übernehmen, sei es ein von der Dogmatik übernommener Kirchenbegriff, sei es ein Fortschrittsgedanke.[62] Gleichwohl darf man von der Kirchengeschichte engagierte Zeitgenossenschaft erwarten, die eben die Alternativen, die sich in der Geschichte nicht durchgesetzt haben, in den Diskurs der Gegenwart einbringt.[63] Dabei ist die Nähe zu kontrafaktischen Fragen und Aussagen evident, die historische Handlungsalternativen und Möglichkeitsspielräume tiefer auszuloten versuchen.[64] Indem Kirchengeschichte hier methodisch kontrolliert agiert, lassen sich historische Alternativen zugleich als Optionen für Reformen beschreiben.[65]

In diese Debatte um Reformen haben Kirchengeschichte wie Kanonistik als theologische Disziplinen einzugreifen.[66] Zwei häufig anzutreffende Begründungsmuster können dabei vor dem Forum der historischen Vernunft nicht bestehen: Das verabsolutierende „es war schon immer so" (alternativ: „das hatten wir noch nie") und der anachronistische Versuch, Normen direkt von einer nicht näher bestimmten *Urkirche*

---

60 Es sei freilich daran erinnert, dass die altkirchlichen Kanones (u. a. von Antiochia und Chalcedon) die Abhaltung von Synoden im halbjährlichen Rhythmus vorsahen, vgl. SCHMIDT, Herrschergesetz und Kirchenrecht (wie Anm. 15), S. 81 f.

61 Vgl. HARTMANN, Wilfried, Kirche und Kirchenrecht um 900. Die Bedeutung der spätkarolingischen Zeit für Tradition und Innovation im kirchlichen Recht, Hannover 2008 (=MGH Schriften; 58).

62 Vgl. etwa WOLF, Hubert, Was heißt und zu welchem Ende studiert man Kirchengeschichte? Zu Rolle und Funktion des Faches im Ganzen katholischer Theologie, in: Kinzig, Wolfram u. a. (Hrsg.), Historiographie und Theologie. Kirchen- und Theologiegeschichte im Spannungsfeld von geschichtswissenschaftlicher Methode und theologischem Anspruch, Leipzig 2004, S. 53–65.

63 Vgl. WERBICK, Jürgen, Theologische Methodenlehre, Freiburg 2015, S. 329–331; SCHMIDT, Bernward, Gradmesser der Wissenschaftlichkeit oder Gefährdung der Wahrheit? Zur Diskussion um die historische Kritik in der (früh-)neuzeitlichen Theologie, in: Lüke, Ulrich; Peters, Hildegard (Hrsg.), Wissenschaft – Wahrheit – Weisheit. Theologische Standortbestimmungen, Freiburg 2018 (=QD; 293), S. 287–309.

64 Vgl. HOFFMANN, Zufall und Kontingenz (wie Anm. 5), S. 158.

65 Vgl. MERKT, Andreas u. a. (Hrsg.), Reformen in der Kirche. Historische Perspektiven, Freiburg 2014 (=QD; 260); WOLF, Hubert, Krypta. Unterdrückte Traditionen der Kirchengeschichte, München 2015.

66 Zur theologischen Verortung der Kanonistik siehe den Beitrag von Thomas Neumann.

in die Gegenwart zu übertragen. Beides rechnet nicht mit dem historischen Faktor der Kontingenz, aber auch nicht mit den komplexen Prozessen von Bedeutungszuschreibung und Bedeutungswandel. Auf unser Beispiel angewendet: Wollte man tatsächlich die Verbote von Translation und Transmigration aus den canones des 4. und 5. Jahrhunderts aktuell in Geltung setzen, zöge dies gravierende Konsequenzen für die Verhältnisbestimmung von Papst und Bischöfen sowie der Bischöfe untereinander nach sich. Denn wie gesehen ging der Wandel der Translationsnormen mit einem Wandel im Verständnis des Papsttums einher: Die Konzilien von Serdika und Antiochia hatten mit dieser Institution noch nicht zu rechnen, für Erzbischof Hinkmar war der Papst die Instanz, die eine synodale Entscheidung bestätigte, ab dem 11. Jahrhundert führen Päpste Translationen aufgrund eigenen Rechtes durch. Das Erste Vatikanische Konzil jedoch verpflichtet auch heutige Katholiken auf den päpstlichen Jurisdiktionsprimat als Glaubenswahrheit.[67] Es scheint also, als sei mit dem Diskurs um die Translationen ein irreversibler Prozess verbunden.

Da Normen der gründlichen historischen Kontextualisierung bedürfen, um ihren Sinn, ihre Tragweite und Bedeutung klar zu erkennen, sind Kirchenrecht und Kirchengeschichte gewissermaßen natürliche Dialogpartner. Gemeinsames Interesse ihrer Fachvertreter darf es sein, die Diskurse der Kirche auf dem Weg durch die Zeit mitzugestalten und so an der Zukunft des Gottesvolkes mitzuarbeiten.

---

67 Zum Jurisdiktionsprimat siehe den Beitrag von Stephan Dusil.

Bernward Schmidt

Literaturverzeichnis

ALDINGER, Paul, Die Neubesetzung der deutschen Bistümer unter Papst Innocenz IV. 1243–1254, Leipzig 1900.

ENGLBERGER, Johann, Gregor VII. und die Bischofserhebungen in Frankreich. Zur Entstehung des ersten römischen Investiturverbots vom Herbst 1078, in: Erkens, Franz-Reiner (Hrsg.), Die früh- und hochmittelalterliche Bischofserhebung im europäischen Vergleich, Köln u. a. 1998, S. 193–258.

ERKENS, Franz-Reiner, Die Bischofswahl im Spannungsfeld zwischen weltlicher und geistlicher Gewalt. Ein tour d'horizon, in: Ders. (Hrsg.), Die früh- und hochmittelalterliche Bischofserhebung im europäischen Vergleich, Köln u. a. 1998, S. 1–32.

ESCH, Arnold, Überlieferungs-Chance und Überlieferungs-Zufall als methodisches Problem des Historikers, in: HZ 240 (1985), S. 529–570.

FAGGIOLI, Massimo, Problemi relativi alle nomine episcopali dal concilio di Trento al pontificato di Urbano VIII, in: Cristianesimo nella storia 21 (2000), S. 531–564.

FIREY, Abigail, Mutating Monsters: Approaches to „Living Texts" of the Carolingian Era, in: Digital Proceedings of the Lawrence J. Schoenberg Symposium on Manuscript Studies in the Digital Age, Volume 2, Issue 1, URL: http://repository.upenn.edu/ljsproceedings/vol2/iss1/1 [eingesehen am 17.03.2020].

FRENZ, Thomas, Die päpstlichen Ernennungsurkunden für die Würzburger Bischöfe vom 14.–20. Jahrhundert, in: Würzburger Diözesangeschichtsblätter 50 (1988), S. 69–81.

GANZER, Klaus, Papsttum und Bistumsbesetzungen in der Zeit von Gregor IX. bis Bonifaz VIII., Köln u. a. 1968.

GRAEVENITZ, Gerhart von; MARQUARD, Odo u. a. (Hrsg.), Kontingenz, München 1998.

HARTMANN, Wilfried (Hrsg.), Die Konzilien der karolingischen Teilreiche 860–874, Hannover 1998 (=MGH Concilia; 4).

DERS., Wilfried, Kirche und Kirchenrecht um 900. Die Bedeutung der spätkarolingischen Zeit für Tradition und Innovation im kirchlichen Recht, Hannover 2008 (=MGH Schriften; 58).

HOFFMANN, Arnd, Zufall und Kontingenz in der Geschichtstheorie. Mit zwei Studien zu Theorie und Praxis der Sozialgeschichte, Frankfurt 2005.

LABHART, Verena, Zur Rechtssymbolik des Bischofsrings, Köln u. a. 1963.

LUHMANN, Niklas, Das Recht der Gesellschaft, Frankfurt 1995.

LUKASSEK, Agathe, Interview mit Bischof Gerhard Feige, „Ich habe einen Nerv getroffen", vom 12. Juni 2015, URL: https://www.katholisch.de/aktuelles/aktuelle-artikel/ich-habe-einen-nerv-getroffen [eingesehen am: 17.03.2020].

MERKT, Andreas u. a. (Hrsg.), Reformen in der Kirche. Historische Perspektiven, Freiburg 2014.

MERZBACHER, Friedrich, Die Bischofsstadt, Wiesbaden 1961.

NAZ, Raoul, s. v. Translation d'office, in: Dictionnaire de droit canonique 7 (1965), Sp. 1320–1325.

NIX, Andreas, Letztbegründungen des Rechts – Ideengeschichte und Kontingenz, in: Knobloch, Jörn; Schlee, Thorsten (Hrsg.), Unschärferelationen. Politologische Aufklärung – konstruktivistische Perspektiven, Wiesbaden 2018, S. 33–58.

RECKWITZ, Andreas, Zukunftspraktiken – Die Zeitlichkeit des Sozialen und die Krise der modernen Rationalisierung der Zukunft, in: Becker, Frank u. a. (Hrsg.), Die Ungewissheit des Zukünftigen. Kontingenz in der Geschichte, Frankfurt a. M. 2016, S. 31–54.

REIFFENSTUEL, Anaklet, Jus canonicum universum, Bd. 1, München 1702.

SCHELLER, Benjamin, Kontingenzkulturen – Kontingenzgeschichten: Zur Einleitung, in: Becker, Frank u. a. (Hrsg.), Die Ungewissheit des Zukünftigen. Kontingenz in der Geschichte, Frankfurt a. M. 2016, S. 9–30.

SCHIEFER, Rudolf, Bischofserhebungen im westfränkisch-französischen Bereich im späten 9. und 10. Jahrhundert, in: Erkens, Franz-Reiner (Hrsg.), Die früh- und hochmittelalterliche Bischofserhebung im europäischen Vergleich, Köln u. a. 1998, S. 59–82.

SCHIMA, Stefan, Papsttum und Nachfolgebeeinflussung. Von den Anfängen bis zur Papstwahlordnung von 1179, Freistadt 2011.

SCHMIDT, Bernward, Bibliothekserweiterung durch kanonistische Praxis. Überlieferung und Verarbeitung der „Admonitio generalis" im 9. Jahrhundert, in: Embach, Michael u. a. (Hrsg.), Die Bibliothek des Mittelalters als dynamischer Prozess, Wiesbaden 2012, S. 19–32.

SCHMIDT, Bernward, Gradmesser der Wissenschaftlichkeit oder Gefährdung der Wahrheit? Zur Diskussion um die historische Kritik in der (früh-)neuzeitlichen Theologie, in: Lüke, Ulrich; Peters, Hildegard (Hrsg.), Wissenschaft – Wahrheit – Weisheit. Theologische Standortbestimmungen, Freiburg 2018 (=QD; 293), S. 287–309.

SCHMIDT, Bernward, Herrschergesetz und Kirchenrecht. Die Collectio LIII titulorum – Studien und Edition, Hamburg 2004.

SCHOLZ, Sebastian, Transmigration und Translation. Studien zum Bistumswechsel der Bischöfe von der Spätantike bis zum hohen Mittelalter, Köln 1992, S. 118–121.

SCHRÖR, Matthias, Aufstieg und Fall des Erzbischofs Ebo von Reims, in: Becher, Matthias; Plasmann, Alheydis (Hrsg.), Streit am Hof im frühen Mittelalter, Göttingen 2011 (= Super alta perennis. Studien zur Wirkung der Klassischen Antike; 11), S. 203–221.

SOMMAR, Mary E., Hincmar of Reims and the Canon Law of Episcopal Translation, in: The Catholic Historical Review 88 (2002), S. 429–445.

STOLLBERG-RILINGER, Barbara, Des Kaisers neue Kleider. Verfassungsgeschichte und Symbolsprache des Alten Reiches, München 2008.

STOLLBERG-RILINGER, Barbara, Verfassungsgeschichte als Kulturgeschichte, in: ZRG Germ. Abt. 127 (2010), S. 1–32.

TEUBNER, Gunther, Selbstsubversive Gerechtigkeit. Kontingenzformel oder Transzendenzformel des Rechts, in: Ders. (Hrsg.), Nach Jacques Derrida und Niklas Luhmann. Zur (Un-)Möglichkeit einer Gesellschaftstheorie der Gerechtigkeit, Stuttgart 2008, S. 9–36.

THIER, Andreas, Hierarchie und Autonomie. Regelungstraditionen der Bischofsbestellung in der Geschichte des kirchlichen Wahlrechts bis 1140, Frankfurt 2011.

THIER, Andreas, Time, Law, and Legal History – Some Observations and Considerations, in: Rechtsgeschichte 25 (2017), S. 20–44.

TSCHOPP, Silvia Serena (Hrsg.), Kulturgeschichte, Stuttgart 2008.

VOGT, Peter, Kontingenz und Zufall. Eine Ideen- und Begriffsgeschichte, Berlin 2011.

WALTER, Uwe, Kontingenz und Geschichtswissenschaft. Aktuelle und künftige Felder der Forschung, in: Frank Becker u. a. (Hrsg.), Die Ungewissheit des Zukünftigen. Kontingenz in der Geschichte, Frankfurt a. M. 2016, S. 95–118.

WERBICK, Jürgen, Theologische Methodenlehre, Freiburg 2015.

WOLF, Hubert, Krypta. Unterdrückte Traditionen der Kirchengeschichte, München 2015.

WOLF, Hubert, Was heißt und zu welchem Ende studiert man Kirchengeschichte? Zu Rolle und Funktion des Faches im Ganzen katholischer Theologie, in: Kinzig, Wolfram u. a. (Hrsg.), Historiographie und Theologie. Kirchen- und Theologiegeschichte im Spannungsfeld von geschichtswissenschaftlicher Methode und theologischem Anspruch, Leipzig 2004, S. 53–65.

Martin Rehak

Regulae iuris und allgemeine Rechtsprinzipien im kanonischen Recht

Abstract Auf der Suche nach nicht-kontingenten Rechtsprinzipien beschäftigt sich der vorliegende Beitrag mit den *regulae iuris* des *liber extra* (Dekretalensammlung Gregors IX.) und des *liber sextus* (Dekretalensammlung Bonifaz' VIII.), welche in weitem Umfang die Rechtsregeln des Römischen Rechts und dort insbesondere der Digesten rezipieren. Dazu werden vor allem jene Rechtsregeln kurz porträtiert, die im geltenden kodikarischen Kirchenrecht fortleben. In einem weiteren Schritt werden die Erwägungen Peter Landaus zu alten Strukturmerkmalen des römischen Kirchenrechts referiert.

Vorbemerkungen

Gibt es Rechtsprinzipien, „die eine über die historische Situation hinausweisende Bedeutung haben"[1] und „die in nicht-kontingenter Weise das Rechtssystem der Kirche prägen"? So lautete die an mich gerichtete Forschungsfrage, als ich von den Veranstaltern der Tagung *Kirchenrecht im Dialog* angefragt wurde, über *Normen als Grundsteine der Rechtsdoktrin* zu sprechen. Zugegebenermaßen galt mein erster Gedanke zu dieser Frage dem hermeneutischen Konzept der *vigens Ecclesiae disciplina* – also der vor allem im 18./19. Jahrhundert bis in den Kodex von 1917 hinein sehr populären Vorstellung, dass das aktuell geltende Recht der Kirche gerade nicht in Rechtsbüchern wie dem mittelalterlichen *Corpus Iuris Canonici*, sondern in deren kontinuierlicher Modifikation und Aktualisierung durch Rechtsprechung und Verwaltung auffindbar sei.[2] Dieses Konzept würde offensichtlich eher die These unterstützen, dass Normen

---

1 Der Beitrag geht zurück auf den am 18.02.2019 in Fulda auf der Tagung *Kirchenrecht im Dialog* gehaltenen Vortrag. Der Vortragsstil wurde beibehalten. Sämtliche Zitate dieses Absatzes sind wörtlich der Referentenanfrage entnommen.

2 Vgl. dazu MEYDENBAUER, Hans, Vigens ecclesiae disciplina, Berlin (Univ.-Diss.) 1897, S. 25–53; FLEINER, Fritz, Ueber die Entwicklung des katholischen Kirchenrechts im 19. Jahrhundert. Rektoratsrede gehalten am Jahresfeste der Universität Basel, den 8. November 1901, Tübingen 1902, S. 26 f.; ferner WERNZ, Franz Xaver, Ius decretalium, Bd. 1, Rom ²1905, S. 288, wonach die *vigens disciplina* gemäß dem Grundsatz *„consuetudo est legum optima interpres"* jenes Gewohnheitsrecht ist, welches das Gesetzesrecht authentisch interpretiert; SÄGMÜLLER, Johann Baptist, Lehrbuch des katholischen Kirchenrechts,

ein kontingentes, an konkrete geschichtliche Situationen und Interessen rückgebundenes Instrument seien. Dennoch habe ich mich gerne der Herausforderung gestellt, „aus rechtshistorischer Perspektive die Entstehung und bleibende Bedeutung von Rechtsprinzipien als wesentlichen Teilen der Rechtsdoktrin" aufzuzeigen – oder dies wenigstens zu versuchen. Dabei soll wie folgt vorgegangen werden:

Bd. 1, Freiburg i. Br. [3]1914, S. 115 („das geltende Kirchenrecht in seiner mit Berücksichtigung der Verhältnisse herkömmlichen Anwendung"); ähnlich MÖRSDORF, Klaus, Die Rechtssprache des Codex Juris Canonici. Eine kritische Untersuchung, Paderborn 1937 (= VGG.R; 74), S. 52 mit Anm. 7 („das durch Rechtsprechung und Verwaltungsbrauch den Verhältnissen angepasste geltende Kirchenrecht") und S. 72.

Laut Meydenbauer wurde das Konzept der *vigens Ecclesiae disciplina* in Reaktion auf jene Krise entwickelt, in die die katholische Kirchenrechtswissenschaft spätestens seit dem Konzil von Trient geraten war. Der im *Corpus Iuris Canonici* tradierte kirchliche Rechtsstoff war teilweise durch die neuere Gesetzgebung der Päpste und der römischen Kongregationen überholt; zugleich war dieser neue Rechtsstoff auf verschiedene Sammlungen verstreut oder auch überhaupt nicht publiziert. Dieser prekäre Zustand, der selbstverständlich auch der römischen Kirchenleitung bewusst war, wurde verschärft durch Erkundigungen seitens der aufgeklärten europäischen Staaten, welches das aktuell geltende kirchliche Recht sei und wo es in gesatzter Form greifbar wäre. Die Kirche wollte sich in dieser Frage jedoch weder konkret festlegen oder festlegen lassen; noch konnte und wollte sie pauschal auf das *Corpus Iuris Canonici* verweisen. Stattdessen wurde im Sinne einer Leerformel auf das aktuell geltende Recht, d.h. „den herrschenden Brauch der Kirche" (ebd., S. 29) abgestellt. Dafür wurden in einer Findungsphase verschiedene Termini benutzt – etwa auch die Wendungen *iuxta ea, quae canones praecipiunt aut legitima exigit consuetudo* oder *secundum praesentem et a S. sede adprobatam disciplinam* – unter denen sich die Phrase *vigens Ecclesiae disciplina* durchgesetzt hat. Diese Wendung begegnet dann etwa in Art. 17 des Bayerischen Konkordats von 1817, in Art. XXXIV des Österreichischen Konkordats von 1855, sowie in Art. IV des Württembergischen Konkordats von 1857; in den beiden letztgenannten Konkordaten ist für die *vigens disciplina* charakteristisch, dass sie *a Sancta Sede adprobata* ist. Vgl. ferner zur Bedeutung des Konzepts bei BENEDIKT XIV., De synodo dioecesana, die bemerkenswerte Analyse von SCHULTE, Johann Friedrich, Geschichte der Quellen und Literatur des canonischen Rechts von Gratian bis auf die Gegenwart, Bd. 3, Stuttgart 1880, S. 504–507.

Auch in c. 6 CIC/1917 wurde nochmals die *vigens disciplina* thematisiert: *„Codex vigentem huc usque disciplinam plerumque retinet, licet opportunas immutationes afferat."* Nach SCHNIZER, Helmut, Traditio canonica und vigens disciplina – die eine und die andere Kontinuität im kanonischen Recht, in: Morsak, Louis C.; Escher, Markus (Hrsg.), Festschrift für Louis Carlen zum 60. Geburtstag, Zürich 1989, S. 353–378, hier S. 354 = DERS. (Hrsg.), Rechtssubjekt, rechtswirksames Handeln und Organisationsstrukturen: Ausgewählte Aufsätze aus Kirchenrecht, Rechtsgeschichte und Staatskirchenrecht, Freiburg/Schweiz 1995, S. 519–544, hier S. 520, dürfte der Gesetzgeber des CIC/1917 unter besagter *vigens Ecclesiae disciplina* in etwa das verstanden haben, was die Lehr- und Handbücher des späten 19. und frühen 20. Jahrhunderts als die herrschende Rechtsordnung der Kirche präsentierten.

Nachdem seitens der Tagungsleitung anheimgestellt wurde, zum Rahmenthema *Normen als Grundsteine der Rechtsdoktrin* insbesondere der Frage nach Rechtsprinzipien in ihrer historischen Dimension nachzugehen, sei im Folgenden nur die so spezifizierte Fragestellung näher beleuchtet. Diese Herangehensweise ermöglicht es, die theoretisierende Reflexion zu übergehen, was genau der Begriff der Rechtsdoktrin meint und umfasst.[3] Stattdessen kann man mit einem kurzen Hinweis auf das in c. 19 CIC/1983 thematisierte Konzept der allgemeinen Rechtsprinzipien in die Thematik einsteigen (1.). Im Mittelpunkt der weiteren Betrachtungen soll dann die Rezeption diverser Rechtsregeln stehen, die das mittelalterliche Kirchenrecht zumeist dem spätantiken römischen Recht entnommen hat, und die bis heute im Kodex von 1983 fortgelten (2.). Danach sei auf Erwägungen von Peter Landau (1935–2019) zu prägenden Strukturmerkmalen des spätantiken römischen Kirchenrechts hingewiesen (3.). Abschließend sollen die gefundenen Ergebnisse in einem kurzen Fazit gebündelt werden (4.).

1.   Die allgemeinen Rechtsprinzipien (c. 19 CIC/1983)

Gemäß c. 19 CIC/1983 ist im Kirchenrecht der lateinischen Kirche zur Füllung von Lücken in der Rechtsordnung – also zum Zwecke der Rechtsfortbildung – neben anderen Mitteln auch auf die so genannten allgemeinen Rechtsprinzipien zurückzugreifen. Dabei deutet das Adjektiv *allgemein* an, dass es hier um solche Rechtsprinzipien geht, die in mehreren Rechtsordnungen anzutreffen sind.[4] Zugleich formuliert c. 19 CIC/1983 für das Kirchenrecht die Einschränkung, dass bei der Anwendung jener Prinzipien die so genannte kanonische Billigkeit zu wahren ist. Im Bereich des Kir-

---

3   Nach meinem Verständnis kann der Ausdruck *Rechtsdoktrin* in etwa als Synonym zu dem in der Literatur häufiger anzutreffenden Terminus *Rechtstheorie* aufgefasst werden. Die Rechtstheorie ist bestrebt, auf einer eher formalen Ebene zu verstehen, was Recht ist; wie Recht funktioniert; und wie sich richtiges und ungerechtes Recht voneinander unterscheiden lassen; ihr geht es mit anderen Worten darum, mit einer eher juristischen als philosophischen Herangehensweise allgemeine Aussagen über die Entstehungsbedingungen, Strukturen und Wirkungsweisen des Rechts sowie die Methoden und Verfahren seiner Anwendung zu treffen. Vgl. zu alledem PREE, Helmuth, Kirchenrechtstheorie als eigenständige kanonistische Grundlagendisziplin, in: AfkKR 178 (2009), S. 52–67; hier S. 57–59; KUNZ, Karl-Ludwig; MONA, Martino (Hrsg.), Rechtsphilosophie, Rechtstheorie, Rechtssoziologie. Eine Einführung in die theoretischen Grundlagen der Rechtswissenschaft, Bern; Stuttgart; Wien ²2015, S. 35–37 und S. 94–101; HORN, Norbert, Einführung in die Rechtswissenschaft und Rechtsphilosophie, Heidelberg ⁶2016, S. 41; KAUFMANN, Arthur, Rechtsphilosophie, Rechtstheorie, Rechtsdogmatik, in: Hassemer, Winfried; Neumann, Ulfrid; Saliger, Frank (Hrsg.), Einführung in die Rechtsphilosophie und Rechtstheorie der Gegenwart, Heidelberg ⁹2016, S. 1–22; hier S. 7–9.

4   Vgl. PREE, Helmuth, Generalia Iuris Principia im CIC/1983 und ihre Bedeutung für das Kanonische Recht, in: AfkKR 172 (2003), S. 38–57; hier S. 42 f.

chenrechts können daher jene allgemeinen Rechtsprinzipien nicht zur Lückenfüllung herangezogen werden, die mit theologischen Vorgaben unvereinbar sind;[5] oder die für die Gesetzesbetroffenen eine besondere Härte bedeuten würden – letzteres zugleich ein verklausulierter Hinweis auf die Barmherzigkeit als integrierendes Element der kirchlichen Rechtsordnung.[6]

---

5   Vgl. ebd., S. 40 und 49. Zur Rechtsgeschichte von Begriff und Konzept der *aequitas canonica* vgl. WOHLHAUPTER, Eugen, Aequitas canonica. Eine Studie aus dem kanonischen Recht, Paderborn 1931 (= VGG.R; 56); LEFEBVRE, Charles, Les pouvoirs du juge en droit canonique. Contribution historique et doctrinale à l'étude du canon 20 sur la méthode et les sources en droit positif, Paris 1938, S. 164–212; CARON, Pier Giovanni, 'Aequitas' Romana, 'Misericordia' patristica ed 'epicheia' aristotelica nella dottrina dell''aequitas' canonica, Mailand 1971; LEFEBVRE, Charles, Récents développements des recherches sur l'équité canonique, in: Kuttner, Stephan; Pennington, Kenneth (Hrsg.), Proceedings of the Sixth International Congress of Medieval Canon Law. Berkeley, California, 28 July – 2 August 1980, Vatikanstadt 1985 (= Monumenta Iuris Canonici. Series C. Subsidia; 7), S. 363–373; SCHÜLLER, Thomas, Die Barmherzigkeit als Prinzip der Rechtsapplikation in der Kirche im Dienste der salus animarum. Ein kanonistischer Beitrag zu Methodenproblemen der Kirchenrechtstheorie, Würzburg 1993 (= FzK; 14), S. 321–392; LANDAU, Peter, 'Aequitas' in the 'Corpus Iuris Canonici', in: Rabello, Alfredo Mordechai (Hrsg.), Aequitas and Equity: Equity in Civil Law and Mixed Jurisdictions, Jerusalem 1997, S. 128–139; erneut in: Landau, Peter (Hrsg.), Europäische Rechtsgeschichte und kanonisches Recht im Mittelalter. Ausgewählte Aufsätze aus den Jahren 1967 bis 2006, Badenweiler 2013, S. 285–294.
Zur kanonischen Billigkeit im aktuellen kodikarischen Recht vgl. etwa SCHÜLLER, Barmherzigkeit, S. 392–438; DEMEL, Sabine, Einführung in das Recht der katholischen Kirche. Grundlagen – Quellen – Beispiele, Darmstadt 2014 (= Einführung Theologie), S. 73 f.

6   Die Barmherzigkeit *(misericordia)* des Kirchenrechts wird von Zeit zu Zeit besonders betont. Soweit es die mittelalterliche Kanonistik anbelangt, ist hier standardmäßig an den Prolog *(Prologus in exceptionibus ecclesiasticorum canonum)* Ivos von Chartres – der offenbar zunächst unabhängig von den Ivo zugeschriebenen Kirchenrechtssammlungen *Decretum* und *Panormia* entstand, aber zusammen mit ihnen verbreitet wurde – sowie an Alger von Lüttichs *De misericordia et iustitia* zu erinnern, vgl. dazu MERZBACHER, Friedrich, Alger von Lüttich und das kanonische Recht, in: ZRG.K 66 (1980), S. 230–260; hier S. 233 f. und S. 240–242; MÜLLER, Hubert, Barmherzigkeit in der Rechtsordnung der Kirche? Heribert Heinemann zur Vollendung des 65. Lebensjahres, in: AfkKR 159 (1990), S. 353–367; hier S. 359 f.; BRASINGTON, Bruce, The prologue of Ivo of Chartres. A fresh consideration from the manuscripts, in: Chodorow, Stanley (Hrsg.), Proceedings of the Eighth International Congress of Medieval Canon Law. San Diego, University of California at La Jolla, 21–27 August 1988, Vatikanstadt 1992 (= Monumenta iuris canonici. Series C. Subsidia; 9), S. 3–22; DERS., Require in prologo: the decretists and Ivo of Chartres' prologue, in: ZRG.K 87 (2001), S. 84–124; ROLKER, Christof, Ivo of Chartres' Pastoral Canon Law, in: Bulletin of Medieval Canon Law 25 (2002/03), S. 114–145; hier S. 115–126.
Von Papst Clemens XIV. wird überliefert, dass er die alljährliche öffentliche Verkündung der so genannten Abendmahlsbulle mit der Begründung abschaffte: *„Iam est tempus veniae, non anathematum"*, vgl. dazu HAUSMANN, Mathias, Geschichte der päpstlichen Re-

Was jedoch gehört zu den allgemeinen Rechtsprinzipien? Wenn hierzu auch im Detail unterschiedliche Auffassungen vertreten werden,[7] so dürfte doch für den Bereich der Kirchenrechtswissenschaft konsensfähig sein, dass die so genannten *regulae iuris,* die Rechtsregeln des mittelalterlichen Kirchenrechts,[8] hier in Betracht zu ziehen sind.[9]

---

servatfälle. Ein Beitrag zur Rechts- und Sittengeschichte, Regensburg 1868, S. 385 mit Anm. 20.

Auch in unserer Gegenwart ist das Thema en vogue, vgl. etwa SCHÜLLER, Thomas, Das Heil der Gläubigen im Blick. Barmherzigkeit als Prinzip der Rechtsanwendung, in: Glöckener, Norbert (Hrsg.), Barmherzigkeit verändert, Münster 2008, S. 181–196; KASPER, Walter, Barmherzigkeit. Grundbegriff des Evangeliums, Schlüssel christlichen Lebens, Freiburg i.Br. ²2012, hier besonders S. 171–177, mit der bemerkenswerten Feststellung: „Der weitgehende Ausfall von Kirchendisziplin ist eine der Schwächen in der gegenwärtigen Kirche und ein Missverständnis dessen, was Barmherzigkeit im Neuen Testament und pastorale Dimension der Kirche meint. Der Abbau einer rigiden legalistischen Praxis ohne den gleichzeitigen Aufbau einer evangeliumsgemäßen neuen Praxis der Kirchendisziplin hat zu einem Vakuum geführt, das Skandale erlaubt hat, welche zu einer schweren Kirchenkrise geführt haben"(S. 172); PREE, Helmuth, Kirchenrecht und Barmherzigkeit. Rechtstheologische und rechtstheoretische Aspekte, in: AfkKR 184 (2015), S. 57–74; DEMEL, Sabine, Das Recht fließe wie Wasser. Wie funktioniert und wem nützt Kirchenrecht?, Regensburg 2017, S. 51–57.

7   Vgl. ECHAPPÈ Olivier, Regulae Iuris et droit canonique contemporain, in: REDC 47 (1990), S. 423–443; hier S. 436 und S. 440–443; AYMANS–MÖRSDORF, KanR I, S. 186; PREE, Generalia Iuris Principia (wie Anm. 4), S. 45–47; zurückhaltend SCHÜLLER, Thomas, Auslegung von Gesetzen im Kirchenrecht. Ein rechtshistorischer und antekanonistischer Beitrag zur Debatte, in: Ohly, Christoph; Rees, Wilhelm; Gerosa, Libero (Hrsg.), Theologia Iuris Canonici. Festschrift für Ludger Müller zur Vollendung des 65. Lebensjahres, Berlin 2017 (= KStT; 56), S. 127–138; hier S. 138, demzufolge die *regulae iuris* „keine allgemeinen Rechtsprinzipien […] [sind], sondern dem Kanonischen Recht immanente hermeneutische Prinzipien".

8   Vgl. zu den *regulae iuris* einführend REH, Francis F., The rules of law and canon law, Rom (Univ.-Diss.) 1939; ROELKER, Edward, An Introduction to the Rules of Law, in: Jurist 10 (1950), S. 271–303 und S. 417–436; ECHAPPÈ, Regulae Iuris (wie Anm. 7)., S. 423–443.

9   Zur speziellen Gattung der so genannten Brocarda (Brocardica) und ihrem Verhältnis zu den *regulae iuris* vgl. LANG, Albert, Zur Entstehungsgeschichte der Brocarda-Sammlungen, in: ZRG.K 31 (1942), S. 106–141; KUTTNER, Stephan, Réflexions sur les Brocards des Glossateurs, in: Mélanges Joseph de Ghellinck, Gembloux 1951, S. 767–792; MEYER, Ernst, Brocardica, in: ZRG.K 38 (1952), S. 453–473; ELSENER, Ferdinand, Regula iuris, Brocardum, Rechtssprichwort nach der Lehre von P. Franz Schmier OSB und im Blick auf den Stand der heutigen Forschung, in: Studien und Mitteilungen zur Geschichte des Benediktiner-Ordens und seiner Zweige 73 (1962), S. 177–218; WEIMAR, Peter, Argumenta brocardica, in: Studia Gratiana 14 (1967), S. 89–123; DERS., Brocarda, Brocardica, in: LexMA, Bd. 2, Sp. 707 f.; DERS., Brocarda / Brocardica, in: HRG², Bd. 1, Sp. 685 f.; NÖRR, Knut Wolfgang, Die kanonistische Literatur, in: Coing, Helmut (Hrsg.), Handbuch der Quellen und Literatur der neueren europäischen Privatrechtsgeschichte, Bd. 1: Mittelalter (1100–1500), München 1973, S. 365–382; hier S. 375; SCHWAIBOLD, Matthias,

2. Die kodikarische Rezeption der *regulae iuris*

In der Dekretalensammlung Papst Gregors IX. aus dem Jahre 1234, auch bekannt als *liber extra,* ist der Titel X 5.41 – also der einundvierzigste und letzte Titel des fünften Buches – unter die Überschrift *De regulis iuris* (dt.: Über die Rechtsregeln) gestellt.[10] Dort sind insgesamt elf *capitula,* also elf Textstücke, versammelt, die vor allem der patristischen Literatur entnommen sind – als Autoren werden Johannes Chrysostomus, Augustinus, Gregor der Große und Beda Venerabilis genannt, ferner noch drei Päpste, nämlich Pseudo-Stephanus sowie Gregor VII. (1073–1085) und Lucius III. (1181–1185).

Seiner als *liber sextus* bekannten Dekretalensammlung aus dem Jahre 1298 ließ Papst Bonifaz VIII. (1294–1303) in einem Anhang eine Liste von nicht weniger als 88 *regulae iuris* beifügen, die großteils dem römischen Zivilrecht entnommen sind, wie es im *Corpus Iuris Civilis,* der im 6. Jahrhundert von Kaiser Justinian in Auftrag gegebenen Sammlung des Römischen Rechts, überliefert ist.[11] Als Redaktor der Liste gilt der Rechtsgelehrte Dino de Rossonis, nach seinem Geburtsort auch Dinus Mu-

---

Brocardica „Dolum per subsequentia purgari". Eine englische Sammlung von Argumenten des römischen Rechts aus dem 12. Jahrhundert, Frankfurt a. M. 1985, S. 101–105; ERDÖ, Peter, Geschichte der Wissenschaft vom kanonischen Recht. Eine Einführung, Münster 2006, S. 75.

10 Vgl. hierzu LANDAU, Peter, Die Bedeutung des kanonischen Rechts für die Entwicklung einheitlicher Rechtsprinzipien, in: ders. (Hrsg.), Ausgewählte Aufsätze (wie Anm. 5), S. 255–283; hier S. 265–269.

11 Für eine kurze Einführung nebst dt. Übersetzung der Rechtsregeln des Römischen Rechts (Dig. 5.17) vgl. EICHLER, Frank, Die Regeln des Römischen Rechts. Die regulae iuris der justinianischen Digesten, Hamburg 2010; für ausführliche historische und systematische Analysen der *regulae iuris* des Römischen Rechts und ihrer Geschichte vgl. STEIN, Peter, Regulae Iuris. From juristic rules to legal maxims, Edinburgh 1966; SCHMIDLIN, Bruno, Die Römischen Rechtsregeln, Köln; Wien 1970 (= Forschungen zum Römischen Recht; 29).
Zur Herkunft der 88 Regeln legt ROELKER, Introduction (wie Anm. 8), S. 281 f., folgende Analyse vor: „There are three sources of the Rules of Law. The most prolific source is Roman Law. In many cases the exact text or almost the exact text is set down as a Rule in Canon Law. These are Rules 6, 14, 19, 20, 24, 25, 30, 33–37, 40, 44–46, 49–51, 54, 56, 59, 62–65, 67, 78–80, 83, 85, 87, 88. In some other instances the Rule in Canon Law is a restatement of the Roman Law. These are Rules 7, 11, 13, 18, 22, 26–28, 38, 47, 53, 55, 60, 61, 66, 68, 70–74, 77, 82, 86. Canonical legislation is also a source of the Rules of Law. Here, too, the Rule is at times a textual statement taken from the law of the Decretals. These are Rules 9, 10, 42, 81. At other times the Rule contains a summary of canonical legislation. These are Rules 1, 8, 16, 39, 41, 69, 84. The moral law is the third source of the Rules of Law. These are Rules 2, 3, 4, 5, 12, 48, 52. Rule 48 is derived from the moral law but its formulation is found rather in Roman Law."
Zur Bedeutung der Bonifazischen *regulae iuris* vgl. LANDAU, Bedeutung (wie Anm. 10), S. 256 f. und S. 269–276.

gellanus genannt.[12] Die besagten 88 Rechtsregeln behandeln in loser Folge ein breites Spektrum unterschiedlicher Themen. Ein erheblicher Teil der Rechtsregeln betrifft das Zivilrecht, wobei hier Fragen rund um die Themenfelder Treu und Glauben sowie den gutgläubigen Rechtserwerb einen Schwerpunkt bilden. Daneben werden Fragen des kirchlichen Vermögensrechts angesprochen, ferner Themen des Straf- und des Prozessrechts nebst Fragen der Beweislast bzw. Beweiswürdigung, aber auch Regeln zur Auslegung von Rechtsnormen.

Im Folgenden seien einige dieser *regulae iuris* kurz porträtiert, wobei eine gewisse Vorauswahl vor allem danach getroffen wurde, ob die jeweilige Rechtsregel auch tatsächlich im geltenden Kirchenrecht des *Codex Iuris Canonici* von 1983 rezipiert ist.

Die Rechtsregel *„Omnis res, per quascunque causas nascitur, per easdem dissolvitur“* (X 5.41.1) ist in dieser Formulierung wohl erstmals im Kirchenrecht geprägt worden und von dort auch bei anderen Theologen (wie etwa Richard von Mediavilla, William Ockham) zitiert worden.[13] Im kodikarischen Kirchenrecht ist sie nicht rezipiert, und sie wäre auch nur eingeschränkt rezeptionsfähig. Denn insbesondere im Sakramentenrecht müsste der Vorbehalt der kanonischen Billigkeit wiederholt eingreifen – man denke an die Charaktersakramente; man denke daran, dass eine Eheauflösung durch diesbezügliche Konsenserklärung der Ehegatten mit biblischen Vorgaben unvereinbar ist.

Für Beda Venerabilis ist eine zwingende Folge aus dem christlichen Gebot der Barmherzigkeit, dass Zweifelhaftes zum Besseren hin auszulegen ist: *„Dubia in meliorem partem interpretari debent.“*[14] Der Kodex greift diesen Gedanken in c. 14 CIC/1983 auf. Bei Zweifeln, ob ein Gesetz anzuwenden ist, kann die Verpflichtungskraft des Gesetzes von Rechts wegen entfallen oder im Wege der Dispens beseitigt werden.

---

12 Zu ihm vgl. ROELKER, Introduction (wie Anm. 8), S. 282 f.; WEIMAR, Peter, Art. Dinus de Rossonis Mugellanus, in: LexMA, Bd. 3, Sp. 1068 f.; DERS., Dinus de Rossonis, in: Stolleis, Michael (Hrsg.), Juristen. Ein biographisches Lexikon von der Antike bis zum 20. Jahrhundert, München ²2001, S. 178 f.; LANGE, Hermann; KRIECHBAUM, Maximiliane, Römisches Recht im Mittelalter, Bd. 2: Die Kommentatoren, München 2007, S. 445–461; hier bes. S. 447 f. und S. 452–456.

13 Die sachlichen Vorläufer im Römischen Recht sind in Dig. 31.2.46; Dig. 46.3.80; Dig. 50.17.35; Dig. 50.17.100; Dig. 50.17.153 zu finden; vgl. dazu ferner SIBER, Heinrich, Contrarius consensus, in: ZRG.R 28 (1907), S. 68–102; KNÜTEL, Rolf, Contrarius consensus. Studien zur Vertragsaufhebung im römischen Recht, Köln; Graz 1968 (= Forschungen zum Römischen Recht; 24), S. 1–22; LIEBS, Detlef, Contrarius actus, in: Sympotica Franz Wieacker sexagenario, Göttingen 1970, S. 111–153.
Als *actus contrarius*-Theorie hat diese Rechtsregel im 20. Jahrhundert vor allem im Verwaltungsrecht eine bedeutende Renaissance erlebt, vgl. dazu auch WEBER, Klaus (Hrsg.), Creifelds. Rechtswörterbuch, München ²²2017, S. 23.

14 X 5.41.2.

In X 5.41.3 wird das *dictum* Gregors des Großen überliefert,[15] dass es besser sei, einen Skandal zu erzeugen, als die Wahrheit zurückzulassen: *„Propter scandalum evitandum veritas non est omittenda."*[16] Man beachte die doppelsinnige Ausgestaltung der rubrikarischen Fassung der Sentenz: *Wegen der Vermeidung eines Skandals darf man die Wahrheit nicht verschweigen.* Hier lehrt gerade die gegenwärtige Missbrauchskrise der Kirche, dass der einstige, um Skandalvermeidung bemühte Umgang mit strafrechtlich relevanten, skandalösen Vorfällen in der öffentlichen Wahrnehmung der größere Skandal ist. Das Diktum ist keine Rechtsregel, die unmittelbar das Recht an sich reflektiert, sondern eine Maxime, wie Recht anzuwenden ist, und hat als solche keine Entsprechung im CIC/1983.

Die Rechtsregel *„Quod non est licitum lege, necessitas facit licitum"* (X 5.41.4) genießt in ihrer deutschen Kurzfassung „Not kennt kein Gebot" allgemeine Bekanntheit.[17] Die Rechtsregel als solche ist im kodikarischen Recht nicht notiert, wohl aber ist vor allem das Sakramentenrecht nach dieser Regel strukturiert – man führe sich vor Augen, was auf wundersame Weise in Todesgefahr des Empfängers eines Sakraments plötzlich alles erlaubt ist, das außerhalb von Todesgefahr unerlaubt wäre.[18]

Umgekehrt formuliert die *regula iuris* LXXVIII den Gedanken, dass von Ausnahmeregeln für Notlagen keine Schlussfolgerungen für das im Normalfall Erlaubte

---

15   Vgl. GREGORIUS MAGNUS, Homiliae in Hiezechielem prophetam VII, 5 (= MOREL, Charles (Ed.), Grégoire Le Grand. Homélies sur Ézéchiel, Bd. 1, Paris 1986 [= SC; 327], S. 240; ADRIAEN, Marc (Ed.), Sancti Gregorii Magni Homiliae in Hiezechielem prophetam, Turnhout 1971 [= CCSL; 142], S. 85): *„Si autem de veritate scandalum sumitur, utilius permittitur nasci scandalum quam veritas relinquatur".*

16   X 5.41.3; vgl. zur Thematik ferner NEMO-PEKELMAN, Capucine, Scandale et vérité dans la doctrine canonique médiévale (XII e – XIII e siècles), in: Revue historique de droit français et étranger 85 (2007), S. 491–504; FOSSIER, Arnaud, Propter vitandum scandalum. Histoire d'une catégorie juridique (XIIe-XVe siècle), in: Mélanges de l'École Française de Rome. Moyen Âge 121/1 (2009), S. 317–348; hier bes. S. 342–344; LEVELEUX-TEIXEIRA, Corinne, Le droit canonique médiéval et l'horreur du scandale, in: Cahiers de recherches médiévales et humanistes / Journal of medieval and humanistic studies 25 (2013), S. 193–211.

17   Vgl. dazu auch LANDAU, Bedeutung (wie Anm. 10), S. 268 ; ferner Daniele Velo Dalbrenta, Necessitas non habet legem. Profili di critica penale, in: Valeria Di Nisio (Hrsg.), Regulae Iuris. Ipotesi di lavoro tra storia e teoria del diritto (= RULeS. Research upgrading in legal science 1), Neapel 2016, S. 153–169, hier S. 155–157. Die Regel ist in mehreren sprachlichen Varianten tradiert, vgl. LIEBS, Detlef, Lateinische Rechtsregeln und Rechtssprichwörter, München ⁷2007, S. 141 *(„Necessitas non habet legem")* und S. 183 *(„Propter necessitatem illicitum efficitur licitum").*
     Zur Entstehung der deutschen Rechtssprichwörter vgl. ELSENER, Ferdinand, Keine Regel ohne Ausnahme. Gedanken zur Geschichte der deutschen Rechtssprichwörter, in: Festschrift für den 45. Deutschen Juristentag, Karlsruhe 1964, S. 23–40; hier S. 34–40.

18   Vgl. cc. 530, 2°; 566 § 1; 844 § 4; 865 § 2; 868 § 2; 883, 3°; 889 § 2; 891; 913 § 2; 961 § 1, 1°; 976; 977; 1068; 1079 §§ 1 u. 3; 1116 § 1, 1°; 1335; 1352 § 1 CIC/1983.

gezogen werden können: „*In argumentum trahi nequeunt, quae propter necessitatem aliquando sunt concessa.*"[19]

Ebenso heißt es in *regula iuris* XXVIII, dass Abweichungen von der allgemeinen Rechtslage nicht bis zur letzten Konsequenz auszureizen sind: „*Quae a iure communi exorbitant, nequaquam ad consequentiam sunt trahenda.*"[20] In diesem Sinne bemerkt auch c. 18 CIC/1983, dass Ausnahmen eng auszulegen sind.

Weithin bekannt ist der Rechtsgedanke, dass sich niemand rechtsverbindlich zu einer unmöglichen Leistung verpflichten kann: „*Nemo potest ad impossibile obligari.*"[21] Im geltenden Kirchenrecht ist diese Rechtsregel verantwortlich dafür, dass c. 1095, 3° CIC/1983, welcher die Eheführungsunfähigkeit eines Ehepartners zum Thema hat, systematisch bei den Konsensmängeln und nicht bei den Ehehindernissen einsortiert wurde.[22] Ferner steht die Regel bei c. 1191 § 1 CIC/1983 im Hintergrund, insofern sich ein Gelübde ausdrücklich auf ein *mögliches* Gut beziehen muss. Während die *regula iuris* VI in erster Linie eine in physischer Hinsicht unmögliche Leistung im Blick hat, erweitern die *regulae iuris* LVIII und LXIX das Grundprinzip auf moralisch unmögliche Leistungen, also auf solche Versprechen, die gegen die guten Sitten verstoßen und sich auf eine Untat beziehen.[23]

Bereits in den Digesten oder Pandekten, einem der vier Hauptwerke innerhalb des justinianischen *Corpus Iuris Civilis,* findet sich der Grundsatz, dass Unkennt-

---

19 RJ 78 in VI°.

20 RJ 28 in VI°.

21 RJ 6 in VI°; die sprachliche Variante: „*Impossibilium nulla obligatio*" ist bereits in Dig. 50.17.185 belegt. Vgl. dazu WOLLSCHLÄGER, Christian, Die Entstehung der Unmöglichkeitslehre, Köln; Wien 1970 (= Forschungen zur Neueren Privatrechtsgeschichte; 16), S. 7–15; ZIMMERMANN, Reinhard, The Law of Obligations. Roman Foundations of the Civilian Tradition, Oxford; München 1996, S. 686–697 ; Natale Rampazzo, Ad impossibilia nemo tenetur. Spunti comparatistici su una presunta regula, in: Valeria Di Nisio (Hrsg.), Regulae Iuris (wie Anm. 17), S. 87–103, hier S. 87–93.

22 Vgl. zur Diskussion LÜDICKE, Klaus, Psychisch bedingte Eheunfähigkeit. Begriffe – Abgrenzungen – Kriterien, Frankfurt a. M. 1978 (= Europäische Hochschulschriften; 105), S. 95–189; hier bes. S. 176–184; BRUNS, Bernhard, Erfüllungsunvermögen: Ehe- oder Konsenshindernis?, in: ÖAKR 31 (1980), S. 6–25; GERINGER, Karl-Theodor, Zur Systematik der kanonischen Ehenichtigkeitsgründe, in: AfkKR 150 (1981) S. 91–136; hier S. 100–103 und S. 106 f.; AYMANS–MÖRSDORF, KanR III, S. 446–449.

23 RJ 58 in VI°: „*Non est obligatorium contra bonos mores praestitum iuramentum*"; RJ 69 in VI°: „*In malis promissis fidem non expedit observari*". Vgl. dazu auch LIEBS, Rechtsregeln (wie Anm. 17), S. 106, der auf die verwandte Rechtsregel „*Ex maleficio non oritur contractus*" (ebd., S. 77) und deren Grundlagen in Dig. 46.1.70 § 5 bzw. Dig. 18.1.35 § 2 hinweist.

nis des Rechts keinen Entschuldigungsgrund darstellt.[24] Dies wird rezipiert in der *regula iuris* XIII: *„Ignorantia facti non iuris excusat."* Der Kodex greift diesen Grundgedanken mit einer differenzierten Abschichtung verschiedener Unterfälle in c. 15 CIC/1983 auf.

Umgekehrt hält *regula iuris* XLVII dafür, dass man eine schuldbegründende Tatsachenkenntnis nicht unterstellen darf, sondern beweisen muss: *„Praesumitur ignorantia, ubi scientia non probatur."*[25] Dieser Gedanke findet sich hinsichtlich der nicht offenkundigen fremden Tat ebenfalls in c. 15 § 2 CIC/1983.

Die *regula iuris* XV fordert, Benachteiligungen zu begrenzen und Begünstigungen auszuweiten: *„Odia restringi, et favores convenit ampliari."*[26] Das Recht soll also die freie individuelle Entfaltung und Lebensgestaltung fördern und Einschränkungen möglichst vermeiden. Der Kodex hat dieses Prinzip in mehreren Normen rezipiert, so etwa in c. 10 CIC/1983 und c. 18 CIC/1983, die sich mit der Auslegung von Gesetzen befassen; sodann in c. 36 § 1 CIC/1983 und c. 77 CIC/1983, die sich mit kirchlichen Verwaltungsakten befassen; sowie in der Norm des c. 1313 §§ 1–2 CIC/1983, gemäß welcher Norm ein Straftäter im Falle einer Änderung der Rechtslage in der Zeit zwischen der Begehung der Tat und seiner Verurteilung nach dem für ihn günstigeren Gesetz zu bestrafen ist.

In der wiederum den Digesten entnommenen *regula iuris* XIX,[27] die im kodikarischen Recht auf die cc. 1323, 5° und 1324 § 1, 6° CIC/1983 eingewirkt hat, geht es sehr speziell um die Schuldfrage in Fällen der Notwehrprovokation,[28] also in jenen Fällen, in denen jemand sich bewusst in eine gefährliche Situation begibt, um dort – in Notwehr – Gewalt anzuwenden: *„Non est sine culpa, qui rei, quae ad eum non pertinet, se immiscet."*

Das generelle strafrechtliche Schuldprinzip, wie es im weltlichen Strafrecht ebenso wie in c. 1321 CIC/1983 formuliert ist, findet sich ebenfalls in den Bonifa-

---

24 Vgl. Dig. 17.1.29 § 1; ferner MAYER-MALY, Theo, Rechtsirrtum und Rechtsunkenntnis als Probleme des Privatrechts, in: Archiv für die civilistische Praxis 170 (1970), S. 133–180; hier S. 139, mit Hinweis auf Dig. 22.6.4; Dig.22.6.7; Dig. 22.6.9; Dig. 37.1.10 und Cod. Just. 1.18.10; ZIMMERMANN, Roman Foundations (wie Anm. 21), S. 604–609.

25 RJ 47 in VI°. Der Legist Azo (vor 1190–1220) bringt diese Regel mit Dig. 22.3.21 in Verbindung, vgl. dazu DONDORP, Harry, Bona fides presumitur in classical Canon Law, in: ZRG.K 102 (2016), S. 99–122; hier S. 112 f.

26 RJ 15 in VI°. Zur sprachlichen Variante *„Odia sunt restringenda, favores ampliandi"* und ihrer eventuellen Prägung durch den Legisten Johannes Bassianus vgl. LIEBS, Rechtsregeln (wie Anm. 17), S. 163.

27 Vgl. Dig. 50.17.36.

28 Für eine primär zivilrechtliche Interpretation dagegen LIEBS, Rechtsregeln (wie Anm. 17), S. 154: „Wer bei solcher Einmischung (sc.: in eine Sache, die ihn nichts angeht) einen Schaden verursacht, muss ihn ersetzen."

zischen *regulae iuris,* und zwar in Nr. 23: *„Sine culpa, nisi subsit causa, non est aliquis puniendus."*[29]

Dem *Codex Iustiniani*, einem anderen Teil des *Corpus Iuris Civilis*, entstammt die *regula iuris* XXIX: *„Quod omnes tangit, debet ab omnibus approbari* – Was alle betrifft, muss von allen gebilligt werden"[30]. Es handelt sich hierbei um einen Satz, den sich außerhalb der Kirche in früheren Zeiten die Vorkämpfer einer demokratischen Gesellschaftsordnung mit Erfolg auf ihre Banner schreiben konnten, und dessen Plausibilität als rein politisches Argument niemand bestreiten wird.[31] Dies kann jedoch nicht darü-

---

29   RJ 23 in VI°. Zu sprachlichen Varianten vgl. Liebs, Rechtsregeln (wie Anm. 17), S. 160 *(„Nulla poena sine culpa");* S. 175 *(„Poena sine fraude esse non potest");* S. 236 *(„Ubi non est culpa, ibi non est delictum").* Zur Durchbrechung dieses Grundsatzes zugunsten einer Strafbarkeit bei fehlender oder verminderter Schuldfähigkeit vgl. Rehak, Martin, Die "actio libera in causa" im kirchlichen und weltlichen Strafrecht. Eine Skizze zur Genese des c. 1325 CIC/1983, in: Ohly, Christoph, Haering, Stephan, Müller, Ludger (Hrsg.), Festschrift für Wilhelm Rees zum 65. Geburtstag, Berlin 2020 (im Druck).

30   Vgl. Cod. Just. 5.59.5 § 2. Die kanonistische Rezeption der Regel beginnt mit entsprechender Kommentierung zu D.66 c.1 beispielsweise in der *Summa Lipsiensis* und der Dekretsumme des Huguccio; Innozenz III., Dekretale *Haec* (X 1,23,7) beruft sich argumentativ auf diese Regel des römischen Rechts, vgl. dazu Hauck, Jasmin, Quod omnes tangit debet ab omnibus approbari. Eine Rechtsregel im Dialog der beiden Rechte, in: ZRG.K 99 (2013), S. 398–417; hier S. 405–412; Landau, Bedeutung (wie Anm. 10), S. 274 f.; Ders., The Origin of the Regula iuris 'Quod omnes tangit' in the Anglo-Norman School of Canon Law during the Twelfth Century, in: Bulletin of Medieval Canon Law 32 (2015), S. 19–35.

31   Vgl. zu diversen Aspekten der Vor- und Rezeptionsgeschichte dieser Regel vgl. Post, Gaines, A Romano-Canonical Maxim „Quod omnes tangit" in Bracton, in: Traditio 4 (1946), S. 197–251; hier S. 200–209; Holub, Joseph, Quod omnes tangit, in: Revue Historique de Droit Français et Étranger 29 (1951), S. 97–102; Giacchi, Orio, La regola „quod omnes tangit" nel diritto canonico, in: Jus 3 (1952), S. 77–100; Congar, Yves M.-J., Quod omnes tangit, ab omnibus tractari et approbari debet, in: Revue Historique de Droit Français et Étranger 35 (1958), S. 210–259; Marongiu, Antonio, Il principio della democrazia e del consenso (quod omnes tangit, ab omnibus approbari debet) nel XIV secolo, in: Studia Gratiana 8 (1962), S. 551–575; Ders., Momenti ed aspetti del Quod omnes tangit, in: Studi in onore di Arnaldo Biscardi, Bd. 4, Mailand 1983, S. 675–690; Hall, Edwin, King Henry III and the English Reception of the Roman Law Maxim quod omnes tangit, in: Studia Gratiana 15 (1972), S. 125–145; Giesey, Ralph E., „Quod omnes tangit" – A post scriptum, in: Studia Gratiana 15 (1972), S. 319–332; Gouron, A., Aux origines médiévales de la maxime *Quod omnes tangit,* in: Harouel, Jean-Louis (Hrsg.), Histoire du droit social. Mélanges en homage à Jean Imbert, Paris 1989, S. 277–286; Marongiu, Antonio; Bettetini, Andrea, Riflessioni storico-dogmatiche sulla regola „quod omnes tangit" e la „persona ficta", in: DirE 110 (1999), S. 645–679; Heinemann, Heribert, „Quod omnes tangit…". Kanonistische Erwägungen im Anschluss an einen bedeutenden Rechtssatz, in: FS Aymans (65), S. 199–217; Brasington, Bruce, „A Divine Precept of Fraternal Union". The Maxim *Quod omnes tangit* in Aglo-American Thought to the Ratification of the Constitution, in: Muldon, James (Hrsg.) Bridging the Medie-

ber hinwegtäuschen, dass die Rechtsregel schon im römischen Recht auf die spezifische Fragestellung der Entscheidungsfindung in einem Kollegialorgan – genauer gesagt: bei mehreren Vormündern – bezogen war und auch nur für diesen spezifischen Kontext, nämlich bezogen auf kollegiale Akte, in c. 119, 3° CIC/1983 rezipiert worden ist.[32]

Die Rechtsregel, wonach das Allgemeine durch das Besondere verdrängt wird: *„Generi per speciem derogatur"*[33], war bereits in den Digesten formuliert.[34] Im Kodex liegt dieser Gedanke den cc. 20, 53 und 67 § 1 CIC/1983 zugrunde.

Ein echtes Problem wirft die Frage auf, welchen Erklärungswert man dem Schweigen einer Person zumessen soll. Bringt die Person damit Ablehnung oder Zustimmung zum Ausdruck? Für die Rechtspraxis ist es letztlich notwendig, sich in die eine oder andere Richtung festzulegen, um die tatsächliche Zweideutigkeit in eine juristische Eindeutigkeit umzukodieren. Die *regula iuris* XLIII entscheidet sich für Zustimmung: *„Qui tacet, consentire videtur"*[35], ist sich aber der Problematik dieser Festlegung insofern bewusst, als hier letztlich nur eine widerlegliche Vermutung geäußert wird *(„videtur")*. Das Problem stellt sich verschärft für das Strafrecht, insofern hier ein offenbarer rechtlicher Konflikt mit jenem anderen Grundsatz droht, wonach sich niemand selbst belasten muss. Was also bedeutet Schweigen insbesondere im Strafprozess? Ein

---

val-Modern Divide. Medieval Themes in the World of the Reformation, Farnham 2013, S. 205–223; CONDORELLI, Orazio, „Quod omnes tangit, debet ab omnibus approbari". Note sull'origine e sull'utilizzazione del principio tra medioevo e prima età moderna, in: IusCan 53 (2013), S. 101–127; HAUCK, Rechtsregel (wie Anm. 30), S. 398–417; LANDAU, Origin (wie Anm. 30), S. 19–35.
Kritisch zu einer Überdehnung des Geltungsbereichs der Maxime LUHMANN, Niklas, Quod omnes tangit… Anmerkungen zur Rechtstheorie von Jürgen Habermas, in: Rechtshistorisches Journal 12 (1993), S. 36–56.

32 Zur Anwendung auf die Bischofssynode vgl. FRANZISKUS, Ansprache zur 50-Jahr-Feier der Errichtung der Bischofssynode vom 17.10.2015, in: AAS 107 (2015), S. 1138–1144; hier S. 1141: Wie auch das Bischofskollegium eine hierarchische Gemeinschaft ist, agiert die Bischofssynode stets *cum et sub Petro.*

33 RJ 23 in VI°. Vgl. dazu auch LIEBS, Rechtsregeln (wie Anm. 17), S. 91, der auf die Varianten *„Generalibus specialia derogant"* und *„Specialia generalibus derogant, non generalia specialibus"* hinweist ; ferner Silvia Zorzetto, Lex specialis derogat generali. Tra storia e teoria, in: Valeria Di Nisio (Hrsg.), Regulae Iuris (wie Anm. 17), S. 123–152, hier S. 123–136.

34 Vgl. Dig. 50.17.80; ferner Dig. 32.99 § 5; Dig. 48.19.41.

35 RJ 43in VI°; vgl. dazu Dig. 19.2.13 § 11; ferner KRAMPE, Christoph, Qui tacet, consentire videtur. Über die Herkunft einer Rechtsregel, in: FS Mikat (65), S. 367–380; ausführlich SCHWARTZE, Stefan Tobias, Qui tacet consentire videtur – eine Rechtsregel im Kommentar: Vorläufer in kanonistischen Brocardsammlungen und zeitgenössische Kommentierung, Paderborn; München; Wien u. a. 2003 (= VGG.R; 104); CORRAL TALCIANI, Hernan, Qui tacet consentire videtur: la importancia de una antigua regla canonica en el juicio contra Tomas Moro: IusCan 21 (2011), S. 137–160; hier S. 147–152.

bekannter biblischer Präzedenzfall, das Schweigen Jesu angesichts der vor Pilatus gegen ihn erhobenen Anklagen (vgl. Mk 15,3–5), macht deutlich: Schweigen kann nicht ohne weiteres als Zustimmung gewertet werden. Von daher entscheidet sich der Kodex in c. 57 § 2 CIC/1983 und in c. 1531 § 2 CIC/1983 gegen die Übernahme dieser Regel: Ein Antrag oder eine Beschwerde, über den binnen dreier Monate noch nicht entschieden ist, gilt nicht etwa als angenommen, sondern als abgelehnt. Und das Schweigen der Partei im Prozess unterliegt der freien, nicht durch eine bestimmte Regel gebundenen Würdigung seitens des Richters.

Breit bezeugt in den Digesten ist die *regula iuris* LXXIX: *„Nemo potest plus iuris transferre in alium, quam sibi competere dinoscatur* – Niemand kann mehr an rechtlichen Vollmachten übertragen, als er selbst innehat"[36]. Diese Rechtsregel – küchenlateinisch bisweilen verballhornt zu *„nemo dat quod non hat"*[37] – ist zwar meines Wissens nirgends ausdrücklich im Kodex erwähnt. Sie strukturiert aber als logische innere Begrenzung das gesamte Recht der Stellvertreterämter sowie der Delegation von Vollmachten und Befugnissen.

Die *regula iuris* LIV: *„Qui prior est tempore potior est iure"* findet sich schon im *Codex Iustiniani*[38] und begegnet erneut in c. 67 § 2 CIC/1983. Demnach hat ein älteres Reskript im Regelfall Vorrang vor einem jüngeren Reskript. Es geht bei diesem Prinzip weniger um das materielle Recht, also nicht um die objektive Rechtslage, sondern um subjektive Rechte, also erworbene Rechtspositionen. Allerdings möchte c. 21 CIC/1983 zugunsten einer Kontinuität des älteren Rechts dieses Prinzip auch auf das materielle Recht anwenden, soweit dies eben möglich ist.

---

36   Dig. 50.17.54; Dig. 50.17.175 § 1; Dig. 41.1.20; Dig. 50.17.120; Dig. 50.17.177; ferner LIEBS, Rechtsregeln (wie Anm. 17), S. 147, mit Hinweis auf die Varianten *„Nemo plus iuris ad alium transferre potest, quam ipse habet"* (ebd., S. 147), *„Nemo id ius, quod non habet, amittere potest"(ebd., S. 146), „Non plus habere creditor potest, quam habet, qui pignus dedit"* (ebd., S. 156) und *„Omnis privatio praesupponit habitum"* (ebd., S. 165).

37   Vgl. dazu LIEBS, Rechtsregeln (wie Anm. 17), S. 147, mit der sprachlich korrekten Version *„Nemo dat, quod non habet";* ferner GULDENTOPS, Guy, Nemo / Nihil dat quod non habet. Fortune d'un topos de Platon à Derrida, in: Hamesse, Jacqueline; Meirinhos, José (Hrsg.), Les *Auctoritates Aristotelis,* leur utilisation et leur influence chez les auteurs médiévaux. Ètat de la Question 40 ans après la publikcation, Barcelona; Madrid 2015, S. 269–315.

38   Vgl. Cod. Just. 8.17.3; in Konkretisierung auf das Pfandrecht auch Dig. 20.4.11 pr.; ferner WACKE, Andreas, Wer zuerst kommt, mahlt zuerst – Prior tempore potius iure, in: Juristische Arbeitsblätter 13 (1981), S. 94–98; hier S. 95; SCHMIDT-WIEGAND, Ruth, Qui prior est tempore potior est iure. Eine lateinische Rechtsregel und ihre Entsprechungen im ‚Sachsenspiegel' Eikes von Repgow, in: Bihrer, Andreas; Stein, Elisabeth (Hrsg.), Nova de veteribus. Mittel- und neulateinische Studien für Paul Gerhard Schmidt, München; Leipzig 2004, S. 566–576; LANDAU, Bedeutung (wie Anm. 10), S. 274.

Der Slogan „Gewinne privatisieren, Verluste sozialisieren" erfährt entschiedenen Widerspruch von *regula iuris* LV.[39] Dort wird es als Ideal der Gerechtigkeit ausgewiesen, dass der Nutznießer einer Sache auch die damit verbundenen Lasten zu tragen hat; ein Grundsatz, der bereits in den Digesten[40] begegnet und sich im kodikarischen Recht in den cc. 639 § 4, 1281 § 3 CIC/1983 wiederfindet.

Unklarheiten gehen zu Lasten des Verwenders, lautet ein bekannter Rechtssatz des zeitgenössischen Verbraucherschutzrechts, genauer gesagt des Rechts der Allgemeinen Geschäftsbedingungen. Auch dieser Grundsatz erfreut sich einer langen Tradition, begegnet er doch bereits im römischen Recht;[41] dann erneut als *regula iuris* LVII im mittelalterlichen Kirchenrecht;[42] und schließlich auch in c. 14 CIC/1983, der bestimmt, dass im Falle von Rechtszweifeln ein Gesetz seine Verpflichtungskraft verliert.

Was jemandem zu seinem Nutzen gewährt wurde, darf nicht zu seinem Schaden geltend gemacht werden: *„Quod ob gratiam alicuius conceditur, non est in eius dispendium retorquendum"*[43]. Dieser Rechtsregel, die sowohl in den Digesten als auch im *Codex Iustiniani* belegt ist,[44] folgt auch die kirchenrechtliche Norm des c. 83 § 2 CIC/1983: Demnach entfällt ein Privileg, wenn es aufgrund veränderter tatsächlicher Verhältnisse dem Privilegierten nicht mehr zum Nutzen, sondern zum Schaden gereicht.

Wie beständig sind dagegen wohlerworbene Rechte, wenn sich im Nachhinein die Rechtslage ändert? Aus den Digesten schöpft die *regula iuris* LXXIII, die für diese Fälle den Gesichtspunkt des Vertrauensschutzes stark macht: *„Factum legitime retractari non debet, licet casus postea eveniat, a quo non potuit inchoari"*[45]. Im kodikarischen Recht rezipieren die cc. 46 u. 73 CIC/1983 diesen Gedanken, indem sie sich im Regelfall für die Bestandskraft von Verwaltungsakten aussprechen; im Weiherecht findet sich in c. 1023 CIC/1983 eine konkrete Anwendung auf die Bestandskraft von Weiheentlassschreiben – auch über den Zeitpunkt hinaus, in welchem der Aussteller das Recht zum Ausstellen verliert.

Interpretiert man die *regula iuris* LXXXIV *(„Quum quid una via prohibetur alicui, ad id alia non debet admitti")* in Bezug auf das materielle Recht, dann ist sie als

---

39 RJ 55 in VI°: *„Qui sentit onus, sentire debet commodum, et contra"*. Vgl. dazu auch LIEBS, Rechtsregeln (wie Anm. 17), S. 195, mit Hinweis auf die Varianten *„Qui habet commoda, ferre debet onera"* (ebd., 191), *„Ratione congruit, ut succedat in onere, qui substituitur in honore"* (ebd., S. 206), und *„Ubi emolumentum, ibi onus"* (ebd., S. 236).

40 Dig. 50.17.10.

41 Vgl. Dig. 18.1.21; Dig. 2.14.39; ferner WACKE, Andreas, Ambiguitas contra stipulatorem, in: Juristische Arbeitsblätter 13 (1981), S. 666–668.

42 RJ 57 in VI°: *„Contra eum, qui legem dicere potuit apertius, est interpretatio facienda."*

43 RJ 61 in VI°.

44 Vgl. Dig. 1.3.25; Cod. Just. 1.14.6.

45 Vgl. Dig. 50.17.85 § 1, rezipiert in RJ 73 in VI°.

ein Plädoyer für eine konsistente, widerspruchsfreie Rechtsordnung zu lesen.[46] Bezieht man sie vornehmlich auf das Verfahrensrecht, dann dient sie analog der Sicherung einer einheitlichen Rechtspraxis. Das Verfahrensrecht soll mithin so gestaltet sein, dass widerstreitende Entscheidungen verhindert werden. Gemäß dieser Leitlinie sollen im kodikarischen Recht cc. 64, 65 CIC/1983 auch dann für eine einheitliche Verwaltungspraxis sorgen, wenn ein und derselbe Antrag bei mehreren zuständigen Stellen gestellt wurde.

Die *regula iuris* LXXXVIII erinnert an die Finalität aller Gesetzgebung. Recht ist kein Selbstzweck, sondern dient anderen Zwecken. Daher verstößt derjenige gegen das Gesetz, der sich an seinen Wortlaut klammert, sich damit jedoch gegen den Willen des Gesetzes auflehnt: *„Certum est, quod is committit in legem, qui, legis verba complectens, contra legis nititur voluntatem."*[47] Im geltenden Kodex ist dieser Gedanke in die Norm des c. 17 CIC/1983 eingeflossen. Dort werden die verschiedenen Interpretationsmethoden des kanonischen Rechts aufgeführt, darunter auch die Frage nach dem Zweck des Gesetzes und der Absicht des Gesetzgebers.

Was aber ist der Zweck des Gesetzes? Die Frage verdient regelmäßig eine spezifische Antwort, je nachdem, um welche Rechtsnorm es sich im Einzelnen handelt. Bemerkenswerter Weise gibt aber der Kodex des kanonischen Rechts von 1983 am Ende selbst einen Hinweis auf seinen globalen Zweck. Denn der Schlusssatz des geltenden Kodex rückt das ewige Seelenheil der Gläubigen in den Mittelpunkt des Interesses: *„Salus animarum suprema lex esse"* (c. 1752 CIC/1983 am Ende). Das Kirchenrecht hat also dem Heil der Menschen zu dienen – eine Erwägung, die man vielleicht als modernes Rechtsprinzip des kanonischen Rechts bezeichnen kann. Damit postuliert das Kirchenrecht einerseits einen signifikanten Transzendenzbezug, wendet sich andererseits aber in besonderer Weise den Individuen in der Kirche zu und verpflichtet so den Rechtsanwender auf das Ideal der Einzelfallgerechtigkeit. Dieser Charakterzug des geltenden Kodex tritt noch stärker hervor, sobald man sich bewusst gemacht hat, dass das Axiom *„Salus animarum suprema lex"* ein gezielt abgeändertes Klassikerzitat ist. Denn in seiner Schrift über die Gesetze hatte der römische Politiker und Philosoph Marcus Tullius Cicero das Gemeinwohl zum höchsten Gesetz erklärt: *„Salus populi suprema lex."* (Cicero, *de legibus* III,3,8).[48]

---

46 Vgl. Landau, Bedeutung (wie Anm. 10), S. 274, mit dem Hinweis, dass an RJ 84 in VI° alsbald die juristische Diskussion zum Umgehungsgeschäft anknüpfte.

47 RJ 88 in VI°; die Regel rezipiert Cod. Just. 1.14.5 pr.; vgl. dazu auch Schüller, Auslegung (wie Anm. 7), S. 138.

48 Vgl. dazu Jansen, C.J.H., Salus publica suprema lex, in: Spruit, J.E.; dan de Vrugt, Marijke (Hrsg.), Brocardica in honorem G.C.J.J. van den Bergh. 22 studies over oude rechtsspreuken, Deventer 1987, S. 43–47; zum Verhältnis von Einzel- und Allgemeinwohl im Denken Ciceros vgl. Mayer-Maly, Theo, Gemeinwohl und Naturrecht bei Cicero,

3. Die Parömie „*Ecclesia vivit lege Romana*" und die römische Prägung des kanonischen Rechts

Lassen Sie uns nach dieser Betrachtung der Rechtsregeln im mittelalterlichen Kirchenrecht noch einen weiteren Schritt in die Vergangenheit machen und die römische Prägung des kanonischen Rechts eingehender reflektieren. Wir haben im Durchgang durch die *regulae iuris* gesehen, dass ein Großteil dieser *regulae* dem römisch-rechtlichen *Corpus Iuris Civilis* entnommen sind. Und soeben hat sich kein Geringerer als Markus Tullius Cicero als ein heimlicher Ghostwriter des kodikarischen Kirchenrechts entpuppt. Dies alles illustriert zumindest exemplarisch den Wahrheitsgehalt des bekannten Merksatzes „*Ecclesia vivit lege Romana*", demzufolge also die Kirche nach dem Römischen Recht lebt.[49]

Dieser Merksatz lässt sich jedoch in sinnvoller Weise nicht nur von der Rezeption des weltlichen römischen Rechts her deuten, sondern er bezieht seine innere Stimmigkeit auch dadurch, dass in historischer Perspektive ein erheblicher Teil des kirchlicherseits gesatzten Rechts den Dekretalen der römischen Bischöfe, also päpstlichen Einzelfallentscheidungen entnommen ist. In diesem Zusammenhang hat sich vor rund 25 Jahren Peter Landau auf die Suche nach Rechtsprinzipien im ältesten römischen Kirchenrecht begeben und dazu die Dekretalengesetzgebung der spätantiken Päpste ana-

---

in: von der Heydte, Friedrich August; Seidl-Hohenveldern, Ignaz; Verosta, Stephan u. a. (Hrsg.), Völkerrecht und rechtliches Weltbild. Festschrift für Alfred Verdross, Wien 1960, S. 195–206; hier S. 198–201; ferner Erdő, Péter, Die Funktion der Verweise auf das „Heil der Seelen" in den zwei Gesetzbüchern der katholischen Kirche, in: ÖARR 49 (2002), S. 279–292; hier S. 285–288; Ders., Das „Heil der Seelen" im Codex Iuris Canonici. Ein öffentlich-rechtliches Prinzip der Interpretation und der Rechtsanwendung, in: AfkKR 172 (2003), S. 84–96; hier S. 90–93.

Zur Bedeutung im geltenden Kirchenrecht vgl. Herranz, Julián, Salus animarum, principio dell'ordinamento canonico, in: Ius Ecclesiae 12 (2000), S. 291–306; Moneta, Paolo, La *salus animarum* nel dibattito della scienza canonistica, in: ebd., 307–326; Arrieta, Juan Ignacio, La *salus animarum* quale guida applicativa del diritto da parte dei pastori, in: ebd., S. 343–374; Betengne, Jean Paul, Équité canonique et *salus animarum,* in: Studia canonica 39 (2005), S. 203–220; Valdrini, Patrick, *Salus animarum* in latin canon law. Salus animarum, rationabilitas and Aequitas, in: Oikonomia, dispensatio and aequitas canonica, Hennef 2016 (= Kanon; 24), S. 335–344.

49   Vgl. hierzu Kuttner, Stephan, New Studies on the Roman Law in Gratian's Decretum, in: ders. (Hrsg.), Gratian and the schools of law, London 1983, S. IV.12–50; Ders., Additional notes on the Roman Law in Gratian, in: ebd., S. V.68–74; Feine, Hans Erich, Vom Fortleben des römischen Rechts in der Kirche, in: ZRG.K 42 (1956), S. 1–24; eher differenziert-skeptisch dagegen Fürst, Carl, Ecclesia vivit lege Romana?, in: ZRG.K 61 (1975), S. 17–36; ferner Erler, Adalbert, Art. Ecclesia vivit lege Romana, in: HRG, Bd. 1, Sp. 798 f.; Müller, Wolfgang O., Huguccio. The life, works, and thought of a twelfth-century jurist, Washington 1994, 109–135; Thier, Andreas, Art. Ecclesia vivit lege Romana, in: HRG², Bd. 1, Sp. 1176 f.

lysiert, die etwa in den 380er Jahren einsetzt und unter Innozenz I., also in den Jahren 401 bis 417, einen ersten Höhepunkt erreicht.[50] Landau zufolge weist jene Dekretalengesetzgebung drei Grundgedanken auf, die gleichsam die Strukturelemente des ältesten römischen Kirchenrechts bilden und die sich mit den Schlagworten „Einheitlichkeit", „Rationabilität" und „Veränderlichkeit" fassen lassen.[51]

Die Einheitlichkeit des römischen Kirchenrechts ist ein Resultat der theologischen Überzeugung, dass in Rom die apostolische Tradition, genauer gesagt die petrinische Überlieferung, getreu bewahrt worden sei und somit die römische Rechtspraxis als *norma normans* für die partikularen Rechtsgewohnheiten anderswo in der Welt fungiert. Wie Landau einräumt, ist dieser Gedanke allerdings zuerst für den Bereich des sakramentalen beziehungsweise des liturgischen Rechts entwickelt und zur Geltung gebracht worden, nicht jedoch für alle Regelungsgegenstände des kanonischen Rechts.[52]

Die Rationabilität des Rechts im Sinne einer inneren Konsequenz und Folgerichtigkeit spielt immer dann eine Rolle, wenn es um die Weiterentwicklung des Kirchenrechts geht. Hier muss man sich von Vernunftgründen leiten lassen. Bemerkenswerter Weise findet sich in diesem Zusammenhang der Begriff der *„utilis ratio"*, der nutzbringenden Erwägung.[53]

Was die Veränderlichkeit des Kirchenrechts anbelangt, wird dies bei Innozenz I. mit den Themen der Barmherzigkeit und der Notwendigkeit verknüpft. Die Barmherzigkeit kann dazu führen, dass Recht im Laufe der Zeit gemildert wird. Ebenso soll es – so Innozenz – Rechtssätze geben, die zu einer bestimmten Zeit notwendig waren. Entfällt die Notwendigkeit, besteht auch kein Bedarf mehr, an dem fraglichen Rechtssatz festzuhalten: *„cessante necessitate cessat lex"*.[54] Eine Einsicht – so Landaus Resümee –, die das hohe juristische Niveau einer Unterscheidung von Legalität und Legitimität ermöglicht.[55]

Es ließe sich, ausgehend von den letzten beiden Punkten, zeigen, dass in der Folgezeit bis in die Gegenwart hinein die formalen Begründungsansätze der Notwendigkeit und der Nützlichkeit einen maßgeblichen Einfluss auf die Rechtsfortbildung ausgeübt

---

50 Landau, Peter, Kanonisches Recht und römische Form. Rechtsprinzipien im ältesten römischen Kirchenrecht, in: Der Staat 34 (1993), S. 553–568.

51 Vgl. ebd., S. 562.

52 Vgl. ebd., S. 563.

53 Vgl. ebd., S. 563.

54 Vgl. ebd., S. 564 f.; ferner Ders., Bedeutung (wie Anm. 11), S. 259 f.
Dem römischen Recht sind die ähnlichen Rechtssprichwörter *„Cessante causa cessat effectus"* und *„Cessante reatione legis cessat ipsa lex"* bekannt, vgl. dazu Liebs, Rechtsregeln (wie Anm. 17), S. 45; ferner Krause, Hermann, Cessante causa cessat lex, in: ZRG.K 46 (1960), S. 81–111.

55 Vgl. Landau, Rechtsprinzipien (wie Anm. 50), S. 565.

haben.[56] Des Weiteren ist an die enorme Wertschätzung zu erinnern, die das kodikarische Recht insbesondere in c. 24 § 2 CIC/1983 der Vernünftigkeit des Rechts entgegenbringt. Falls nämlich neues Gewohnheitsrecht vernünftig ist, dann kann es sogar dann Gesetzeskraft erlangen, wenn es dem bisherigen gesatzten Recht widerspricht.

4. Fazit

Abschließend legt sich damit folgendes Fazit nahe: Die vorstehenden Überlegungen ließen erkennen, dass Recht insgesamt ein komplexes System ist, das allein mit der Bezugnahme auf das materielle Recht des Gesetzes unzureichend beschrieben wäre. Denn es kommen auf jeden Fall die Dimensionen der Anwendung oder auch Nicht-Anwendung des materiellen Rechts hinzu, welche teilweise wiederum durch gesatztes Prozess- und Verfahrensrecht konkretisiert ist, und aus der Anwendung des Rechts resultierend die Dimension der subjektiven Rechte und erworbenen Rechtspositionen.

Diese Mehrdimensionalität des Rechts wird von den Rechtsregeln des mittelalterlichen Kirchenrechts widergespiegelt, die auf ihre Weise alle genannten Dimensionen des Phänomens Recht im Blick haben. Es handelt sich dabei typischerweise um solche Sätze, die selbst nicht unmittelbar einem Tatbestand bestimmte Rechtsfolgen zuweisen; die also nicht unmittelbar anwendbar sind, sondern die in einer gewissen Distanz zu konkret anwendbaren Normen stehen und somit bildlich gesprochen eine Mittelstellung zwischen dem konkreten Recht und der Idee des Rechts einnehmen. Auf diese Weise können diese Rechtssätze eine Hilfestellung für die Interpretation und Anwendung des Rechtsstoffs geben und eine Orientierung hinsichtlich der Frage nach dem *richtigen Recht* bieten. Daher können diese Rechtsregeln auch als allgemeine Rechtsprinzipien angesprochen werden und sind dazu geeignet, Lücken im Gesetz in gerechter Weise zu füllen.[57] Als Hilfsmittel für die Anwendung und Weiterentwicklung des je geltenden Rechts mit dem Ziel, Gerechtigkeit als die Ursprungsidee des Rechts zu verwirklichen, erfüllen die allgemeinen Rechtsprinzipien damit die Kriteriologie der von uns gesuchten Normen als Grundsteine der Rechtsdoktrin.

Aus den allgemeinen Rechtsregeln ergibt sich nun zwar keine unmittelbare Verpflichtung des kirchlichen Gesetzgebers, bei der Weiterentwicklung des kanonischen Rechts seine Gesetzgebung gemäß den *regulae iuris* zu gestalten. Es ist jedoch zu be-

---

56 Vgl. nur das paarweise Vorkommen beider Begriffe in c. 269, 1°; 304 § 1; 535 § 4; 844 § 2; 1293 § 1, 1°; 1748 CIC/1983.

57 Vgl. dazu auch HAUCK, Rechtsregel (wie Anm. 30), S. 403, mit dem Hinweis, dass sich die Legisten Johannes Bassianus, Azo und Accursius gegen den Grundsatz aus Dig. 50.17.1: *„Non ex regula ius sumatur, sed ex iure quod es regula fiat"* wandten und die Auffassung entwickelten: „Rechtsregeln schüfen zwar kein Recht im Hinblick auf die ihnen vorgängige Gesetzeslage, wohl aber kreierten sie Recht, immer dort, wo die von ihnen betroffenen Fälle nicht durch ein früheres Gesetz geregelt und derselben *ratio* unterworfen seien".

denken, dass die Vernünftigkeit des Rechts ein nicht zu unterschätzender Faktor für seine Akzeptanz seitens der Gesetzesunterworfenen ist. Nicht umsonst hat Thomas von Aquin daher auch das Gesetz als eine *ordinatio rationis,* eine Anordnung der Vernunft, charakterisiert.[58] Recht verlangt nach innerer Konsistenz und Schlüssigkeit, nach nachvollziehbaren Logiken und Begründungen. Es ist daher intelligent, wenn sich ein Gesetzgeber nicht gegen die bekannten und seit Jahrhunderten als richtig anerkannten *regulae iuris* stellt.

Auf diese Weise geht von den *regulae iuris* eine prägende Wirkung auf die gesamte Rechtskultur aus. Die Rechtsregeln des antiken römischen wie auch des mittelalterlichen kanonischen Rechts prägen bis in die Gegenwart das allgemeine Verständnis von Gerechtigkeit und werden als vernünftig und einleuchtend wahrgenommen.

Die Rezeption dieser Rechtsregeln im je aktuell geltenden Recht bewirkt eine wechselseitige Auslegung und Verstärkung: Während die Rechtsregeln das geltende Recht erläutern, verfestigt und entfaltet das geltende Recht das in den Rechtsregeln grundgelegte Verständnis von Recht und Gerechtigkeit. Das Konzept allgemeiner Rechtsprinzipien, wie es durch die besagten *regulae iuris* konkretisiert ist, begründet somit eine Rechtskultur, die zwar in historische Entwicklungsprozesse eingebettet ist, mit der man aber nicht brechen kann, ohne dass danach die Frage nach der Richtigkeit und Legitimität jenes völlig andersartigen neuen Rechts mit äußerster Schärfe und Nachdrücklichkeit gestellt werden müsste.

---

58   Vgl. Thomas Aquinatus, STh I, q. 2 a. 4 c.

	Fund-stelle	lat./dt. Text	Fundstelle Römisches Recht	Rezeption Codex Iuris Canonici
1	X 5.41.1	Omnis res, per quascunque causas nascitur, per easdem dissolvitur. / Jede Sache, aus welchen Gründen sie auch entsteht, wird durch dieselben aufgelöst.	./.	./.
2	X 5.41.2	Dubia in meliorem partem interpretari debent. / Zweifelhaftes muss zum Besseren ausgelegt werden.	Dig. 50.17.56	c. 14
3	X 5.41.3	Propter scandalum evitandum veritas non est omitenda. / Wegen der Vermeidung eines Skandals darf man die Wahrheit nicht verschweigen.	./.	./.
4	X 5.41.4	Quod non est licitum lege, necessitas facit licitum. / Was nicht durch das Gesetz erlaubt ist, macht die Not erlaubt. („Not kennt kein Gebot.")	./.	./.
5	RJ 78	In argumentum trahi nequeunt, quae propter necessitatem aliquando sunt concessa. / Man kann nicht als Argument heranziehen, was irgendwann aufgrund einer Notlage zugestanden wurde.	Dig. 50.17.162	./.
6	RJ 28	Quae a iure communi exorbitant, nequaquam ad consequentiam sunt trahenda. / Was vom allgemein geltenden Recht abweicht, darf niemals bis zur letzten Konsequenz geführt werden.	(Dig. 50.17.141)	c. 18

7	RJ 6	Nemo potest ad impossibile obligari. Niemand kann zu etwas Unmöglichem verpflichtet werden.	Dig. 50.17.185 (Impossibilium nulla est obligatio.)	c. 1095 3° c. 1116 c. 1191 § 1
8	RJ 58	Non est obligatorium contra bonos mores praestitum iuramentum. Ein entgegen den guten Sitten geleisteter Schwur ist nicht verbindlich.	./.	c. 1191 § 2 c. 1201 § 2
9	RJ 13	Ignorantia facti non iuris excusat. Unkenntnis der Tatsachen, nicht aber des Rechts, entschuldigt.	Dig. 17.1.29 § 1	c. 15
10	RJ 47	Praesumitur ignorantia, ubi scientia non probatur. Unkenntnis wird vermutet, wo Wissen nicht bewiesen ist.	./.	c. 15 § 2
11	RJ 15	Odia restringi, et favores convenit ampliari. Es ist angemessen, Nachteiliges zu begrenzen und Günstiges auszuweiten.	./.	c. 10 c. 18 c. 36 § 1 c. 77 c. 1313 §§ 1-2
12	RJ 19	Non est sine culpa, qui rei, quae ad eum non pertinet, se immiscet. Nicht ohne Schuld ist derjenige, der sich in eine Angelegenheit einmischt, die ihn nichts angeht.	Dig. 50.17.36	c. 1323 5° i.V.m. c. 1324 § 1 6°
13	RJ 23	Sine culpa, nisi subsit causa, non est aliquis puniendus. Niemand ist ohne Schuld zu bestrafen (es sei denn, es gibt einen Grund).	./.	c. 1321 § 1
14	RJ 29	Quod omnes tangit, debet ab omnibus approbari. Was alle betrifft, muss von allen gebilligt werden.	Cod. Just. 5.59.5 § 2	c. 119 3°

15	RJ 34	Generi per speciem derogatur. Das Allgemeine wird durch das Besondere aufgehoben.	Dig. 50.17.80 Dig. 32.99 5	c. 20 c. 53 c. 67 § 1
16	RJ 43	Qui tacet, consentire videtur. Wer schweigt scheint zuzustimmen.	Dig. 19.2.13 § 11	*c. 57 § 2* *c. 1531 § 2*
17	RJ 79	Nemo potest plus iuris transferre in alium, quam sibi competere dinoscatur. Niemand kann mehr Rechte auf einen anderen übertragen, als sie ihm zustehend zuerkannt sind. („Nemo dat quod non ha[be]t.")	Dig. 50.17.54 Dig. 50.17.175 § 1 Dig. 41.1.20 Dig 50.17.120 Dig. 50.17.177	./.
18	RJ 54	Qui prior est tempore potior est iure. Wer früher in der Zeit ist, hat eine stärkere Rechtsposition („Wer zuerst kommt, mahlt zuerst.")	Cod. Just. 8.17.3	c. 21 c. 67 § 2
19	RJ 55	Qui sentit onus, sentire debet commodum, et e contra. Wer die Lasten spürt, muss auch den Vorteil spüren, und umgekehrt.	Dig. 50.17.10	c. 639 § 4 c. 1281 § 3
20	RJ 57	Contra eum, qui legem dicere potuit apertius, est interpretatio facienda. Die Interpretation erfolgte gegen denjenigen, der das Gesetz verständlicher hätte sprechen lassen können.	Dig. 2.14.39	c. 14
21	RJ 61	Quod ob gratiam alicuius conceditur, non est in eius dispendium retorquendum. Was jemandem als Gunst eingeräumt wird, darf nicht zu seinem Nachteil verdreht werden.	Dig. 1.3.25 Cod. Just. 1.14.6	c. 83 § 2

22	RJ 73	Factum legitime retractari non debet, licet casus postea eveniat, a quo non potuit inchoari. Was rechtmäßig geschehen ist, darf nicht ungeschehen gemacht werden, auch wenn später ein Fall eintritt, bei dem das Geschehene nicht hätte begonnen werden können.	Dig. 50.17.85 § 1	c. 46 c. 73 c. 1023
23	RJ 84	Quum quid una via prohibetur alicui, ad id alia non debet admitti. Sooft jemandem etwas auf einem Weg verboten wird, darf er dazu nicht auf einem anderen Weg zugelassen werden.	./.	c. 64 c. 65
24	RJ 88	Certum est, quod is committit in legem, qui, legis verba complectens, contra legis nititur voluntatem. Es ist sicher, dass derjenige gegen das Gesetz verstößt, der, an den Worten des Gesetzes festhaltend, sich gegen die Absicht des Gesetzes auflehnt.	Cod. Just. 1.14.5 pr.	c. 17 c. 1752

Literaturverzeichnis

ADRIAEN, Marc (Ed.), Sancti Gregorii Magni Homiliae in Hiezechielem prophetam, Turnhout 1971 (= CCSL; 142).

ARRIETA, Juan Ignacio, La *salus animarum* quale guida applicativa del diritto da parte dei pastori, in: Ius Ecclesiae 12 (2000), S. 343–374.

BETENGNE, Jean Paul, Équité canonique et *salus animarum,* in: Studia canonica 39 (2005), S. 203–220.

BRASINGTON, Bruce, „A Divine Precept of Fraternal Union". The Maxim *Quod omnes tangit* in Aglo-American Thought to the Ratification of the Constitution, in: Muldon, James (Hrsg.) Bridging the Medieval-Modern Divide. Medieval Themes in the World of the Reformation, Farnham 2013, S. 205–223.

DERS., Require in prologo: the decretists and Ivo of Chartres' prologue, in: ZRG.K 87 (2001), S. 84–124.

DERS., The prologue of Ivo of Chartres. A fresh consideration from the manuscripts, in: Chodorow, Stanley (Hrsg.), Proceedings of the Eighth International Congress of Medieval Canon Law. San Diego, University of California at La Jolla, 21–27 August 1988, Vatikanstadt 1992 (= Monumenta iuris canonici. Series C. Subsidia; 9), S. 3–22.

BRUNS, Bernhard, Erfüllungsunvermögen: Ehe- oder Konsenshindernis?, in: ÖAKR 31 (1980), S. 6–25.

CARON, Pier Giovanni, 'Aequitas' Romana, 'Misericordia' patristica ed 'epicheia' aristotelica nella dottrina dell''aequitas' canonica, Mailand 1971.

CONDORELLI, Orazio, „Quod omnes tangit, debet ab omnibus approbari". Note sull'origine e sull'utilizzazione del principio tra medioevo e prima età moderna, in: IusCan 53 (2013), S. 101–127.

CONGAR, Yves M.-J., Quod omnes tangit, ab omnibus tractari et approbari debet, in: Revue Historique de Droit Français et Étranger 35 (1958), S. 210–259.

CORRAL TALCIANI, Hernan, Qui tacet consentire videtur: la importancia de una antigua regla canonica en el juicio contra Tomas Moro: IusCan 21 (2011), S. 137–160.

DEMEL, Sabine, Das Recht fließe wie Wasser. Wie funktioniert und wem nützt Kirchenrecht?, Regensburg 2017.

DIES., Einführung in das Recht der katholischen Kirche. Grundlagen – Quellen – Beispiele, Darmstadt 2014 (= Einführung Theologie).

DONDORP, Harry, Bona fides presumitur in classical Canon Law, in: ZRG.K 102 (2016), S. 99–122.

ECHAPPE Olivier, Regulae Iuris et droit canonique contemporain, in: REDC 47 (1990), S. 423–443.

EICHLER, Frank, Die Regeln des Römischen Rechts. Die regulae iuris der justinianischen Digesten, Hamburg 2010.

ELSENER, Ferdinand, Keine Regel ohne Ausnahme. Gedanken zur Geschichte der deutschen Rechtssprichwörter, in: Festschrift für den 45. Deutschen Juristentag, Karlsruhe 1964, S. 23–40.

DERS., Regula iuris, Brocardum, Rechtssprichwort nach der Lehre von P. Franz Schmier OSB und im Blick auf den Stand der heutigen Forschung, in: Studien und Mitteilungen zur Geschichte des Benediktiner-Ordens und seiner Zweige 73 (1962), S. 177–218.

ERDŐ, Péter, Das „Heil der Seelen" im Codex Iuris Canonici. Ein öffentlich-rechtliches Prinzip der Interpretation und der Rechtsanwendung, in: AfkKR 172 (2003), S. 84–96.

DERS., Die Funktion der Verweise auf das „Heil der Seelen" in den zwei Gesetzbüchern der katholischen Kirche, in: ÖARR 49 (2002), S. 279–292.

DERS., Geschichte der Wissenschaft vom kanonischen Recht. Eine Einführung, Münster 2006.

ERLER, Adalbert, Art. Ecclesia vivit lege Romana, in: HRG, Bd. 1, Sp. 798 f.

FEINE, Hans Erich, Vom Fortleben des römischen Rechts in der Kirche, in: ZRG.K 42 (1956), S. 1–24.

FLEINER, Fritz, Ueber die Entwicklung des katholischen Kirchenrechts im 19. Jahrhundert. Rektoratsrede gehalten am Jahresfeste der Universität Basel, den 8. November 1901, Tübingen 1902.

FOSSIER, Arnaud, Propter vitandum scandalum. Histoire d'une catégorie juridique (XIIe-XVe siècle), in: Mélanges de l'École Française de Rome. Moyen Âge 121/1 (2009), S. 317–348.

FRANZISKUS, Ansprache zur 50-Jahr-Feier der Errichtung der Bischofssynode vom 17.10.2015, in: AAS 107 (2015), S. 1138–1144.

FÜRST, Carl, Ecclesia vivit lege Romana?, in: ZRG.K 61 (1975), S. 17–36.

GERINGER, Karl-Theodor, Zur Systematik der kanonischen Ehenichtigkeitsgründe, in: AfkKR 150 (1981), S. 91–136.

GIACCHI, Orio, La regola „quod omnes tangit" nel diritto canonico, in: Jus 3 (1952), S. 77–100.

GIESEY, Ralph E., „Quod omnes tangit" – A post scriptum, in: Studia Gratiana 15 (1972), S. 319–332.

GOURON, A., Aux origines médiévales de la maxime *Quod omnes tangit,* in: Harouel, Jean-Louis (Hg.), Histoire du droit social. Mélanges en homage à Jean Imbert, Paris 1989, S. 277–286.

GULDENTOPS, Guy, Nemo / Nihil dat quod non habet. Fortune d'un topos de Platon à Derrida, in: Hamesse, Jacqueline; Meirinhos, José (Hrsg.), Les *Auctoritates Aristotelis,* leur utilisation et leur influence chez les auteurs médiévaux. État de la Question 40 ans après la publication, Barcelona; Madrid 2015, S. 269–315.

HALL, Edwin, King Henry III and the English Reception of the Roman Law Maxim quod omnes tangit, in: Studia Gratiana 15 (1972), S. 125–145.

HAUCK, Jasmin, Quod omnes tangit debet ab omnibus approbari. Eine Rechtsregel im Dialog der beiden Rechte, in: ZRG.K 99 (2013), S. 398–417.

HAUSMANN, Mathias, Geschichte der päpstlichen Reservatfälle. Ein Beitrag zur Rechts- und Sittengeschichte, Regensburg 1868.

HEINEMANN, Heribert, „Quod omnes tangit...". Kanonistische Erwägungen im Anschluss an einen bedeutenden Rechtssatz, in: FS Aymans (65), S. 199–217.

HERRANZ, Julián, Salus animarum, principio dell'ordinamento canonico, in: Ius Ecclesiae 12 (2000), S. 291–306.

HOLUB, Joseph, Quod omnes tangit, in: Revue Historique de Droit Français et Étranger 29 (1951), S. 97–102.

HORN, Norbert, Einführung in die Rechtswissenschaft und Rechtsphilosophie, Heidelberg ⁶2016.

JANSEN, C.J.H., Salus publica suprema lex, in: Spruit, J.E.; dan de Vrugt, Marijke (Hrsg.), Brocardica in honorem G.C.J.J. van den Bergh. 22 studies over oude rechtsspreuken, Deventer 1987, S. 43–47.

KASPER, Walter, Barmherzigkeit. Grundbegriff des Evangeliums, Schlüssel christlichen Lebens, Freiburg i.Br. ²2012.

KAUFMANN, Arthur, Rechtsphilosophie, Rechtstheorie, Rechtsdogmatik, in: Hassemer, Winfried; Neumann, Ulfrid; Saliger, Frank (Hrsg.), Einführung in die Rechtsphilosophie und Rechtstheorie der Gegenwart, Heidelberg ⁹2016.

KNÜTEL, Rolf, Contrarius consensus. Studien zur Vertragsaufhebung im römischen Recht, Köln; Graz 1968 (= Forschungen zum Römischen Recht; 24).

KRAMPE, Christoph, Qui tacet, consentire videtur. Über die Herkunft einer Rechtsregel, in: FS Mikat (65), S. 367–380.

KRAUSE, Hermann, Cessante causa cessat lex, in: ZRG.K 46 (1960), S. 81–111.

KUNZ, Karl-Ludwig; MONA, Martino (Hrsg.), Rechtsphilosophie, Rechtstheorie, Rechtssoziologie. Eine Einführung in die theoretischen Grundlagen der Rechtswissenschaft, Bern; Stuttgart; Wien ²2015.

KUTTNER, Stephan, Réflexions sur les Brocards des Glossateurs, in: Mélanges Joseph de Ghellinck, Gembloux 1951, S. 767–792.

DERS., Additional notes on the Roman Law in Gratian, in: ders. (Hrsg.), Gratian and the schools of law, London 1983, S. V.68–74.

DERS., New Studies on the Roman Law in Gratian's Decretum, in: ders. (Hrsg.), Gratian and the schools of law, London 1983, S. IV.12–50.

LANDAU, Peter, 'Aequitas' in the 'Corpus Iuris Canonici', in: Rabello, Alfredo Mordechai (Hrsg.), Aequitas and Equity: Equity in Civil Law and Mixed Jurisdictions, Jerusalem 1997, S. 128–139; erneut in: Landau, Peter (Hrsg.), Europäische Rechtsgeschichte und kanonisches Recht im Mittelalter. Ausgewählte Aufsätze aus den Jahren 1967 bis 2006, Badenweiler 2013, S. 285–294.

DERS., Die Bedeutung des kanonischen Rechts für die Entwicklung einheitlicher Rechtsprinzipien, in: Ders. (Hrsg.), Europäische Rechtsgeschichte und kanonisches Recht im Mittelalter. Ausgewählte Aufsätze aus den Jahren 1967 bis 2006, Badenweiler 2013, S. 255–283.

DERS., Kanonisches Recht und römische Form. Rechtsprinzipien im ältesten römischen Kirchenrecht, in: Der Staat 34 (1993), S. 553–568.

DERS., The Origin of the Regula iuris 'Quod omnes tangit' in the Anglo-Norman School of Canon Law during the Twelfth Century, in: Bulletin of Medieval Canon Law 32 (2015), S. 19–35.

LANG, Albert, Zur Entstehungsgeschichte der Brocarda-Sammlungen, in: ZRG.K 31 (1942), S. 106–141.

LANGE, Hermann; KRIECHBAUM, Maximiliane, Römisches Recht im Mittelalter, Bd. 2: Die Kommentatoren, München 2007, S. 445–461.

LEFEBVRE, Charles, Les pouvoirs du juge en droit canonique. Contribution historique et doctrinale à l'étude du canon 20 sur la méthode et les sources en droit positif, Paris 1938, S. 164–212.

DERS., Récents développements des recherches sur l'équité canonique, in: Kuttner, Stephan; Pennington, Kenneth (Hrsg.), Proceedings of the Sixth International Congress of Medieval Canon Law. Berkeley, California, 28 July – 2 August 1980, Vatikanstadt 1985 (= Monumenta Iuris Canonici. Series C: Subsidia; 7), S. 363–373.

LEVELEUX-TEIXEIRA, Corinne, Le droit canonique médiéval et l'horreur du scandale, in: Cahiers de recherches médiévales et humanistes / Journal of medieval and humanistic studies 25 (2013), S. 193–211.

Martin Rehak

LIEBS, Detlef, Contrarius actus, in: Sympotica Franz Wieacker sexagenario, Göttingen 1970, S. 111–153.

LIEBS, Detlef, Lateinische Rechtsregeln und Rechtssprichwörter, München ⁷2007.

LÜDICKE, Klaus, Psychisch bedingte Eheunfähigkeit. Begriffe – Abgrenzungen – Kriterien, Frankfurt a. M. 1978 (= Europäische Hochschulschriften; 105).

LUHMANN, Niklas, Quod omnes tangit... Anmerkungen zur Rechtstheorie von Jürgen Habermas, in: Rechtshistorisches Journal 12 (1993), S. 36–56.

MARONGIU, Antonio, BETTETINI, Andrea, Riflessioni storico-dogmatiche sulla regola „quod omnes tangit" e la „persona ficta", in: DirE 110 (1999), S. 645–679.

MARONGIU, Antonio, Il principio della democrazia e del consenso (quod omnes tangit, ab omnibus approbari debet) nel XIV secolo, in: Studia Gratiana 8 (1962), S. 551–575.

DERS., Momenti ed aspetti des Quod omnes tangit, in: Studi in onore di Arnaldo Biscardi, Bd. 4, Mailand 1983, S. 675–690.

MAYER-MALY, Theo, Gemeinwohl und Naturrecht bei Cicero, in: von der Heydte, Friedrich August; Seidl-Hohenveldern, Ignaz; Verosta, Stephan u. a. (Hrsg.), Völkerrecht und rechtliches Weltbild. Festschrift für Alfred Verdross, Wien 1960, S. 195–206.

DERS., Rechtsirrtum und Rechtsunkenntnis als Probleme des Privatrechts, in: Archiv für die civilistische Praxis 170 (1970), S. 133–180.

MERZBACHER, Friedrich, Alger von Lüttich und das kanonische Recht, in: ZRG.K 66 (1980), S. 230–260.

MEYDENBAUER, Hans, Vigens ecclesiae disciplina, Berlin (Univ.-Diss.) 1897.

MEYER, Ernst, Brocardica, in: ZRG.K 38 (1952), S. 453–473.

MONETA, Paolo, La salus animarum nel dibattito della scienza canonistica, in: Ius Ecclesiae 12 (2000), 307–326.

MOREL, Charles (Ed.), Grégoire Le Grand. Homélies sur Ézéchiel, Bd. 1, Paris 1986 (= SC; 327)

MÖRSDORF, Klaus, Die Rechtssprache des Codex Juris Canonici. Eine kritische Untersuchung, Paderborn 1937 (= VGG.R; 74).

MÜLLER, Hubert, Barmherzigkeit in der Rechtsordnung der Kirche? Heribert Heinemann zur Vollendung des 65. Lebensjahres, in: AfkKR 159 (1990), S. 353–367.

MÜLLER, Wolfgang O., Huguccio. The life, works, and thought of a twelfth-century jurist, Washington 1994.

NEMO-PEKELMAN, Capucine, Scandale et vérité dans la doctrine canonique médiévale (XII e – XIII e siècles), in: Revue historique de droit français et étranger 85 (2007), S. 491–504.

Nörr, Knut Wolfgang, Die kanonistische Literatur, in: Coing, Helmut (Hrsg.), Handbuch der Quellen und Literatur der neueren europäischen Privatrechtsgeschichte, Bd. 1: Mittelalter (1100–1500), München 1973, S. 365–382.

Post, Gaines, A Romano-Canonical Maxim "Quod omnes tangit" in Bracton, in: Traditio 4 (1946), S. 197–251.

Pree, Helmuth, Generalia Iuris Principia im CIC/1983 und ihre Bedeutung für das Kanonische Recht, in: AfkKR 172 (2003), S. 38–57.

Ders., Kirchenrecht und Barmherzigkeit. Rechtstheologische und rechtstheoretische Aspekte, in: AfkKR 184 (2015), S. 57–74.

Ders., Kirchenrechtstheorie als eigenständige kanonistische Grundlagendisziplin, in: AfkKR 178 (2009), S. 52–67.

Reh, Francis F., The rules of law and canon law, Rom (Univ.-Diss.) 1939.

Roelker, Edward, An Introduction to the Rules of Law, in: Jurist 10 (1950), S. 271–303 und S. 417–436.

Rolker, Christof, Ivo of Chartres' Pastoral Canon Law, in: Bulletin of Medieval Canon Law 25 (2002/03), S. 114–145.

Sägmüller, Johann Baptist, Lehrbuch des katholischen Kirchenrechts, Bd. 1, Freiburg i.Br. ³1914.

Schmidlin, Bruno, Die Römischen Rechtsregeln, Köln; Wien 1970 (= Forschungen zum Römischen Recht; 29).

Schmidt-Wiegand, Ruth, Qui prior est tempore potior est iure. Eine lateinische Rechtsregel und ihre Entsprechungen im ‚Sachsenspiegel' Eikes von Repgow, in: Bihrer, Andreas; Stein, Elisabeth (Hrsg.), Nova de veteribus. Mittel- und neulateinische Studien für Paul Gerhard Schmidt, München; Leipzig 2004, S. 566–576.

Schnizer, Helmut, Traditio canonica und vigens disciplina – die eine und die andere Kontinuität im kanonischen Recht, in: Morsak, Louis C.; Escher, Markus (Hrsg.), Festschrift für Louis Carlen zum 60. Geburtstag, Zürich 1989, S. 353–378 = Ders. (Hrsg.), Rechtssubjekt, rechtswirksames Handeln und Organisationsstrukturen: Ausgewählte Aufsätze aus Kirchenrecht, Rechtsgeschichte und Staatskirchenrecht, Freiburg/Schweiz 1995, S. 519–544.

Schüller, Thomas, Auslegung von Gesetzen im Kirchenrecht. Ein rechtshistorischer und antekanonistischer Beitrag zur Debatte, in: Ohly, Christoph; Rees, Wilhelm; Gerosa, Libero (Hrsg.), Theologia Iuris Canonici. Festschrift für Ludger Müller zur Vollendung des 65. Lebensjahres, Berlin 2017 (= KStT 56), S. 127–138.

Ders., Das Heil der Gläubigen im Blick. Barmherzigkeit als Prinzip der Rechtsanwendung, in: Glöckener, Norbert (Hrsg.), Barmherzigkeit verändert, Münster 2008, S. 181–196.

DERS., Die Barmherzigkeit als Prinzip der Rechtsapplikation in der Kirche im Dienste der salus animarum. Ein kanonistischer Beitrag zu Methodenproblemen der Kirchenrechtstheorie, Würzburg 1993 (= FzK; 14).

SCHULTE, Johann Friedrich, Geschichte der Quellen und Literatur des canonischen Rechts von Gratian bis auf die Gegenwart, Bd. 3, Stuttgart 1880.

SCHWAIBOLD, Matthias, Brocardica „Dolum per subsequentia purgari". Eine englische Sammlung von Argumenten des römischen Rechts aus dem 12. Jahrhundert, Frankfurt a. M. 1985.

SCHWARTZE, Stefan Tobias, Qui tacet consentire videtur – eine Rechtsregel im Kommentar: Vorläufer in kanonistischen Brocardsammlungen und zeitgenössische Kommentierung, Paderborn; München; Wien u. a. 2003 (= VGG.R; 104).

SIBER, Heinrich, Contrarius consensus, in: ZRG.R 28 (1907), S. 68–102.

STEIN, Peter, Regulae Iuris. From juristic rules to legal maxims, Edinburgh 1966.

THIER, Andreas, Art. Ecclesia vivit lege Romana, in: HRG², Bd. 1, Sp. 1176 f.

VALDRINI, Patrick, *Salus animarum* in latin canon law. Salus animarum, rationabilitas and Aequitas, in: Oikonomia, dispensatio and aequitas canonica, Hennef 2016 (= Kanon; 24), S. 335–344.

WACKE, Andreas, Ambuguitas contra stipulatorem, in: Juristische Arbeitsblätter 13 (1981), S. 666–668.

DERS., Wer zuerst kommt, mahlt zuerst – Prior tempore potius iure, in: Juristische Arbeitsblätter 13 (1981), S. 94–98.

WEBER, Klaus (Hrsg.), Creifelds. Rechtswörterbuch, München ²²2017.

WEIMAR, Peter, Argumenta brocardica, in: Studia Gratiana 14 (1967), S. 89–123.

DERS., Art. Dinus de Rossonis Mugellanus, in: LexMA, Bd. 3, Sp. 1068 f.

DERS., Brocarda / Brocardica, in: HRG², Bd. 1, Sp. 685 f.

DERS., Brocarda, Brocardica, in: LexMA, Bd. 2, Sp. 707 f.

DERS., Dinus de Rossonis, in: Stolleis, Michael (Hrsg.), Juristen. Ein biographisches Lexikon von der Antike bis zum 20. Jahrhundert, München ²2001, S. 178 f.

WERNZ, Franz Xaver, Ius decretalium, Bd. 1, Rom ²1905.

WOHLHAUPTER, Eugen, Aequitas canonica. Eine Studie aus dem kanonischen Recht, Paderborn 1931 (= VGG.R; 56).

WOLLSCHLÄGER, Christian, Die Entstehung der Unmöglichkeitslehre, Köln; Wien 1970 (= Forschungen zur Neueren Privatrechtsgeschichte; 16).

ZIMMERMANN, Reinhard, The Law of Obligations. Roman Foundations of the Civilian Tradition, Oxford; München 1996.

Stephan Dusil

Kirchenrecht und Kirchenrechtsgeschichte. Dialogmöglichkeiten, Verständnisschwierigkeiten, Chancen

Abstract Der Beitrag geht dem Verhältnis von Kirchenrecht und Kirchenrechtsgeschichte nach. Im Ausgangspunkt wird festgestellt, dass das Kirchenrecht der Geschichte prinzipiell offen gegenübersteht (siehe c. 6 § 2 CIC/1983) und dass viele Traditionslinien vergangenes und gegenwärtiges Recht verbinden. Insofern bestehen Dialogmöglichkeiten (1. und 2.). Dennoch haben sich nach der Kodifikation des Kirchenrechts 1917 beide Disziplinen personell wie institutionell auseinanderentwickelt. Die Kirchenrechtsgeschichte hat sich bezüglich Fragen, Konzepten und Ansätzen den Geschichtswissenschaften angenähert, wodurch ein Dialog zwischen beiden Disziplinen erschwert und das gegenseitige Verständnis schwierig geworden ist (3.). Zum Abschluss wird überlegt, was beide Disziplinen voneinander lernen können und wo Chancen liegen (4.).

1. Aufriss der Fragestellung

Die katholische Kirche ist eine historisch gewachsene Größe. In ihren Anfängen, in den ersten Jahrzehnten nach dem Kreuzestod Jesu, bestanden nur einzelne christliche Gemeinden, verstreut über das römische Reich; im Hochmittelalter war die katholische Kirche zu einem *global player* avanciert, der Kaisern die Stirn bot, Gesetze erließ und sie mittels eines gut funktionierenden Gerichtssystems auch durchsetzte. Im 19. Jahrhundert, zeitgleich mit dem Zerfall der politischen Macht, der sich symbolisch an der Einnahme des Kirchenstaats 1870 durch italienische Truppen ablesen lässt, behauptete Papst Pius IX. die geistliche Superiorität, indem er Infallibilität und päpstlichen Jurisdiktionsprimat in der dogmatischen Konstitution *Pastor Aeternus* festschrieb. Im 20. Jahrhundert unternahm die Kirche schließlich zweimal die Kodifikation ihres Rechts: Der pio-benediktinische Codex trat 1917, der noch heute geltende Codex Iuris Canonici 1983 in Kraft.[1] Wie geht das Recht dieser Kirche, die ja historisch gewachsen ist, mit der eigenen Geschichte um?

---

1   Einen Überblick über die Kirchen(rechts)geschichte geben: LINK, Christoph, Kirchliche Rechtsgeschichte. Kirche, Staat und Recht in der europäischen Geschichte von den An-

Der Befund in den beiden Codices ist eindeutig: Die Kirche war sich ihrer Geschichtlichkeit und der ihres Rechts bewusst. Der Codex von 1917 verstand sich nicht als gänzliche Neuerung, als *nova legislatio,* sondern als Systematisierung, als „*nova legislationis* systematio *seu* codificatio.*"*[2] Dementsprechend hielt der Codex die hergebrachte und bislang verwendete Ordnung grundsätzlich aufrecht *(codex vigentem disciplinam retinet),* wenn er auch die *opportunae immutationes* anbringen wollte.[3] Aus diesem Grunde sah der Codex von 1917 vor, dass die Canones, die sich in Gänze auf das alte Recht bezogen *(canones qui ius vetus ex integro referunt),* gemäß der Autorität des alten Rechts und dem Verständnis der *auctores probati* zu verstehen seien (c. 6 2°); stimmte Canones nur teilweise mit dem alten Recht überein, so waren sie gemäß dem alten Recht zu verstehen, insofern sie mit diesem übereinstimmten; im Übrigen waren sie aus sich selbst heraus zu verstehen (c. 6 3°).

In ähnlicher Weise zog auch der Codex von 1983 die kirchliche Tradition in die Interpretation hinein, wenn auch deutlich abgeschwächt. Der CIC/1983 sah sich im Gegensatz zum CIC/1917 nicht als Neuorganisation alten Rechts, sondern schuf wesentlich Neues. Dennoch sollte auch die Geschichte berücksichtigt werden, denn c. 6 § 2 sieht vor: „Die Canones dieses Codex sind, soweit sie altes Recht wiedergeben, auch unter Berücksichtigung der kanonischen Tradition zu würdigen."[4] Die kanonische Tradition *(traditio canonica)* sollte also dann einbezogen werden, wenn Canones des geltenden Rechts auf vorkodikarisches Recht zurückgreifen. Dass dieser Verweis jedoch deutlich schwächer ausgeprägt ist als im CIC/1917, zeigt sich an dem Einschub *etiam,* „auch", der den Traditionen eben nur die Rolle einer Interpretationshilfe un-

---

fängen bis zum 21. Jahrhundert, München ³2016 sowie DE WALL, Heinrich; MUCKEL, Stefan, Kirchenrecht, München ⁵2017, S. 6–59.

2 CICOGNANI, Hamletus I., Ius Canonicum. Primo studii anno in usum auditorum excerpta, Rom 1925, S. 39: „*Non est Codex nova legislatio, uti fuit illa Napoleonica* [Code Civil], *sed nova legislationis* systematio, *seu* codificatio." [Hervorhebung im Original].

3 Codex Iuris Canonici. Pii X Pontificis Maximi iussu digestus, Benedicti Papae XV auctoritate promulgatus, Rom 1917, c. 6: „Codex vigentem huc usque disciplinam plerumque retinet, licet opportunas immutationes afferat. Itaque:
1° Leges quaelibet, sive universales sive particulares, praescriptis huius Codicis oppositae, abrogantur nisi de particularibus legibus aliud expresse caveatur;
2° Canones qui ius vetus ex integro referunt, ex veteris iuris auctoritate, atque ideo ex receptis apud probatos auctores interpretationibus, sunt aestimandi;
3° Canones qui ex parte tantum cum veteri iure congruunt, qua congruunt, ex iure antiquo aestimandi sunt; qua discrepant, sunt ex sua ipsorum sententia diiudicandi;
4° In dubio num aliquod canonum praescriptum cum veteri iure discrepet, a veteri iure non est recedendum; [...]."

4 Codex Iuris Canonici, auctoritate Johannis Pauli II promulgatus, Vatican 1983, c. 6 § 2: „Canones huius Codicis, quatenus ius vetus referunt, aestimandi sunt ratione etiam canonicae traditionis habita."

ter mehreren zugesteht. Und im Übrigen sei von diesen Traditionen dann Abstand zu nehmen, wenn sich bei gleichem Wortlaut die Umstände so geändert haben, dass eine gleichlaufende Interpretation nicht möglich ist.[5]

Über die Öffnung des geltenden Rechts zur Tradition hin aufgrund c. 6 CIC/1917 bzw. c. 6 § 2 CIC/1983 hinaus sind auch die Interpretationsleitlinien zu berücksichtigen, die c. 18 CIC/1917 präsentierten bzw. c. 17 CIC/1983 vorgeben. Bei der Auslegung der Canones sei die Wortbedeutung aus Text und Kontext zu erschließen; sollten diese keine Klärung bringen, dann sollte auf Parallelstellen, auf den Zweck und die Umstände des Gesetzes sowie auf die Absicht des Gesetzgebers zurückgegriffen werden.[6] Diese „Umstände des Gesetzes" *([legis] circumstantia)* erlauben es, den Gesetzgebungsanlass, das Problem, das es zu lösen galt, sowie die Zeitumstände im Allgemeinen zu berücksichtigen.[7] Insofern ist die (Entstehungs-)Geschichte einer Norm für deren Verständnis von Bedeutung.

Beide Canones, c. 6 und c. 18 CIC/1917 sowie c. 6 § 2 und c. 17 CIC/1983 verdeutlichen, dass sich der Gesetzgeber des geschichtlich gewachsenen Rechts bewusst war und dass er vorlaufende Traditionen bei der Auslegung des geltenden Rechts ein-

---

5   Zu c. 6 § 2 siehe Pree, Helmut, Der Stellenwert der Tradition im kanonischen Recht. Die Auslegungsregel des c. 6 § 2 CIC/1983, in: Dębiński, Antoni; Szczot, Elzbieta (Hrsg.), Plenitudo legis dilectio. Księga pamiątkowa dedykowana prof. dr. hab. Bronisławowi W. Zubertowi OFM z okazji 65. rocznicy urodzin [Festschrift für Bronisław W. Zubert], Lublin 2000, S. 543–570; Schnizer, Helmut, Canon 6 und der Stellenwert des alten Rechts, in: Aymans, Winfried; Egler, Anna; Listl, Joseph (Hrsg.), Fides et Ius. Festschrift für Georg May zum 65. Geburtstag, Regensburg 1991, S. 75–80; Schnizer, Helmut, Traditio canonica und vigens disciplina – die eine und die andere Kontinuität im kanonischen Recht, in: Morsak, Louis C.; Escher, Markus (Hrsg.), Festschrift für Louis Carlen zum 60. Geburtstag, Zürich 1989, S. 353–378 sowie Socha, Hubert, Kommentar zu c. 6, in: MK CIC.

6   Vgl. c. 17 CIC/1983: „Kirchliche Gesetze sind zu verstehen gemäß der im Text und im Kontext wohl erwogenen eigenen Wortbedeutung; wenn sie zweifelhaft und dunkel bleibt, ist zurückzugreifen auf Parallelstellen, wenn es solche gibt, auf Zweck und Umstände des Gesetzes und auf die Absicht des Gesetzgebers." / c. 17: „Leges ecclesiasticae intellegendae sunt secundum propriam verborum significationem in textu et contextu consideratam; quae si dubia et obscura manserit, ad locos parallelos, si qui sint, ad legis finem ac circumstantias et ad mentem legislatoris est recurrendum." Der Wortlaut des c. 18 CIC/1917 lautete: „Leges ecclesiasticae intelligendae sunt secundum propriam verborum significationem in textu et contextu consideratam; quae si dubia et obscura manserit, ad locos Codicis parallelos, si qui sint, ad legis finem ac circumstantias et ad mentem legislatoris est recurrendum."

7   Vgl. Otaduy, Javier, in: Caparros, Ernst; Lagges, Patrick (Hrsg.), Exegetical Commentary on the Code of Canon Law, Montreal; Chicago 2004, S. 325–337; hier S. 335; May, Georg; Egler, Anna, Einführung in die kirchenrechtliche Methode, Regensburg 1986, S. 203–206; Socha, Hubert, Kommentar zu c. 17, in: MK CIC, Rn. 15.

bezogen wissen wollte. Insofern lässt sich aufgrund des Gesetzestextes selbst eine Offenheit des Rechts für die Geschichte konstatieren.

Diese Offenheit des katholischen Kirchenrechts und die Geschichte erlaubt die Vermutung, dass die Wissenschaft vom Kirchenrecht wie die Kirchenrechtsgeschichte Berührungspunkte aufweisen. Diesen Berührungspunkten geht dieser Beitrag nach, indem er nach Dialogmöglichkeiten beider Disziplinen fragt, aber auch die Schwierigkeiten eines solchen Dialogs benennt und versucht, die möglichen Chancen eines akademischen Gesprächs zu formulieren. Während diese Punkte in dem Pendant der weltlichen Sphäre, nämlich dem geltenden Recht und der Rechtsgeschichte, bekannt und benannt sind,[8] finden sich nur wenige Reflexionen über das Verhältnis beider Disziplinen in der Kirchenrechtswissenschaft wie im Kirchenrecht.[9] Diese Lücke will der Beitrag – jedenfalls in vorläufiger und thesenartiger Form – füllen.

2. Dialogmöglichkeiten

Die skizzierte Offenheit des Kirchenrechts für die Geschichte, die „Affinität des Kirchenrechts zur Geschichte"[10], oder, anders formuliert, die Geprägtheit des geltenden Kirchenrechts durch die Geschichte, ist ein Faktor, der einen Dialog beider Disziplinen prinzipiell ermöglichen und sogar vereinfachen sollte. Beispiele für solche Tradi-

---

8   Hierzu PICKER, Eduard, Rechtsdogmatik und Rechtsgeschichte, in: Archiv für die civilistische Praxis 201 (2001), S. 763–859 sowie WIEACKER, Franz, Methode der Rechtsgeschichte, in: Erler, Adalbert; Kaufmann, Ekkehard (Hrsg.), Handwörterbuch zur deutschen Rechtsgeschichte, Bd. 3, Berlin 1984, Sp. 518–526 und STOLLEIS, Michael, Methode der Rechtsgeschichte, in: Cordes, Albrecht; Haferkamp, Hans-Peter u. a. (Hrsg.), ²Handwörterbuch zur deutschen Rechtsgeschichte, Bd. 3, Sp. 1475–1483; ferner zum Beispiel ECKERT, Jörn (Hrsg.), Der praktische Nutzen der Rechtsgeschichte. Hans Hattenhauer zum 8. September 2001, Heidelberg 2003, darin u. a.: ECKERT, Jörn, Die Krise der Rechtsgeschichte und die Frage nach ihrem Nutzen für die Theorie und die Praxis des Rechts, S. 121–158 und LINGELBACH, Gerhard, Rechtsgeschichte als Immunschutz vor (allzu) Aktuellem, S. 319–330.

9   Die wenigen einschlägigen Beiträge sind in den folgenden Fußnoten ausgewiesen. Eine Durchsicht durch die deutschsprachigen Lehrbücher hat kaum verwertbare Hinweise erbracht. So verbleiben ohne Ausführungen zum Verhältnis von Recht und Geschichte MÜLLER, Ludger; OHLY, Christoph, Katholisches Kirchenrecht. Ein Studienbuch, Paderborn 2018; DE WALL; MUCKEL, Kirchenrecht (wie Anm. 1); RHODE, Ulrich, Kirchenrecht, Stuttgart 2015; DEMEL, Sabine, Einführung in das Recht der katholischen Kirche. Grundlagen – Quellen – Beispiele, Darmstadt 2014; auch DEMEL, Sabine, Das Recht fließe wie das Wasser. Wie funktioniert und wem nützt Kirchenrecht?, Regensburg 2017 enthält trotz des vielversprechenden Titels keine Hinweise auf den Nutzen des geltenden Rechts für die Kirchen(rechts)geschichte.

10   GERMANN, Michael, Zum Erkenntniswert der Kirchenrechtsgeschichte für die evangelische Kirchenrechtswissensc haft, in: ZRG.K 92 (2006), S. 630–659; hier S. 631.

tionslinien, die als Anknüpfungspunkte für Dialoge dienen können, lassen sich leicht finden, wie die folgenden drei Beispiele verdeutlichen.

2.1. Zunächst zum Jurisdiktionsprimat des Papstes, der seine normative Verankerung zwar in der Konstitution *Pastor Aeternus* des Ersten Vatikanischen Konzils erhalten hat. Das Konzil fixierte nur eine viel ältere Tradition, die auf die frühe Kirche zurückgeht. Spätantike Päpste forderten verschiedentlich eine jurisdiktionelle Suprematie des Bischofs von Rom in der Kirche, doch konnten sie erst die hochmittelalterlichen Päpste wie Innozenz III. (1198–1216) auch in der Praxis umsetzen. Die Erfassung des Jurisdiktionsprimats in *Pastor Aeternus* bzw. im geltenden Codex als höchste, volle, unmittelbare und universale Gewalt des Papstes (so die Formulierung in c. 331 CIC/1983) verbunden mit seiner Stellung als höchstem Richter (c. 1442 CIC/1983) sowie dessen Immunität (c. 1404 CIC/1984) greifen Elemente auf, die in der kirchlichen Tradition seit der Spätantike begründet sind.[11] Die Interpretation als ununterbrochene Kontinuitätslinie griffe jedoch zu kurz, da sie die Rolle des Konziliarismus übersehen würde, der die Stellung der Bischöfe und des Konzils als Institution betont, und der immer wieder in der Kirchengeschichte – vom Konzil von Konstanz bis zu den Schriften des Bernhard Zeger von Espen – als Gegengewicht zur Papstkirche aktuell wurde, wenn er auch langfristig nie Dominanz in der Kirche gewinnen konnte.[12]

2.2. Als zweites Beispiel kann der Zölibat dienen, der im heute geltenden Recht als Eheverbot für geweihte Männer verstanden wird; zudem dürfen prinzipiell nur unverheiratete Männer geweiht werden. Die Weihe ist also ein Ehehindernis (c. 1087 CIC/1983) und die Ehe ein Weihehindernis (c. 1042 1° CIC/1983). In der Kirchengeschichte begegnet uns jedoch ein anderes Modell, denn es durften bis in das Mittelalter hinein verheiratete Männer geweiht werden, wenn sie sich nur danach jeglicher Ausübung der Sexualität enthielten. Verständlichkeit gewinnt dieses Modell vor dem damaligen sozialen Hintergrund: Ein junger Mann, der heiratete und eine Familie gründete, konnte die niederen Weihen als Lektor oder Akolyth empfangen; erst wenn er in höherem Lebensalter zum Diakon oder Priester geweiht werden sollte, musste er enthaltsam leben, ohne sich jedoch der Unterstützung für seine Frau und Familie zu entziehen. Die Weihe von verheirateten Männern war also möglich. Diese Regelungs-

---

11   Vgl. DUSIL, Stephan, Wissensordnungen des Rechts im Wandel. Päpstlicher Jurisdiktionsprimat und Zölibat zwischen 1000 und 1215, Leuven 2018, S. 18–44.

12   Siehe SMOLINSKY, Heribert, s. v. Konziliarismus, in: ³LThK, Bd. 6, Sp. 349–351 sowie BECKER, Hans-Jürgen, Die Appellation vom Papst an ein allgemeines Konzil. Historische Entwicklung und kanonistische Diskussion im späten Mittelalter und in der frühen Neuzeit, Köln; Wien 1988.

tradition weist von dem spätantiken Konzil von Elvira (Spanien) bis zum Hochmittelalter eine hohe Kontinuität auf.[13]

Das Konzept der Weihe als Ehehindernis war, entwickelte erst die hoch mittelalterliche kanonistische Doktrin, die die Weihe als implizites Gelübde der Keuschheit verstand, wodurch ein nachfolgender Eheschluss nicht nur verboten war, sondern das zur Nichtigkeit der Ehe führte.[14] Noch später, nämlich mit der Einführung von Priesterseminaren nach dem Konzil von Trient, gelang der Kirche ein verstärkter Zugriff auf Kleriker und die Implementierung eines ehelosen Klerus: Da vor allem unverheiratete, junge Männer geweiht worden waren, die keine Ehe mehr eingehen konnten, entstand langsam ein Klerikerstand, der in Ehelosigkeit lebte. Formell legte erstmals c. 987 2° CIC/1917 fest, dass die Ehe ein Weihehindernis war,[15] und dass der Versuch eines Eheschlusses nach der Weihe nicht zu einer gültigen Ehe führt.[16] Das Beispiel zeigt also deutlich den Wandel des Zölibatsbegriffs vom Enthaltsamkeits- zum Ehelosigkeitszölibat sowie die Schwierigkeiten bei der Implementierung eines ehelosen Klerikerstands. Vergleichbar zum päpstlichen Jurisdiktionsprimat und dem Konziliarismus lassen sich also über eine lange Zeit der Kirchengeschichte alternative Regelungsmodelle beobachten, die – vielleicht noch stärker als beim Beispiel des Konziliarismus – auch tatsächlich gelebt wurden.

2.3. Das dritte Beispiel ist schließlich das Eherecht, bei dem wir eine Traditionsbegründung im 12. Jahrhundert beobachten können, die nur zu einem geringeren Maße auf Texte und Traditionslinien des ersten Jahrtausends zurückgriff. Vielmehr systematisierte die an den Universitäten entstehende Kanonistik die päpstliche Rechtsprechung vor allem aus der zweiten Hälfte des 12. Jahrhunderts. Beide schufen so Hand in Hand ein System des Eherechts.[17] Die in dieser Zeit entwickelte Struktur hat sich bis heute nicht grundlegend geändert: Die zentralen Bausteine wie der Ehekonsens – beruhend auf der römischen Parömie *consensus facit nuptias* – und die

---

13 Vgl. Dusil, Wissensordnungen (wie Anm. 11), S. 46–60.

14 Vgl. Dusil, Stephan, The Emerging Jurisprudence, the Second Lateran Council of 1139 and the Development of Canonical Impediments, in: Eichbauer, Melodie H.; Summerlin, Danica (Hrsg.), The Use of Canon Law in Ecclesiastical Administration, 1000–1234, Leiden 2018, S. 140–158.

15 Vgl. c. 987 2° CIC/1917: „Sunt simpliciter impediti: ... 2° Viri uxorem habentes."

16 Vgl. c. 1072 CIC/1917: „Invalide matrimonium attentant clerici in sacris ordinibus constituti."

17 Zur Entstehung des mittelalterlichen Eherechtsdoktrin Dusil, Stephan, *Fides* als normatives Konzept in Kanonessammlungen, in: Das Mittelalter 20 (2015), S. 251–265 sowie Thier, Andreas, Von der gehaltenen und der gebrochenen *fides*. Zur *fides* in den Vertragsrechtskonzeptionen der Kanonistik seit dem 12. Jahrhundert, in: Das Mittelalter 20 (2015), S. 327–343.

verschiedenen Konsensmängel, die Ehehindernisse wie Weihe, Gelübde, bestehendes Eheband, Blutsverwandtschaft etc., sowie, spätestens seit dem Konzil von Trient (Dekret *Tametsi*), die Formvorschriften, entsprechen strukturell dem heutigen Recht (siehe cc. 1095 ff., 1073 ff., cc. 1108 ff. CIC/1983). Erst ein genauerer Blick zeigt die Unterschiede zum Beispiel bei den Ehehindernissen (Abschaffung der verbietenden Ehehindernisse; unterschiedliche Gradzählung zur Berechnung der Blutverwandtschaft, etc.) und der modernen Verlagerung der Diskussion von Ehehindernissen zum Konsensdefekt. Im Hochmittelalter wurde also ein System geschaffen, das in groben Zügen bis heute Bestand hat.[18]

2.4. Zusammenfassend lässt sich festhalten, dass sich in allen drei Beispielen eine Traditionsgebundenheit des Kirchenrechts zeigt, wenn auch in unterschiedlicher Ausprägung. Anknüpfungspunkt für heutige Regelungsentwürfe sind dabei insbesondere hochmittelalterliche Ausprägungen, wie sich im Eherecht zeigt, aber auch spätantike Entwürfe, wie das Beispiel des Jurisdiktionsprimat nahelegt. Zugleich lassen sich – so beim Zölibat – auch längere Umsetzungsphasen beobachten. Insgesamt gesehen scheinen gelebte Traditionen erst sehr spät, nämlich um 1900 (sei es durch das Erste Vatikanische Konzil wie beim Jurisdiktionsprimat, sei es durch den CIC/1917 wie beim Zölibat), normativ fixiert worden zu sein.

Diese Traditionslinien laden – ohne jeden Zweifel – zum Dialog von Kirchenrechtsgeschichte und Kirchenrecht ein. So ließe sich zum Beispiel über die verschiedenen Regelungstraditionen, die in der Vergangenheit zu beobachten sind, nachdenken und über die damit verbundene Frage reflektieren, welche Tradition sich unter welchen Bedingungen durchsetzen konnte. Weitet man nämlich den Blick und bezieht die ostkirchlichen Riten ein, so zeigt sich, dass andere Regelungsmodelle bewahrt sind: Die starke Stellung der Bischöfe (siehe c. 102 ff., insbes. c. 110 CCEO) erinnert an konziliare Handlungsformen der Spätantike; beim Zölibat, dem Priester – mit Ausnahme der Bischöfe – gerade nicht unterworfen sind (siehe c. 373, c. 180 3° CCEO), nehmen die Ostkirchen Traditionen des ersten Jahrtausends auf. Eine solche Gegenüberstellung von Gemeinsamkeiten und Unterschieden innerhalb der katholischen Kirche unter Einbeziehung der Geschichte könnte Dialoge zwischen Kirchenrecht und Kirchenrechtsgeschichte eröffnen.

---

18 Überblicke über die Grundstruktur des mittelalterlichen Eherechts vermitteln u. a.: BRUNDAGE, James A., Law, Sex, and Christian Society in Medieval Europe, Chicago; London 1987 sowie GAUDEMET, Jean, Le Mariage en Occident. Les mœurs et le droit, Paris 1987; insbes. S. 165–171.

3. Verständnisschwierigkeiten

Da es so deutliche Traditionslinien zwischen der Vergangenheit und der Gegenwart gibt, sollte ein Dialog ohne größere Probleme möglich sein. Dass dem nicht so ist, es vielmehr Verständnisschwierigkeiten zwischen beiden Disziplinen gibt (oder jedenfalls geben kann), soll anhand von drei Punkten dargelegt werden.

3.1. Zunächst ist festzustellen, dass ein Dialog von Kirchenrecht und Kirchenrechtsgeschichte aufgrund der institutionellen Trennung beider Disziplinen selten zustande kommt. Diese Beobachtung ist eine Folge der Kodifikation des Kirchenrechts im Jahre 1917, wodurch sich die Dogmatik des geltenden Rechts und die historische Reflexion über eben dieses Recht voneinander entfernt haben.[19] Die Forderung des Bonner Kirchenrechtlers und Rechtshistorikers Ulrich Stutz 1905, die Kirchenrechtsgeschichte als autonome Disziplin anzusehen, wurde nach 1917 Realität, als sich beide Disziplinen voneinander lösten. Die Folge dieser Entwicklung ist heute deutlich sichtbar: Bei allen Schwierigkeiten, Wissenschaftler mit einem bestimmten *Label* zu versehen, darf man wohl doch formulieren, dass jedenfalls in den deutschsprachigen Ländern die Trennung der Erforschung des geltenden Kirchenrechts und der Kirchenrechtsgeschichte typisch ist. Ein Beispiel: Mittelalterliche Kirchenrechtsgeschichte (und damit ist die Periode von 500 bis 1500 gemeint) ist Domäne von Juristen und Historikern geworden, aus der sich deutschsprachige Kanonisten weitgehend zurückgezogen haben. Institutioneller Anknüpfungspunkt der mittelalterlichen Kirchenrechtsgeschichte ist also eher die juristische Fakultät oder die Fakultät für Geschichtswissenschaft denn die kanonistische. Als Indikator können dafür die Teilnehmer des „International Congress of Medieval Canon Law" dienen, von denen die große Mehrheit gerade nicht an kirchenrechtlichen Fakultäten lehrt.[20] Deutschsprachige Kanonisten scheinen – grosso modo – die Erforschung des Mittelalters anderen Fachdisziplinen überlassen zu haben. Möglicherweise trifft dieser Befund für romanischsprachige Länder in dieser Schärfe so nicht zu; aber das bedürfte genauso einer näheren Untersuchung wie die Frage, ob nicht wenigstens die jüngere Kirchengeschichte des 19. und 20. Jahrhunderts vorrangig in der Hand von Mitgliedern kirchenrechtlicher Fakultäten liegt. Aber man darf trotz dieser Einwände wohl konstatieren, dass die Bearbeitung des geltenden Kirchenrechts und die Reflexion über die Historizität eben dieses Kirchenrechts personell und institutionell vielfach entkoppelt sind.

---

19 Siehe Erdö, Peter, Die Forschung der Geschichte des kanonischen Rechts: Ein Dialog zwischen Theologie und Rechtsgeschichte, in: ZRG.K 91 (2005), S. 1–16; hier S. 5 f.; Germann, Erkenntniswert (wie Anm. 10), S. 631 f.

20 Siehe Goering, Joseph; Dusil, Stephan; Thier, Andreas, Proceedings of the „Fourteenth International Congress of Medieval Canon Law", Toronto, August 5 – 11, 2012, Vatikanstadt 2016.

3.2. Diese personelle und institutionelle Trennung zeitigt eine Konsequenz, die nicht zu unterschätzen ist. Mit der Andockung der Kirchenrechtsgeschichte an eine andere als der kirchenrechtlichen Fakultät haben sich in den letzten Jahrzehnten Fragestellungen und Forschungsansätze entwickelt, die fern von Fragen des geltenden Kirchenrechts sind. Anders formuliert: Kirchenrechtsgeschichte ist Teil der Geschichtswissenschaft und deren Fragen und Ansätzen geworden. Ein Blick auf die genannten Proceedings of the „Fourteenth International Congress of Medieval Canon Law" als Seismograph für Entwicklungen in der (mittelalterlichen) Kirchenrechtsgeschichte kann dies verdeutlichen: Wenn die Entstehung von Canonessammlungen, die Überlieferung von Texten und deren Edition im Vordergrund stehen,[21] wenn darüber hinaus Canonessammlungen als Wissensspeicher begriffen werden[22] und die Struktur des Rechtswissens im 12. Jahrhundert untersucht wird,[23] dann sind Themen angesprochen, die wohl nicht nur *prima facie* wenig mit aktuellen Themen des Kirchenrechts zu tun haben. Vielmehr sind dies Fragen eines Historikers.[24]

Eine direktere Beziehung zwischen Geschichte und geltendem Recht könnte die Institutionen- oder Dogmengeschichte legen, die zum Beispiel die historischen Wurzeln des gegenwärtigen Rechts beleuchtet. Solche Ansätze sind in der deutsch- und englischsprachigen Literatur jedoch selten (geworden), in der französischsprachigen vielleicht noch weiter verbreitet. Beispielhaft zu nennen wäre aus der deutschsprachigen Forschung eine jüngere Monographie zur Rechtsstellung von Klerikern seit der Spätantike, aus den genannten Proceedings eine Studie zur „fornication publique des clercs".[25] Insgesamt gesehen darf man aber wohl festhalten, dass sich Themen der Kirchenrechtsgeschichte von Diskussionen unter Kanonisten entfernt haben.

3.3. Die eingangs aufgezeigten Traditionslinien werfen die Frage auf, wie mit diesen Kontinuitäten umzugehen ist. Kommt ihnen – getreu dem Juristenmotto *alt und*

---

21 Siehe die in Fn. 20 genannte Publikation. Die Edition von Quellen war ein Hauptanliegen von Stephan Kuttner (1907–1996), weswegen sich die mittelalterliche Kanonistik über Jahrzehnte hinweg mit Handschriften und der (Neu)Edition von mittelalterlichen Rechtstexten beschäftigte.

22 Vgl. THIER, Andreas, Dynamische Schriftlichkeit. Zur Normbildung in den vorgratianischen Kanonessammlungen, in: ZRG.K 93 (2007), S. 1–33.

23 Vgl. DUSIL, Wissensordnungen (wie Anm. 11).

24 Siehe auch die Bemerkungen von ERDÖ, Geschichte des kanonischen Rechts (wie Anm. 19), S. 9 f., die in dieselbe Richtung weisen.

25 Vgl. MECKEL-PFANNKUCHE, Sabrina, Die Rechtsstellung der Kleriker in der Rechtsordnung der lateinischen Kirche. Rechtsgeschichtliche Entwicklung, theologische Begründung und rechtliche Kontur, Paderborn 2018; D'ALTEROCHE, Bernard, *Si fornicatio clerici est publica*. La fornication publique des clercs dans le droit canonique classique, in: Goering; Dusil; Thier, Proceedings of the „Fourteenth International Congress of Medieval Canon Law" (wie Anm. 20), S. 667–689.

bewährt – normativer Wert zu oder verbleiben sie ohne Wert für heutige Diskussionen, sind sie also bloß *historisch gewachsen,* aber nicht verbindlich?[26] Vielleicht noch pointierter lässt sich dieses Problem mit der Frage fassen, welche Rolle der Geschichte in aktuellen Diskussionen beigemessen wird, insbesondere ob Geschichte als normatives Argument eingesetzt werden darf, kann oder soll. Nur weil ein Institut alt, historisch hergebracht oder lange gelebt wurde, ist es nicht *per se* auch für die Zukunft richtig, so die Überzeugung des Autors, vielmehr ist es eine *heutige* Wertung, wekche wir dem historischen Argument zuschreiben: „Thus, the authority we ascribe to normative information, its persuasiveness, is from today, not from the past. It depends on how we evaluate the past today."[27] Dieser Standpunkt ist aber nicht der einzige, der vertreten wird. Häufig wird die Historizität eines Instituts als Argument für dessen Richtigkeit eingesetzt, wie die Auseinandersetzung um die Apostolizität des Zölibats zeigt: Lebten die Apostel zölibatär oder nicht? Die Frage ist deswegen als wichtig erachtet, da eine positive Beantwortung die Position der Zölibatsbefürworter *heute* unterstreichen würde.[28] Hier zeigt sich also eine unterschiedliche Zuschreibung von Normativität an Geschichte, der man sich bewusst sein muss, wenn man in ein Gespräch zwischen Kirchenrechtsgeschichte und Kirchenrecht eintritt.

4. Chancen

Nach der Erörterung der Schwierigkeiten, die sich im Dialog von Kirchenrecht und Kirchenrechtsgeschichte stellen können, sollen nun die Chancen ausgelotet werden, die ein solcher Dialog bringt. Was kann das Kirchenrecht von der Kirchenrechtsgeschichte und was die Kirchenrechtsgeschichte vom Kirchenrecht lernen?

4.1. Beginnen wir mit einigen Aspekten, die die Kirchenrechtsgeschichte zur Erforschung des geltenden Kirchenrechts beitragen kann. Die Kirchenrechtsgeschichte kann die Geschichtlichkeit von einzelnen Instituten beleuchten und so eine Zuliefer-

---

26 Zu dieser Frage in anderem Kontext DUVE, Thomas, Legal traditions. A dialogue between comparative law and comparative legal history, in: Comparative Legal History 6 (2018), S. 15–33.

27 DUVE, Legal traditions (wie Anm. 26), S. 33.

28 Zu dieser Diskussion PRICE, Richard M., s. v. Zölibat. II. Kirchengeschichtlich, in: TRE, S. 722–739, S. 725 f. Stimmen in der Diskussion sind zum Beispiel GRYSON, Roger, Les origines du célibat ecclésiastique du premier au septième siècle, Gembloux 1970, S. 1–3, 127 und DENZLER, Georg, Die Geschichte des Zölibats, Freiburg i. Br.; Basel; Wien 1993, S. 23, die eine Apostolizität verneinen, wohingegen COCHINI, Christian, Apostolic Origins of Priestly Celibacy, San Francisco 1990, S. 139–254 und HEID, Stefan, Zölibat in der frühen Kirche. Die Anfänge einer Enthaltsamkeitspflicht für Kleriker in Ost und West, Paderborn; München; Wien u. a. 1997; insbes. S. 11–20, den Enthaltsamkeitszölibat schon in die apostolische Zeit datieren.

oder Hilfsfunktion für das geltende Recht erfüllen. Historische Erkenntnis kann zum Beispiel benutzt werden, um im Rahmen der eingangs vorgestellten Interpretationsleitlinien des c. 17 die *circumstantia* auszufüllen und so dem besseren Verständnis zu dienen. Die Kirchenrechtsgeschichte kann darüber hinaus auch versuchen, den Begriff der *traditio canonica* im Rahmen des c. 6 § 2 auszulegen und so helfen, die Canones des geltenden Rechts, die auf altes Recht zurückgehen, zu verstehen.

Darüber hinaus kann Kirchenrechtsgeschichte Verständnis bei Praktikern wie bei Studierenden wecken: Sind die Ursprünge eines Instituts wie des Jurisdiktionsprimats, des Zölibats oder des Eherechts bekannt, so werden auch die heutigen Konturen und Eigenarten dieses Instituts *verständlich* und begreifbar. Insofern kommt der Kirchenrechtsgeschichte eine *didaktische Funktion* vor allem für Studierende zu. Verbunden mit dieser didaktischen Aufgabe ist eine weitere Funktion der Kirchenrechtsgeschichte zu benennen, kann diese doch helfen, aktuelle Diskussionen besser einzuordnen und auf wiederkehrende Fragen und Probleme hinzuweisen.[29]

Eine *vermittelnde Funktion* wird der kirchlichen Rechtsgeschichte auch und gerade im Verhältnis zu den katholischen Ostkirchen zugeschrieben: Historische Kenntnis kann Verständnis für die Eigenarten der Ostkirchen wecken und die gemeinsamen Traditionen des ersten Jahrtausends hervorheben, die in den Ostkirchen bis heute gelebt, in der römisch-katholischen Kirche jedoch von hoch- und spätmittelalterlichen Entwicklungen überlagert worden sind (Beispiel: Zölibat).[30]

Über diese *Hilfsfunktionen* hinaus besitzt die Kirchenrechtsgeschichte auch einen *eigenständigen Wert*. Kirchenrechtsgeschichte kann nämlich Alternativen zum heutigen Recht aufzeigen und der geltenden kanonistischen Dogmatik vor Augen halten, dass es *auch anders geht*. Kritische Begleitung der geltenden Dogmatik ist also das Ziel. Der Konziliarismus als Gegenentwurf zur Papstkirche oder der Enthaltsamkeitszölibat als Gegenmodell zum Ehelosigkeitszölibat sind Beispiele dafür, dass die Kirchengeschichte Alternativen zur Verfügung stellen kann. Ob diese in der heutigen sozialen, gesellschaftlichen, theologischen oder kirchlichen Wirklichkeit Akzeptanz finden können, ist eine andere, nachgelagerte Frage. Damit verbunden ist die Beobachtung, dass diese Alternativvorschläge vielleicht nicht immer erwünscht sind. Alternativen zum Ehelosigkeitszölibat vorzustellen, heißt eben auch, zu einer hochpolitischen Diskussion beizutragen. Gleiches gilt für Fragen der Grundstruktur der Kirche und, wenn auch vielleicht weniger politisch, das Eherecht. Dass die kirchliche Rechtsgeschichte

---

29 Dies betont van Bijsterveld, Sophie C., Was heißt und zum [sic] welchen Ende studiert man (Staats)kirchenrechtsgeschichte?, in: Hartmann, Frank (Hrsg.), Kirchenrechtsgeschichte und Gegenwart. Was heißt und zu welchem Ende studiert man Kirchenrechtsgeschichte?, Leipzig 2006, S. 163–167; hier S. 167.

30 Diesen Punkt betont Erdö, Geschichte des kanonischen Rechts (wie Anm. 19), S. 13–16. Beispiele für diese Traditionen sind unter 2. genannt.

auf diesem Feld mit Erfolg Vorschläge zur Lösung von Rechtsproblemen unterbreiten konnte, zeigt das Beispiel der bedingten Eheschließung. Rudolf Weigand hatte in seiner Dissertation 1963 dazu einen Vorschlag unterbreitet, der später kodifiziert wurde.[31] Auch wenn dies nur eine Detailfrage betrifft, so illustriert sie doch die Einflussmöglichkeiten, die die kirchliche Rechtsgeschichte auf das geltende Recht entwickeln kann.

4.2. Und was kann die Kirchenrechtsgeschichte vom Kirchenrecht lernen? Aktuelle kirchenrechtliche Debatten können Ausgangspunkt für Fragestellungen der Kirchenrechtsgeschichte sein; heutige Problemstellungen können historische Reflexionen anregen. Die Änderungen des Eheverfahrens durch *Mitis Iudex* zum Beispiel könnten Anlass sein, über Prozessgrundsätze heute wie in der Vergangenheit nachzudenken. Der Nachteil solcher Ansätze ist jedoch, dass sich die Fragen immer im Rahmen des durch das geltende Recht Vorgegebenen halten und sich im dogmen- und institutionengeschichtlichen Rahmen bewegen. Dient Kirchenrechtsgeschichte aber als *dogmengeschichtliches Vorspiel* für das kodikarische Recht, so ist sie nur bedingt anschlussfähig an geschichtswissenschaftliche Fragestellungen: Fragen der Textüberlieferung mittelalterlicher Traktate, Erörterungen der Glossierungen und Konzepte des *Wissens* werden mit solchen Perspektiven kaum angeregt werden können. Zudem fällt es schwer, die *abgestorbenen Zweige* zu erkennen, die in der Vergangenheit von Bedeutung waren, aber eben keinen Niederschlag im geltenden Recht gefunden haben (zum Beispiel das sog. Eigenkirchenwesen im Frühen Mittelalter). Aber vielleicht sollten die Chancen eines Dialogs mit solchen Überlegungen auch nicht kleingeschrieben werden. Mit übergreifenden Fragestellungen (man könnte an Stichworte wie Subsidiarität, Bedeutung von Verfahrensgrundsätzen, Rolle von Gewohnheiten, nicht-autoritativ gesetztes Recht, Multinormativität[32], Pfadabhängigkeiten oder ähnliche denken) ist ein Gespräch möglich – wenn denn die Konzepte und Schlagworte so gefüllt werden, dass ein Dialog stattfinden kann.

5. Zusammenführende Überlegungen

Die vorliegenden thesenartigen Ausführungen erörtern die Möglichkeiten, aber auch die Schwierigkeiten eines Dialogs zwischen Kirchenrecht und Kirchenrechtsgeschichte. Durch die historische Fundiertheit der katholischen Kirche ergeben sich

---

31 Vgl. Erdö, Geschichte des kanonischen Rechts (wie Anm. 19), S. 11; der Vorschlag steht bei Weigand, Rudolf, Die bedingte Eheschließung im kanonischen Recht, Bd. 2: Zur weiteren Geschichte der bedingten Eheschließung, Rechtstheorie, Rechtsdogmatik, Rechtsvergleich, St. Ottilien 1980, S. 287–294; insbes. S. 291.

32 Duve, Thomas, Was ist „Multinormativität"? – Einführende Bemerkungen, in: Rechtsgeschichte. Zeitschrift des Max-Planck-Instituts für europäische Rechtsgeschichte 25 (2017), S. 88–101.

zwar viele Kontaktzonen zwischen beiden Disziplinen, doch ist ein Dialog selten (geworden): Die Kirchenrechtsgeschichte hat sich im Laufe des 20. Jahrhunderts mit Fragen zur Textüberlieferung, zu Editionen, zu Glossierungen und mit der Aufnahme historischer Fragestellungen weit von Fragen des geltenden Kirchenrechts entfernt; die Erforschung einzelner *Institutionen,* die eine leichter legbare Brücke zur heutigen Dogmatik werfen könnte, ist jedenfalls im deutschsprachigen Raum eine Randerscheinung geworden. Kirchenrechtsgeschichte ist Teil der Geschichtswissenschaft geworden, die von Historikern und Juristen behandelt wird, und hat sich von dem geltenden Kirchenrecht entfernt. Dieses eigene Leben der Kirchenrechtsgeschichte (wie übrigens auch des Kirchenrechts) wirft schließlich die Frage auf, wie ein Dialog zwischen den Disziplinen zu gestalten ist, damit er für beide fruchtbar wird. Ein erster und wichtiger Schritt ist getan, wenn sich Vertreter beider Disziplinen der Eigenrationalitäten der jeweils anderen bewusst geworden sind.

Literatur- und Quellenverzeichnis

BECKER, Hans-Jürgen, Die Appellation vom Papst an ein allgemeines Konzil. Historische Entwicklung und kanonistische Diskussion im späten Mittelalter und in der frühen Neuzeit, Köln; Wien 1988.

BRUNDAGE, James A., Law, Sex, and Christian Society in Medieval Europe, Chicago; London 1987.

CICOGNANI, Hamletus I., Ius Canonicum. Primo studii anno in usum auditorum excerpta, Rom 1925.

COCHINI, Christian, Apostolic Origins of Priestly Celibacy, San Francisco 1990.

D'ALTEROCHE, Bernard, *Si fornicatio clerici est publica.* La fornication publique des clercs dans le droit canonique classique, in: Goering, Joseph; Dusil, Stephan; Thier, Andreas (Hrsg.), Proceedings of the „Fourteenth International Congress of Medieval Canon Law", Toronto, August 5–11, 2012, Vatikanstadt 2016, S. 667–689.

DE WALL, Heinrich; MUCKEL, Stefan, Kirchenrecht, München ⁵2017.

DEMEL, Sabine, Das Recht fließe wie das Wasser. Wie funktioniert und wem nützt Kirchenrecht?, Regensburg 2017.

DIES., Einführung in das Recht der katholischen Kirche. Grundlagen – Quellen – Beispiele, Darmstadt 2014.

DENZLER, Georg, Die Geschichte des Zölibats, Freiburg i. Br.; Basel; Wien 1993.

DUSIL, Stephan, *Fides* als normatives Konzept in Kanonessammlungen, in: Das Mittelalter 20 (2015), S. 251–265.

DERS., The Emerging Jurisprudence, the Second Lateran Council of 1139 and the Development of Canonical Impediments, in: Eichbauer, Melodie H.; Summerlin, Danica (Hrsg.), The Use of Canon Law in Ecclesiastical Administration, 1000–1234, Leiden 2018, S. 140–158.

DERS., Wissensordnungen des Rechts im Wandel. Päpstlicher Jurisdiktionsprimat und Zölibat zwischen 1000 und 1215, Leuven 2018.

DUVE, Thomas, Legal traditions. A dialogue between comparative law and comparative legal history, in: Comparative Legal History 6 (2018), S. 15–33.

DERS., Was ist „Multinormativität"? – Einführende Bemerkungen, in: Rechtsgeschichte. Zeitschrift des Max-Planck-Instituts für europäische Rechtsgeschichte 25 (2017), S. 88–101.

---

* Die Form des am 19. Februar 2019 in Fulda gehaltenen Vortrags wurde beibehalten; lediglich einzelne Fußnoten sind ergänzt.

ECKERT, Jörn (Hrsg.), Der praktische Nutzen der Rechtsgeschichte. Hans Hattenhauer zum 8. September 2001, Heidelberg 2003.

ERDÖ, Peter, Die Forschung der Geschichte des kanonischen Rechts: Ein Dialog zwischen Theologie und Rechtsgeschichte, in: ZRG.K 91 (2005), S. 1–16.

GAUDEMET, Jean, Le Mariage en Occident. Les mœurs et le droit, Paris 1987.

GERMANN, Michael, Zum Erkenntniswert der Kirchenrechtsgeschichte für die evangelische Kirchenrechtswissenschaft, in: ZRG.K 92 (2006), S. 630–659.

GOERING, Joseph; DUSIL, Stephan; THIER, Andreas, Proceedings of the „Fourteenth International Congress of Medieval Canon Law", Toronto, August 5 – 11, 2012, Vatikanstadt 2016.

GRYSON, Roger, Les origines du célibat ecclésiastique du premier au septième siècle, Gembloux 1970.

HEID, Stefan, Zölibat in der frühen Kirche. Die Anfänge einer Enthaltsamkeitspflicht für Kleriker in Ost und West, Paderborn; München; Wien u. a. 1997.

LINK, Christoph, Kirchliche Rechtsgeschichte. Kirche, Staat und Recht in der europäischen Geschichte von den Anfängen bis zum 21. Jahrhundert, München 2016.

MAY, Georg; EGLER, Anna, Einführung in die kirchenrechtliche Methode, Regensburg 1986.

MECKEL-PFANNKUCHE, Sabrina, Die Rechtsstellung der Kleriker in der Rechtsordnung der lateinischen Kirche. Rechtsgeschichtliche Entwicklung, theologische Begründung und rechtliche Kontur, Paderborn 2018 (= KStKR; 24).

MÜLLER, Ludger; OHLY, Christoph, Katholisches Kirchenrecht. Ein Studienbuch, Paderborn 2018.

PICKER, Eduard, Rechtsdogmatik und Rechtsgeschichte, in: Archiv für die civilistische Praxis 201 (2001), S. 763–859.

PREE, Helmut, Der Stellenwert der Tradition im kanonischen Recht. Die Auslegungsregel des c. 6 § 2 CIC/1983, in: Dębiński, Antoni; Szczot, Elzbieta (Hrsg.), Plenitudo legis dilectio. Księga pamiątkowa dedykowana prof. dr. hab. Bronisławowi W. Zubertowi OFM z okazji 65. rocznicy urodzin [Festschrift für Bronisław W. Zubert], Lublin 2000, S. 543–570.

PRICE, Richard M., s. v. Zölibat. II. Kirchengeschichtlich, in: TRE, S. 722–739.

RHODE, Ulrich, Kirchenrecht, Stuttgart 2015.

SCHNIZER, Helmut, Canon 6 und der Stellenwert des alten Rechts, in: Aymans, Winfried; Egler, Anna; Listl, Joseph (Hrsg.), Fides et Ius. Festschrift für Georg May zum 65. Geburtstag, Regensburg 1991, S. 75–80.

DERS., Traditio canonica und vigens disciplina – die eine und die andere Kontinuität im kanonischen Recht, in: Morsak, Louis C.; Escher, Markus (Hrsg.), Festschrift für Louis Carlen zum 60. Geburtstag, Zürich 1989, S. 353–378.

SMOLINSKY, Heribert, s. v. Konziliarismus, in: ³LThK, Bd. 6, Sp. 349–351.

STOLLEIS, Michael, Methode der Rechtsgeschichte, in: ²HRG, Bd. 3, Sp. 1475–1483.

THIER, Andreas, Dynamische Schriftlichkeit. Zur Normbildung in den vorgratianischen Kanonessammlungen, in: ZRG.K 93 (2007), S. 1–33.

DERS., Von der gehaltenen und der gebrochenen *fides*. Zur *fides* in den Vertragsrechtskonzeptionen der Kanonistik seit dem 12. Jahrhundert, in: Das Mittelalter 20 (2015), S. 327–343.

VAN BIJSTERVELD, Sophie C., Was heißt und zum [sic] welchen Ende studiert man (Staats)kirchenrechtsgeschichte?, in: Hartmann, Frank (Hrsg.), Kirchenrechtsgeschichte und Gegenwart. Was heißt und zu welchem Ende studiert man Kirchenrechtsgeschichte?, Leipzig 2006, S. 163–167.

WEIGAND, Rudolf, Die bedingte Eheschließung im kanonischen Recht, Bd. 2: Zur weiteren Geschichte der bedingten Eheschließung, Rechtstheorie, Rechtsdogmatik, Rechtsvergleich, St. Ottilien 1980.

WIEACKER, Franz, Methode der Rechtsgeschichte, in: ¹HRG, Bd. 3, Sp. 518 – 526.

2. Panel

Recht zwischen Globalität und Partikularität in Staat und Kirche

In dem Panel geht es um zwei gegensätzliche Prozesse im staatlichen und kirchlichen Rechtsbereich. Im staatlichen Rechtsbereich firmiert unter dem Schlagwort *Globalisierung des Rechts* das Bestreben übernationales Recht, möglichst auf globaler oder zumindest auf der Ebene von transnationalen Zusammenschlüssen durchzusetzen. Als Ursprung des transnationalen Rechts gilt hier der europäische Rechtsraum, jedoch muss hierbei beachtet werden, ob es sich wirklich um globales Recht handelt, oder nur um eine Kolonisierung durch das europäische Recht, welches den außereuropäischen Rechtssystemen fremd ist. Es gilt die Frage zu klären, wie die Transformation zu globalem Recht gelingen kann. Beispiele hierfür sind ein gemeinsames Wirtschafts-, Umweltrecht oder eine gemeinsame Vereinbarung über die Menschenrechte. Auf der anderen Seite ist nicht erst seit Papst Franziskus unter dem Schlagwort der *heilsamen Dezentralisierung* die entgegengesetzte Tendenz weg vom globalen bzw. universalen Recht hin zum partikularen Recht zu beobachten. Ein besonderes Beispiel für eine starke Dezentralisierung in partikulare Rechtsräume sind die unierten Ostkirchen, die mit dem CCEO ein wirkliches universales Rahmenrecht besitzen, welches weitgehende partikulare Ausgestaltungen erfährt. In Bezug auf das Thema der Tagung soll hier der Vergleich und Erfahrungsaustausch ermöglicht werden, welche Vor- und Nachteile sich aus einer Globalisierung/Universalisierung des Rechts und einer Partikularisierung des Rechts ergeben können. Weiterhin wird aus der Perspektive der Judikative analysiert, welche Prinzipien bei der Klärung religionsrechtlicher Fragen angewendet werden und welche Rolle übernationale Rechtsprechung und Rechtsprinzipien bei der Urteilsfindung einnehmen. Welche partikularen/lokalen Gesetze und Rechtssprechungstendenzen müssen beachtet werden und welche transnationalen Überlegungen fließen dabei mit in die Urteilsfindung ein?

Gernot Sydow

Pluralisierung durch Globalisierung: Modifikationen des Rechts im 21. Jahrhundert[*]

Abstract Der Beitrag thematisiert das Verhältnis von staatlichem und nicht-staatlichem Recht. Er plädiert dafür, die tradierte staatszentrierte Rechtsquellenlehre zu Gunsten einer Heterarchie von Rechtsquellen aufzugeben. Ein heterarchisches Konzept geht, getragen von Ideen der Autonomie und der wechselseitigen Anerkennung von Legitimitätsansprüchen, auf einer abstrakten Ebene von einem gleichberechtigten Nebeneinander verschiedener Rechtsordnungen aus. Die Rangfrage stellt sich allein in Bezug auf die konkrete Anwendungssituation kollidierender Normen. Deshalb sind Lehren über Normkonkurrenzen zu entwickeln, um die Anwendbarkeit unterschiedlicher Rechtsnormen bestimmen zu können, die an sich überlagernde territoriale und personale Kriterien der Rechtshoheit anknüpfen. Vor diesem Hintergrund diskutiert der Beitrag, inwieweit auch das Verhältnis des weltlichen Rechts zu religiösem Recht kollisionsrechtlich konzipiert werden kann. Das Grundrecht der Religionsfreiheit würde dann nicht – wie nach seinem herkömmlichen Verständnis – als Freiheitsrecht vor allem Abwehrrechte gegenüber staatlichen Eingriffen vermitteln. Es würde stattdessen als Kollisionsnorm verstanden werden, die Normkonkurrenzen zwischen weltlichem und religiösem Recht löst.

1. Einleitung: Pluralisierung durch Globalisierung des Rechts

Das Panel II dieser Tagung ist überschrieben mit „Recht zwischen Globalität und Partikularität in Staat und Kirche". Das legt eine bestimmte Sichtweise auf das Thema nahe, und zwar eine Sichtweise, die für die Kirche, das Kirchenrecht und die Kirchenrechtswissenschaft unbestritten sein dürfte. Deren Leistungsfähigkeit für den Bereich des weltlichen Rechts ist aber kritisch zu hinterfragen. Denn es ist These dieses Beitrags, dass jedenfalls im weltlichen Recht die Globalisierung zu einer Pluralisierung des Rechts führt, also das Gegenteil von Uniformität bewirkt. Partikulares Recht blüht im Zeichen der Globalisierung des Rechts.

Die Rede von Globalität und Partikularität konzipiert das Thema als ein Problem des Ganzen und seiner Teile. Das Ganze: Das ist die katholische Kirche. Die Teile: Das sind ihre Glieder: der lateinische Teil und die Ostkirchen, vor allem dann die Ortskirchen. Es geht für das Kirchenrecht um die Kompetenzabgrenzung zwischen Gesamtkirche und Ortskirchen, um Zentralismus versus Subsidiarität. Was austariert werden muss, ist das Verhältnis des Ganzen zu seinen Teilen.[1] Der Bezugsrahmen, das Ganze, nämlich die Gesamtkirche, steht dabei fest, und es geht um ihre eher zentralisierte oder eher dezentralisierte, subsidiäre, partikulare Gestalt.

Im weltlichen Bereich gibt es eine Denkschule, die die internationale Ordnung in ähnlicher Weise konzipieren möchte: Die Diskussion über den Konstitutionalismus oder die Konstitutionalisierung des Völkerrechts, wie sie in den 1990er Jahren entstanden ist.[2] Sie analysiert die Welt als eine Ordnung, die aus Staaten und aus internationalen Organisationen besteht: der UNO, der WTO. In der Annahme, das Verhältnis von Weltorganisation und Einzelstaaten müsse verfassungsrechtlich geordnet werden, richtet sich der Blick dann vor allem auf Normen des internationalen Rechts, die das Verhältnis der verschiedenen Rechtsebenen bestimmen und damit als internationale Verfassungsnormen charakterisiert werden können: Beispielsweise auf die UN-Charta, insbesondere ihren Artikel 103, nach dem die Verpflichtungen aus der UN-Charta Vorrang vor anderen Pflichten der Mitgliedstaaten haben, oder auf die Wiener Vertragsrechtskonvention, insbesondere ihren Artikel 53, der die Nichtigkeit von internationalen Verträgen anordnet, die im Widerspruch zu völkerrechtlichem *ius cogens* stehen.[3]

Aber ist das nicht zu einfach gedacht? Bekommt man ein hinreichendes Bild von dem, was man mit dem schillernden Begriff der *Globalisierung des Rechts* bezeichnen könnte, wenn man einerseits auf die Staaten schaut, andererseits auf internationale Organisationen? Und wenn man dann diese Einheiten einer Weltordnung irgendwie in ein Verhältnis zueinander setzen will, wenn man den Staat als Teil der Staatengemeinschaft versteht? Ist nicht die gesamte Perspektive dieses Denkens in den Kategorien des Ganzen und seiner Teile verfehlt? Drei nachfolgend zu skizzierende Argumentationsstränge legen einen anderen konzeptionellen Ansatz nahe: Ein Denken in den Kategorien von Systemgrenzen und Normenkonkurrenz.

---

1   Zu dieser bis in die Antike zurückreichenden Denktradition vgl. LUHMANN, Niklas, Soziale Systeme. Grundriss einer allgemeinen Theorie, Frankfurt am Main [15]2012, S. 20 ff.

2   Siehe zusammenfassend dazu etwa KADELBACH, Stefan, Konstitutionalisierung und Rechtspluralismus, in: Bung, Jochen; Engländer, Armin (Hrsg.), Souveränität, Transstaatlichkeit und Weltverfassung, Stuttgart 2017 (= ARSP; Beiheft 153), S. 97 ff., insb. S. 99.

3   Art. 53 WVRK – Verträge im Widerspruch zu einer zwingenden Norm des allgemeinen Völkerrechts (ius cogens): „Ein Vertrag ist nichtig, wenn er im Zeitpunkt seines Abschlusses im Widerspruch zu einer zwingenden Norm des allgemeinen Völkerrechts steht. Im Sinne dieses Übereinkommens ist eine zwingende Norm des allgemeinen Völkerrechts eine Norm, die von der internationalen Staatengemeinschaft in ihrer Gesamtheit angenommen und anerkannt wird als eine Norm, von der nicht abgewichen werden darf und die nur durch eine spätere Norm des allgemeinen Völkerrechts derselben Rechtsnatur geändert werden kann."

2. Systemgrenzen und Normkonkurrenzen statt „Partikularität vs. Globalität"

2.1 Staatsbezogenes vs. verfassungsbezogenes Denken

Ein Denken in den Kategorien des Ganzen und seiner Teile setzt bei den vorhandenen Organisationseinheiten als rechtsetzenden Akteuren an. So denkt – durchaus zu Recht – die Kirchenrechtswissenschaft: Es gibt die Gesamtkirche, die Universalkirchenrecht setzt, und es gibt die Ortskirchen, die partikulares Kirchenrecht erlassen, und zwischen beiden Einheiten müssen die Kompetenzen angemessen zugeordnet werden. Die Organisation ist vorhanden, ihre Rechtsetzungskompetenzen werden intern verteilt, und so erlässt die Organisation in differenzierten Zuständigkeiten ihr Recht.

Die Rechtstheorie des weltlichen Rechts kennt eine starke Strömung, die andersherum denkt: Das Recht, die Verfassung, konstituiert den Staat[4] – und nicht: Der Staat gibt sich eine Verfassung. „Recht in Staat und Kirche", wie unser Panel heißt, ist also für den kirchenrechtlichen Bereich die selbstverständliche Perspektive. „Recht im Staat" ist für den weltlichen Bereich aber eine ganz bestimmte, staatszentrierte Perspektive, die vom Staat her denkt. Was für das Kirchenrecht eine Selbstverständlichkeit ist, ist für die weltliche Rechtstheorie zweifelhaft, voraussetzungsvoll, begründungsbedürftig. Und gerade für einen Mehrebenenkonstitutionalismus werden die Begründungen immer schwächer, dass gerade diese Perspektive nützlich ist: Auf Organisationseinheiten zu blicken, sie für das Primäre zu halten und in diesem Rahmen von Organisationen dann über Rechtsetzung nachzudenken. Der nachfolgende Text thematisiert daher nicht Veränderungen der Staatlichkeit, die es im Prozess der Globalisierung selbstverständlich auch gibt, sondern Veränderungen des Rechts, insbesondere Rechtskollisionen und Normkonkurrenzen.

2.2 Funktionale Differenzierung

Sehr vieles spricht dafür, die traditionelle Differenz vom Ganzen und seinen Teilen durch die Differenz von System und Umwelt zu ersetzen und mit Systemdifferenzierungen zu arbeiten, wie Luhmann es formuliert.[5] Denn das eröffnet die Möglichkeit, unterschiedliche Gesichtspunkte der Ausdifferenzierung des Rechts *zugleich* zu ver-

---

4   Vgl. grundlegend Kelsen, Hans, Der soziologische und der juristische Staatsbegriff, Tübingen 1922, S. 84 ff., vgl. ebenso bspw. Häberle, Peter, Verfassungslehre als Kulturwissenschaft, Berlin ²1998, S. 620; zum Streit etwa Frick, Verena, Die Staatsrechtslehre im Streit um ihren Gegenstand, Tübingen 2018, S. 203 ff.

5   Vgl. Luhmann, Soziale Systeme (wie Anm. 1), S. 22 ff.

wenden.[6] Das ist notwendig, um der Komplexität von Rechtserzeugung im Prozess der Globalisierung gerecht zu werden, und das lässt sich in einem Nachdenken über das Ganze und seine Teile nicht abbilden. Denn wenn man das Ganze nach Organisationseinheiten teilt, dann kann man das Ganze eben nur als in Organisationseinheiten geteilt denken. Sie müssen dann im Verhältnis zum Ganzen strukturell homogen sein oder jedenfalls als homogen gedacht werden. Für die Allokation von Rechtsetzungskompetenzen bleibt dann nur die Frage nach Zentralität oder Subsidiarität, also eine eindimensionale Betrachtung. Das würde als analytischer Ansatz für die Frage nach der Globalisierung des Rechts ausreichen, wenn das einzige Problem wäre, die Staaten und ihr Recht in ein sinnvolles Verhältnis zur Weltgemeinschaft und dem Völkerrecht zu setzen.

Dieser eindimensionale Ansatz lag 1929 noch den Lateranverträgen zu Grunde, mit denen der Papst nach der Auflösung des Kirchenstaates Rom als Hauptstadt Italiens und im Gegenzug die italienische Regierung die politische und territoriale Souveränität des Vatikans anerkannt hat. Denn wenn man sich die Welt – das Ganze – nur gegliedert in Staaten – die Teile – vorstellen konnte, die Staaten also die einzigen Organisationseinheiten der Welt waren, dann lag für die Behandlung eines schon immer anerkannten, aber doch atypischen Völkerrechtssubjekts, den Heiligen Stuhl, die Konsequenz nahe, dass es eben auch ein Staat sein musste oder jedenfalls einen Staat brauchte. Die Größe spielte keine Rolle, auf die gänzlich andere Zielsetzung des Heiligen Stuhls kam es in einem nicht funktional differenzierten Denken nicht an: Hauptsache, man bleibt in der Kategorie des Staates. Denn so konnte der Heilige Stuhl, nun mit einem Staatsgebiet versehen, einigermaßen bruchlos in diese frühere Weltordnung eingefügt werden.

Es geht heute aber nicht nur um das Verhältnis von Staaten und supranationalen Organisationen. Oder wenn man es mit Blick auf das Recht formuliert: Es geht heute nicht nur um staatliches und um supranationales Recht. Wir haben es auch mit einer Differenz von staatlicher und nicht-staatlicher Rechtsetzung zu tun: Private Akteure – Wirtschaftsverbände, Religionsgemeinschaften, Sportverbände – setzen ebenso Recht wie Staaten und vereinbaren Normen untereinander oder für ihre Mitglieder. Die Domainvergabe im Internet, Transaktionen mit Kryptowährungen unter Nutzung der Blockchain-Technologie, der Ablauf von Sportwettkämpfen und der internationale Handelsverkehr unterliegen allesamt Regeln, die nicht von Staaten entwickelt sind. Die Rechtwissenschaft oder sachverständige Gremien wirken ebenso wie die demokratisch legitimierten Verfassungsorgane auf die Entstehung und die Inhalte staatlichen Rechts ein.

---

6   Vgl. ebd., S. 23.

Es gibt privates Recht, staatliches Recht, vereinbartes Recht, Sachverständigen-Recht, wissenschaftliches Recht[7] – wobei die Attribute auf unterschiedliche Aspekte zielen, die Kategorien also nicht auf einer Ebene liegen. Es bleibt also nur eine Aufgabe der staatszentrierten Rechtsquellenlehre zugunsten einer Heterarchie von Rechtsquellen.[8] Ein solches heterarchisches Konzept geht, getragen von Ideen der Autonomie, der Toleranz und der Anerkennung von Legitimitätsansprüchen, auf einer abstrakten Ebene von einem gleichberechtigten Nebeneinander verschiedener Rechtsordnungen aus. Die Rangfrage stellt sich dabei allein in Bezug auf die konkrete Anwendungssituation kollidierender Normen.

Es könnte indes sein, dass in solchen rechtspluralistischen Schilderungen die Komplexität des Rechts überzeichnet wird. Vielleicht ist die Normsetzung Privater am Ende doch nicht so autonom, wie sie von manchen Rechtspluralisten beschrieben wird.[9] Denn private Normsetzung vollzieht sich stets im Bereich möglicher staatlicher Einwirkung. Diese staatliche „Umhegung" oder *Beschattung* privater Selbstregulierung ist von erheblicher Bedeutung.[10] Der Staat oder supranationale, staatsabgeleitete Akteure wie die EU – kann sich gegenüber privater Normsetzung zwar schlicht passiv und indifferent – letztlich also gar nicht – verhalten; die Rolle des Staates kann aber auch reaktiv sein durch implizite oder explizite Anerkennung privater Normsetzung oder auch durch ihre Unterbindung.[11] Schließlich sind auch proaktive staatli-

---

7   Siehe bspw. die Beiträge in BUMKE, Christian; Röthel, Anne (Hrsg.), Privates Recht, Tübingen 2012, u. a. über wissenschaftliches Recht (ZIMMERMANN, Reinhard; RIESENHUBER, Karl, S. 21 ff. bzw. 49 ff., primär zum europäischen Vertragsrecht), Sachverständigen-Recht (VIEWEG, Klaus; EIFERT, Martin, S. 69 ff. bzw. 79 ff.), vereinbartes Recht (ADOLPHSEN, Jens; NOLTE, Martin, S. 93 ff. bzw. 107 ff. zur *lex sportiva*).

8   Vgl. grundlegend TEUBNER, Gunther, „Globale Bukowina", in: Rechtshistorisches Journal 15 (1996), S. 255 ff.; zur Diskussion, ob privates Recht *Recht* sei und in welchem Verhältnis diese Frage zur Rechtsquellenlehre steht, bspw. BACHMANN, Gregor, Legitimation privaten Rechts, in: Bumke, Christian; Röthel, Anne (Hrsg.), Privates Recht, 2012, S. 207 ff.; hier S. 209 ff.

9   Vgl. mit diesem Einwand KADELBACH, Konstitutionalisierung und Rechtspluralismus (wie Anm. 2), S. 103 f.

10   Vgl. Begriffe bei WOLF, Klaus D., in: Bumke, Christian; Röthel, Anne (Hrsg.), Privates Recht, 2012, S. 187 ff.; hier S. 193, 194; dort auch eine instruktive Übersicht über Varianten staatlicher Umhegung der privaten Selbstregulierung im transnationalen Raum, auf die sich die folgende Textpassage stützt; zum Verhältnis von Staat und nichtstaatlichen („transnationalen") Normenordnungen vgl. auch IPSEN, Nils C., Private Normenordnungen als Transnationales Recht?, Berlin 2009, S. 207 ff., 231 ff.

11   Am Beispiel von regulatorischen Ansätzen in Deutschland und den USA in Bezug auf Kryptowährungen unter Nutzung der Blockchaintechnologie vgl. HOFERT, Eduard, Regulierung der Blockchains – Hoheitliche Steuerung der Netzwerke im Zahlungskontext, Tübingen 2018, S. 128 ff., 202 ff.

che Handlungen denkbar, etwa die Initiierung privater Rechtsetzung oder auch explizite Mandatierungen.

Unabhängig von der Rolle, die staatliches Recht in diesem Kontext hat oder noch hat, ist jedenfalls festzuhalten, dass sich die gesellschaftlichen Teilsysteme global ausdifferenzieren und die segmentäre Differenzierung entlang territorialer Grenzen zunehmend schwindet, freilich ohne ihre Bedeutung gänzlich zu verlieren. Durch private Ordnungsleistungen und gesellschaftliche Selbstorganisation entsteht ein globaler gesellschaftlicher Rechtspluralismus. Die Globalisierung des Rechts bedeutet daher nicht eine Tendenz zur Einheitlichkeit und zum Zentralismus, sondern gerade im Gegenteil zur Pluralisierung des Rechts. Während die Kirchenrechtswissenschaft ein Zentralismusproblem in der Kirche diskutiert, ist auf globaler Ebene eine Entwicklung hin zu einem *global government* so unrealistisch, dass keine Zentralismusgefahr droht. Es geht im Gegenteil darum, wie angesichts der Pluralisierung des Rechts *global governance* möglich ist.[12] Dafür ist vor allem das Problem von Rechtskollisionen in den Blick zu nehmen, sind Lehren über Normkonkurrenzen zu entwickeln.

2.3 *Überlagerungen personaler und territorialer Kriterien der Rechtshoheit*

Diese Pluralisierung des Rechts beinhaltet, dass sich territoriale und personale Kriterien der Rechtshoheit zunehmend überlagern. Es geht bei dieser Frage der Rechtshoheit um die Techniken und Strategien zur Einführung, Auferlegung und Durchsetzung von Rechtsnormen. In eindimensionaler Betrachtung lautet die übliche Erklärung, dass im Mittelalter Rechtshoheit durch *personale* Zugehörigkeit zu einem Rechtskreis vermittelt worden sei, während das neuzeitliche Rechtsdenken Rechtshoheit durch Herrschaft oder Souveränität über ein Gebiet vermittle, also *territorial* bestimme. Damit kann man dann sehr schnell bei der wenig ergiebigen Frage landen, ob denn globales Recht nicht einen territorial verfassten Weltstaat voraussetze, dessen Gebiet eben die Erde sei, den es aber nicht gibt.

Nun ist die Beobachtung nicht grundlegend falsch, dass es im Übergang vom Mittelalter zur Neuzeit eine Verlagerung weg von personalen Zugehörigkeitskriterien hin zu territorial verfasster Rechtshoheit gegeben hat. Für die Frage des staatlichen Gewaltmonopols halte ich auch daran fest, dass es auf einem Territorium nur eine Instanz geben kann, die zur Ausübung physischer Gewalt legitimiert sein kann. Die Bedeu-

---

12 Siehe etwa KRISCH, Nico, Beyond Constitutionalism – the Pluralist Structure of Postnational Law, Oxford 2010, insb. S. 69 ff., 225 ff.; COHEN, Jean L., Globalization and Sovereignty – Rethinking Legality, Legitimacy, and Constitutionalism, Cambridge u. a. 2012, insb. S. 58 ff., oder WALKER, Neil, Intimations of Global Law, Cambridge 2015, S. 9 ff. und passim.

tung dieser Frage sinkt indes, weil beispielsweise die Governance der Domainvergabe im Internet oder die Blockchain-Technologie für Kryptowährungen ohnehin nicht auf die Nutzung physischer Gewalt angewiesen sind, um Regelverstöße zu sanktionieren, sondern der Regelverstoß in der Blockchain-Technologie technisch eliminiert wird.[13]

Zugleich aber knüpft auch heute die Geltung nicht-staatlichen Rechts an personale Zugehörigkeitskriterien an. Den Regeln eines Sportverbandes muss ich mich nur unterwerfen, wenn ich in dessen Rahmen Sportwettkämpfe bestreiten will. Das Kirchenrecht bestimmt Rechte und Pflichten in der Regel über personale Kriterien: Taufe, *communio plena*, Differenzierung zwischen Laien und Klerikern, wobei auch hier gerade im Verhältnis zu den Ostkirchen eine historisch erklärbare Gemengelage aus personalen und territorialen Zurechnungskriterien besteht. Personale Kriterien der Zugehörigkeit zu einem Rechtskreis sind also in der historischen Entwicklung nicht einfach durch ein territoriales Rechtsdenken ersetzt worden, sondern beide Formen überlagern sich heute. Auch daher greift ein Denken, das für das Recht nur die Kategorie des Staates kennt, zu kurz.

2.4 Zwischenresümee

Wenn die angesprochenen heterogenen Entwicklungen unter dem schillernden Begriff der Globalisierung des Rechts zusammengefasst werden, dann bedeutet Globalisierung keine Tendenz zur Einheitlichkeit und zum Zentralismus, sondern gerade im Gegenteil zur Pluralisierung des Rechts: Pluralisierung durch Globalisierung. Das impliziert zunehmende Rechtskollisionen. Aufgabe ist es daher, Lehren über Normkonkurrenzen zu entwickeln und die Sphären verschiedener Rechtsetzungsakteure gegeneinander abzugrenzen.

In einem hierarchischen System wird diese Funktion in der Regel von Kompetenzverteilungsregeln übernommen, die dem Subsidiaritätsprinzip folgen.[14] In einem hete-

---

13   Siehe im einzelnen Hofert, Regulierung der Blockchains (wie Anm. 11), S. 14 ff., S. 25 ff.

14   Wegen dominanter Zentralisierungstendenzen, die solchen eindimensional-hierarchischen Systemen in der Regel innewohnen, benötigt man in der Regel einen Schutzmechanismus für die kleineren Einheiten, der dem Subsidiaritätsgedanken Rechnung trägt. Solche Leistungen sollen die Erforderlichkeitsklausel des Art. 72 II des Grundgesetzes für das Bund-Länder-Verhältnis oder das Subsidiaritäts- und das Verhältnismäßigkeitsprinzip des EU-Rechts für den Schutz nationaler Kompetenzen in der EU erbringen. In ihrer dem Subsidiaritätsgedanken verpflichteten Zielrichtung entsprechen sich diese Mechanismen. Ihr Wirkungsmechanismus setzt anders an: Das Grundgesetz statuiert materiell-rechtliche Grenzen, deren Beachtung mit hoher Kontrolldichte der verfassungsgerichtlichen Prüfung durch das BVerfG unterliegt. Das Europarecht setzt stärker auf Verfahren und prozedurale Anforderungen, die einen Schutz mitgliedstaatlicher Kompetenzen gewährleisten sollen. Dazu zählen spezifische Begründungspflichten (Art. 5 des EU-Subsidiaritätsprotokolls), ein Frühwarnmechanismus (Art. 5 3, UA 2, Art. 12 lit. b EUV; näher Calliess, Christian,

rarchisch konzipierten System können solche dem Subsidiaritätsprinzip verpflichteten Instrumente indes keine sinnvolle Funktion erfüllen, weil ein solches System nicht aus den kleinen Einheiten besteht, deren Kompetenzen vor Aushöhlung durch die übergeordnete, größere Einheit geschützt werden müssten. Für ein Denken in Systemdifferenzierungen braucht man keine Subsidiaritätsklauseln als Schutznormen für die jeweils kleinere Einheit, sondern vor allem Kollisionsnormen, die die Anwendbarkeit unterschiedlicher Rechtsnormen bestimmen.

3. Anwendungsbeispiel für einen alternativen Ansatz: Das Verhältnis von staatlichem und religiösem Recht in „kollisionsrechtlicher" Perspektive

Was das konkret heißen kann, kann ein Beispiel veranschaulichen, nämlich ein Verständnis der Religionsfreiheit, das vielfach als „kollisionsrechtlich" bezeichnet wird, auch wenn es den kollisionsrechtlichen Zugriff des Internationalen Privatrechts nicht eins zu eins auf das Verhältnis von staatlichem und religiösem Recht überträgt.

Das klassische staatliche Kollisionsrecht, das Internationale Privatrecht, bezieht sich ausschließlich auf anderes staatliches, also territorial bestimmtes Recht. Für die Verhältnisbestimmung zwischen weltlichem und religiösem Recht enthält es keine Aussage – sieht man einmal vom Sonderfall ab, dass ein Staat religiöses Recht zu seinem staatlichen Recht erklärt. Auf diese Weise kann es auch bereits im Rahmen des tradierten IPR mittelbar zu einem Rechtsverweis auf religiöses, insbesondere muslimisches Recht kommen. Es ist dann in den Grenzen des *ordre public* von deutschen staatlichen Gerichten anzuwenden. Aber das setzt eben seine vorherige Überführung in staatliches Recht durch einen anderen Staat und dann einen Auslandsrechtsbezug des konkreten Falles gerade zu diesem Staat voraus.

Vielleicht sollte aber das Verhältnis des weltlichen Rechts zu religiösem Recht insgesamt und nicht nur in solchen Sonderkonstellationen des IPR kollisionsrechtlich konzipiert werden. Um ein angemessenes Verhältnis von weltlichem und religiösem Recht zu entwickeln, wird seit einigen Jahren ein kollisionsrechtliches Verständnis der Religionsfreiheit vorgeschlagen.[15] Das Grundrecht der Religionsfreiheit soll danach nicht – wie nach seinem herkömmlichen Verständnis – als Freiheitsrecht vor allem Abwehrrechte gegenüber staatlichen Eingriffen vermitteln. Es soll vielmehr als Kollisionsnorm verstanden werden, die Normkonkurrenzen zwischen weltlichem und religiösem Recht löst. Hintergrund dieses Ansatzes sind Zweifel daran, dass das ab-

---

Kommentar zu Art. 5 EUV, in: Calliess/Ruffert, EUV/AEUV, Art. 5 EUV, Rn. 64) und die Subsidiaritätsrüge.

15 Vgl. bspw. AUGSBERG, Ino, Taking Religion Seriously, in: Journal of Law and Religion (2012), S. 291–308.

wehrrechtliche Verständnis der Religionsfreiheit das propagierte Ziel von religiöser Freiheit und voller Gleichheit aller Überzeugungen wirklich gewährleisten kann.[16] Denn das ist ja das Versprechen dieses Grundrechts: Dass es neutral sei und daher für kirchlich gebundene Katholiken genauso gut passe wie für Muslime oder Atheisten.

Es könnte nun sein, dass die Grundrechte und speziell die Religionsfreiheit in ihrem tradierten abwehrrechtlichen Verständnis doch nicht so neutral sind, wie sie vorgeben. Es fällt nämlich auf, dass der abwehrrechtliche Ansatz sehr gut mit religiösen Positionen korreliert, die Religion als eine individuelle, höchstpersönliche Glaubensüberzeugung verstehen. Das kann man mit dem Grundrecht der Religionsfreiheit als Abwehrrecht in der Tat gut schützen.

Und ebenso kann man über das Grundrecht der Religionsfreiheit diejenigen schützen, die von Religion nicht behelligt werden möchten: Negative Religionsfreiheit heißt das bei den Juristen, Freiheit von Religion. Die eigene Abneigung gegen alles Religiöse als Anspruch darauf, dass andere ihre religiöse Überzeugung nicht offen zeigen dürfen, jedenfalls nicht in der Öffentlichkeit oder gar in staatlichen Institutionen: kein Kreuz, kein Kopftuch. Darauf läuft das französische Laizitätsverständnis jedenfalls in seiner traditionellen Lesart hinaus, deren Tragfähigkeit und Plausibilität allerdings seit einigen Jahren in Frankreich selbst zunehmend in Frage gestellt wird.[17]

Solche individualisierten Überzeugungen, seien sie religiöser, areligiöser oder atheistischer Natur, sind natürlich grundrechtlich zu schützen. Das ist nicht die Frage. Aber die Frage ist doch, ob dieser individualisierte Ansatz wirklich allen Erscheinungsformen von Religion gleichermaßen gerecht wird. Es gibt zwar auch in der Grundrechtsdogmatik eine kollektive Dimension von Religionsfreiheit, die aber doch tendenziell nachrangig und abgeleitet ist von der Religionsfreiheit des Einzelnen.

Der grundrechtliche Ansatz tut sich also schwer damit, Religion als ein Gemeinschaftsphänomen zu fassen. Und er tut sich schwer mit religiösen Überzeugungen, die sich stark auf religiös begründete Verhaltensgebote für das tägliche Leben focussieren. Man kann alle religiösen Symbole aus der Schule verbannen, sie den Lehrkräften verbieten und dann so tun, als sei man fein heraus: Das Verbot gilt für alle gleichermaßen, die persönliche religiöse Überzeugung ist allen Lehrkräften weiterhin unbenommen, Freiheit und Gleichheit sind gewährleistet. Aber: Das formal gleiche Verbot trifft unterschiedliche Personen in unterschiedlicher Weise, nämlich vor allem dieje-

---

16 Vgl. zum Folgenden insbesondere SINDER, Rike, Der Staat 57 (2018), 459–476; DIES., ZevKR 63 (2018), S. 170–208.

17 Siehe bspw. den Überblick über gegenwärtige Positionierungen in Frankreich bei BAUBÉROT, Jean, Les sept laïcités françaises. Le modèle français de laïcité n'existe pas, Paris 2015; zurückhaltender die Einschätzung zu den Veränderungen der frz. Laizitätskonzeption durch CLASSEN, Claus Dieter, Laizität und Religionsfreiheit in Frankreich, in: ZevKR 62 (2017), S. 111–151.

nigen, die aus ihrem Glauben Verhaltensgebote ableiten, welche Kleidung sie für sich als religiös geboten erachten. Den anderen kann es ja egal sein.

Lange Überlegung, kurze Zuspitzung: Das abwehrrechtliche Verständnis von Religionsfreiheit entspringt dem Protestantismus. Das ist evangelisch gedacht. Der alternative kollisionsrechtliche Ansatz versteht das Grundrecht der Religionsfreiheit demgegenüber als Verweisnorm auf religiöses Recht. Grundrechtlich geschützt ist danach gerade und insbesondere eine Verhaltensweise, die durch religiöses Recht motiviert, wenn nicht vorgeschrieben ist.

Damit stellt das kollisionsrechtliche Verständnis der Religionsfreiheit Gläubige gerade nicht vor die kategorische und in ihren Prämissen höchst zweifelhafte Frage, ob sie im Zweifel dem staatlichen Recht oder ihren religiösen Verpflichtungen folgen: Sharia oder Grundgesetz?[18] Das kollisionsrechtliche Verständnis von Religionsfreiheit konstruiert keinen prinzipiellen Gegensatz zwischen staatlichem und religiösem Recht und konfrontiert Gläubige nicht mit einem Dilemma. Es rechnet vielmehr mit Gläubigen, die gleichermaßen gesetzestreue Staatsbürger sein und ihren religiösen Verpflichtungen gehorchen wollen.

Dieser Ansatz löst nicht jeden Konflikt. Religiöse Verhaltensgebote, die gegen den *ordre public* verstoßen, können keine grundrechtliche Anerkennung finden. Das Grundrecht der Religionsfreiheit ist auch in diesem kollisionsrechtlichen Verständnis nicht schrankenlos. Aber unterhalb dieser Schwelle von *ordre-public*-Verstößen kann das staatliche Recht durch ein kollisionsrechtliches Verständnis der Religionsfreiheit religiöse Verhaltensgebote als beachtlich akzeptieren.

Das hat eine Reihe von Vorteilen: Es ermöglicht dem einzelnen Gläubigen einen Ausweg aus dem Dilemma, wenn er vor widersprüchlichen Normgeboten des staatlichen und des religiösen Rechts steht, sich selbst beiden Ordnungen gleichermaßen verpflichtet sieht und doch *in concreto* nicht zwei sich widersprechenden Verhaltensgeboten folgen kann. Das kollisionsrechtliche Verständnis von Religionsfreiheit spricht religiösem Recht damit – in staatlich definierten Grenzen – Relevanz auch im Rahmen der staatlichen Rechtsordnung zu. Es erkennt damit die Autonomie des Religiösen an, ohne Religion wie das institutionelle Staatskirchenrecht auf Institutionen zu verkürzen. Dieser Ansatz ermöglicht Freiheit, ohne wie das grundrechtliche Religionsverfassungsrecht individualistischen und religionsfeindlichen Lebensentwürfen tendenzielle Vorteile zu verschaffen.

Dieser sog. kollisionsrechtliche Ansatz schärft auf jeden Fall den Blick für die in eine juristische Argumentation einzustellenden Überlegungen. Er kann auch zu ande-

---

18   Es müsste sachlich zumindest „islamisches Recht" heißen und nicht „Sharia", die allein dessen Grundnormen und Primärquellen bezeichnet. Auch mit dieser Modifikation suggeriert die Fragestellung indes einen prinzipiellen Gegensatz, dessen Konstruktion zur Lösung konkreter Konfliktfälle zwischen staatlichem und religiösem Recht nichts beiträgt.

ren Ergebnissen führen als die bisher meist praktizierte Abwägung zwischen staatlichen Interessen und Individualinteressen. Denn im Rahmen der Auflösungen von Normkonkurrenzen werden Argumentationslasten anders verteilt; und nicht-staatlich motivierte Verhaltenspflichten bekommen strukturell ein größeres Gewicht.

Ein Beispiel: In dieser Perspektive kann man beispielsweise die staatliche deutsche Regelung zur Beschneidung rekonstruieren. § 1631d BGB erklärt sie seit 2012 für zulässig. Eine rein individualrechtliche Betrachtungsweise über Grundrechte des Kindes könnte kaum plausibel erklären, warum dieser Eingriff in seine körperliche Unversehrtheit zu einem Zeitpunkt zulässig sein soll, wo das Kind gar nicht selbst einwilligen kann. Dann spräche doch manches dafür, das Kind selbst entscheiden zu lassen, die Beschneidung Minderjähriger also zu verbieten.

Der staatliche deutsche Gesetzgeber hat hier aber anders entschieden. Er hat ganz offensichtlich – und völlig zu recht – religiösen Verhaltensgeboten Gewicht eingeräumt und ihnen Vorrang vor staatlichen Schutzpflichten für den körperlichen Schutz von Minderjährigen gegeben. Gerade dadurch dient diese staatliche Norm dem Kindeswohl, weil es so entsprechend den Geboten der Glaubensgemeinschaft aufwachsen kann, in die es hineingeboren ist und die den Bezugsrahmen für die Entwicklung seiner Identität und die Entfaltung seiner Persönlichkeit bietet.

4.   Perspektiven: Legitimationsfragen

Einige abschließende Überlegungen zu Legitimationsfragen in Form eines perspektivischen Ausblicks auf offene Fragen. Denn es ist keineswegs so, dass autonom gesetztem Recht stets ein Legitimitätsvorsprung zukommen müsste oder dass sich die Legitimationsfrage hier gar nicht stellen würde, wie es einer oft unausgesprochenen, anti-etatistischen Voreingenommenheit pluralistischer Theorien entspricht. Privates Recht wird auf nicht-hoheitliche Formen der Normsetzung und Normdurchsetzung gestützt, gerade weil das Gewaltmonopol des Staates unaufgebbar ist. Das senkt die Legitimationsbedürftigkeit von privatem Recht gegenüber staatlichem Recht. Es ist daher auch nicht falsch, dass die *Governance*-Perspektive eine Problemlösungsperspektive ist. Ihr wohnt daher eine Tendenz zur Verschiebung von *input*-bezogenen hin zu *output*-bezogenen Legitimitätskriterien inne.[19] Das impliziert, dass Partizipation in solchen Konzepten eher funktional und instrumentell begründet wird im Sinne von Einbringung von Sachverstand zur Problemlösung, nicht aber als Ausdruck demokratischer Selbstbestimmung.

Doch die Sachnähe von Experten bringt neben Sachverstand auch Interessen ein. Und auch das Subsidiaritätsprinzip schafft zwar eine größere Nähe zum Regelungs-

---

19   Vgl. kritisch dazu Wolf, in: Bumke; Röthel (Hrsg.), Privates Recht, (wie Anm. 10) S. 196 f.

gegenstand, nicht aber eine Lösung des Machtproblems. Private Selbstregulierung ist ihrerseits legitimationsbedürftig. Gerade „in traditionellen Settings von Dorfkollektiven, Clans und Religionsgemeinschaften kann es Macht, Dominanz und Hierarchie geben, gegen die eine auf höherer Ebene organisierte Herrschaft die Rolle des Befreiers einnehmen kann"[20].

„Pluralisierung durch Globalisierung" ist also eine reine Deskription: Eine Deskription der Modifikationen des Rechts im 21. Jahrhundert. Es ist keine normative Antwort auf die dadurch veränderten, aber nach wie vor vorhandenen Legitimationsfragen.

---

20 KADELBACH, Konstitutionalisierung und Rechtspluralismus (wie Anm. 2), S. 104; weiterführend BACHMANN, Legitimation (wie Anm. 8), S. 213 ff.; vertiefend DERS., Private Ordnung, Tübingen 2006, S. 159 ff., vor allem S. 179 ff.

Literaturverzeichnis

AUGSBERG, Ino, Taking Religion Seriously, in: Journal of Law and Religion (2012), S. 291–308.

BACHMANN, Gregor, Zur Legitimation privaten Rechts, in: Bumke, Christian; RÖTHEL, Anne (Hrsg.), Privates Recht, Tübingen 2012, S. 207–228.

BAUBÉROT, Jean, Les sept laïcités françaises. Le modèle français de laïcité n'existe pas, Paris 2015.

BUMKE, Christian; RÖTHEL, Anne (Hrsg.), Privates Recht, Tübingen 2012.

CLASSEN, Claus Dieter, Laizität und Religionsfreiheit in Frankreich, in: ZevKR 62 (2017), 111–151.

COHEN, Jean L., Globalization and Sovereignty – Rethinking Legality, Legitimacy, and Constitutionalism, Cambridge u. a. 2012.

FRICK, Verena, Die Staatsrechtslehre im Streit um ihren Gegenstand, Tübingen 2018.

HÄBERLE, Peter, Verfassungslehre als Kulturwissenschaft, Berlin [2]1998.

HOFERT, Eduard, Regulierung der Blockchains – Hoheitliche Steuerung der Netzwerke im Zahlungskontext, Tübingen 2018.

IPSEN, Nils C., Private Normenordnungen als Transnationales Recht?, Berlin 2009.

KADELBACH, Stefan, Konstitutionalisierung und Rechtspluralismus, in: Bung, Jochen; Engländer, Armin (Hrsg.), Souveränität, Transstaatlichkeit und Weltverfassung, Stuttgart 2017 (= ARSP; Beiheft 153), S. 97 ff.

KELSEN, Hans, Der soziologische und der juristische Staatsbegriff, Tübingen 1922.

KRISCH, Nico, Beyond Constitutionalism – the Pluralist Structure of Postnational Law, Oxford 2010.

LUHMANN, Niklas, Soziale Systeme. Grundriss einer allgemeinen Theorie, Frankfurt am Main [15]2012.

SINDER, Rike, Das Kopftuchverbot für Richterinnen. Ein Plädoyer für die Aufrechterhaltung der Allgemeinheit der Grundrechtsdogmatik, in: Der Staat 57 (2018), S. 459–476.

DIES., Körperlicher Glaube unter dem Grundgesetz. Zugleich eine Anmerkung zu Kopftuch, Schulgebet und Beschneidung, in: ZevKR 63 (2018), S. 170–208.

TEUBNER, Gunther, „Globale Bukowina", in: Rechtshistorisches Journal 15 (1996), S. 255–290.

WALKER, Neil, Intimations of Global Law, Cambridge 2015.

Thomas Schüller

Partikularität und Universalität in der kirchlichen Gesetzgebung – was bedeutet das Programm der Dezentralisierung (Papst Franziskus) für die kirchliche Gesetzgebung?[1]

Abstract Kirchenrechtlich sind trotz der augenscheinlichen Omnipotenz des päpstlichen Gesetzgebers in der öffentlichen Wahrnehmung verschiedene Gesetzgeber zu beachten: Diözesanbischof und Bischofskonferenz sind dabei die beiden Instanzen, die in ihren Teilkirchen und Verbänden maßgeblich auf die Situation vor Ort die notwendigen Gesetze erlassen. Mit dem für Papst Franziskus zentralen Stichwort der Dezentralisierung als Synonym für das katholische Subsidiaritätsprinzip im ekklesiologischen Sinn wird aufgezeigt, dass ausgehend von den Impulsen im Zweiten Vatikanischen Konzil mehr Spielräume für gesetzgeberische Initiativen im Verständnis einer polyphonen katholischen Weite auf interkulturell verschiedene Anforderungen möglich sind bzw. eingeräumt werden sollten. Dabei streitet die Rechtsvermutung gemäß der Subsidiarität zunächst stets für die legislative Zuständigkeit der teilkirchlichen Gesetzgeber und nur in den Fällen, wo es um die Einheit der Universalkirche willen notwendig – d. h. Nöte wendend – ist, sollte der Papst bzw. das Bischofskollegium zusammen mit seinem Haupt als universalkirchlicher Gesetzgeber gesetzgeberisch aktiv werden.

Einleitung

Würde man einen Außenstehenden, aber auch einen Katholiken fragen, wer in der römisch-katholischen Kirche Gesetze erlässt, dann wäre die Antwort wohl sehr eindeutig: der Papst! In der Wahrnehmung der kirchlichen Gesetzgebung scheint der Papst der alleinige Gesetzgeber zu sein. Dabei ist er an kein demokratisch-parlamentarisches Gesetzgebungsverfahren gebunden, allein sein Wille und dessen Promulgation schafft Recht in der Kirche. Im Unterschied zu einer parlamentarischen Demokratie mit funktionierender Gewaltenteilung besteht für die Gesetzesunterworfenen auch keine Möglichkeit, die Rechtsnormen des Papstes vor einem unabhängigen kirchlichen Gericht auf ihre Konformität mit dem geltenden Recht überprüfen zu lassen. Was der Papst als absolutistischer Wahlmonarch an Gesetzen erlässt, gilt und kann nicht kirchenrechtlich hinterfragt werden. Andererseits gehört es zu den Eigentümlichkeiten des

---

1   Der Vortragsstil wurde beibehalten und um wissenschaftliche Belege ergänzt.

katholischen Kirchenrechts, dass selbst dieses päpstliche, universalkirchlich bindende Recht am grundlegenden Mangel der kaum zu realisierenden Durchsetzbarkeit mit rechtlichen Zwangsmitteln leidet. Nur für Kleriker und im kirchlichen Dienst Stehende kann es zu einer spürbaren Wirkung, beispielsweise strafrechtlicher Normen, kommen. Die Wirkmächtigkeit kirchlicher Gesetze hängt somit wesentlich von ihrer Rezeption (Akzeptanz)[2] durch die Gläubigen, in besonderer Weise von den mit kirchlichem Auftrag Tätigen ab. Andererseits sind diese bei der Erarbeitung von Gesetzen nicht beteiligt und werden schlicht mit der Promulgation vor vollendete normative Tatsachen gestellt. Von daher ließe sich nicht nur heute, sondern schon seit Langem fragen, inwiefern die Gläubigen in strukturierter, d. h. kirchenrechtlich übersetzt synodaler Weise an der Entstehung von kirchlichem Recht durch Beratung und/oder auch Entscheidung beteiligt werden können. Dies nähme den kirchlichen Gesetzgebern, über die gleich noch genauer zu reden sein wird, nichts von ihrer alleinigen Verantwortung, am Ende eines solchen Prozesses die Gesetze in Kraft zu setzen. Wie so etwas aussehen könnte, hat der Limburger Bischof Georg Bätzing bei den Feierlichkeiten zu 50 Jahren synodaler Weg im Bistum Limburg am 25. November 2018 wie folgt beschrieben: „Ich bin bereit, mich in einer erneuerten Beratungs- und Synodalkultur freiwillig an den repräsentativ erteilten Rat des Gottesvolkes unserer Diözese zu binden und das beratende Stimmrecht in den Fragen, die alle betreffen und nicht die verbindliche Glaubens- und Rechtsordnung der Kirche berühren, in ein entscheidendes Stimmrecht umzuwandeln."[3]

Der verständliche Blick auf den Papst als universalkirchlichen Gesetzgeber lässt die weiteren Gesetzgeber in der römisch-katholischen Kirche, vor allem im Bereich der unierten Ostkirchen zu sehr in den Hintergrund treten. Das Thema Gesetzgebung ist facettenreicher, als es auf den ersten Blick scheint. Neben dem Papst ist auch das Bischofskollegium, selbstverständlich mit und unter seinem Haupt, auf einem Ökumenischen Konzil oder verstreut über den Erdkreis universalkirchlicher Gesetzgeber.[4]

2 Vgl. MÜLLER, Hubert, Das Gesetz in der Kirche „zwischen" amtlichem Anspruch und konkretem Vollzug. Annahme und Ablegung universalkirchlicher Gesetze als Anfrage an die Kirchenrechtswissenschaft, München 1978 (= Eichstätter Hochschulreden; 13).

3 SCHNELLE, Stephan, Die Kirche ist Synode. Vor 50 Jahren ist die Synodalordnung unterschrieben worden. URL: https://bistumlimburg.de/beitrag/die-kirche-ist-synode/ [eingesehen am: 04.02.2019].

4 Vgl. c. 341 CIC/1983.

Der Papst kann der Bischofssynode[5] diese Gewalt zuerkennen[6], was bezeichnenderweise bisher – auch nicht unter Papst Franziskus – nicht passiert ist.

Auf der Ebene zwischen Universalkirche und Teilkirche – i. d. R. die Diözese –, d. h. also auf der mittleren Zwischenebene sind die Bischofskonferenzen[7] und Plenar[8]- und Provinzialkonzilien[9] zu nennen, denen begrenzte Gesetzgebungskompetenzen zuerkannt werden.

Und dem Diözesanbischof und ihm rechtlich Gleichgestellten kommt nach c. 381 CIC/1983 in Verbindung mit c. 391 § 2 CIC/1983 Gesetzgebungsgewalt für die ihm anvertraute Diözese zu. Dabei soll er sich unter anderem regelmäßig der Diözesansynode[10] als Beratungsorgan bedienen.[11]

Diese zunächst für die lateinische Rituskirche vorgetragenen Beobachtungen erfahren für die unierten Ostkirchen im CCEO noch einmal eine besondere Akzentverlagerung. Hier gilt die Rechtsvermutung immer zunächst für das partikulare Recht der einzelnen unierten Ostkirchen als Kirchen eigenen Rechts, das zudem i. d. R. auf Synoden beraten und beschlossen wird, vor universalkirchenrechtlichen Normen.

---

5   Vgl. FINZEL, Helmut, Die Bischofssynode. Zwischen päpstlichen Primat und bischöflicher Kollegialität, St. Ottilien 2016 (= Kanonistische Reihe; 27).

6   Vgl. c. 343 CIC/1983. Grundlegend FINZEL, Bischofssynode (wie Anm. 5); PAPST FRANZISKUS, Apostolische Konstitution Episcopalis communio vom 15.09.2018. URL: http://w2.vatican.va/content/francesco/de/apost_constitutions/documents/papa-francesco_costituzione-ap_20180915_episcopalis-communio.html [eingesehen am: 04.02.2019], mit der er die Arbeitsweise der Bischofssynode in einer Reihe von Punkten neu geordnet hat.

7   Vgl. cc. 447–459 CIC/1983. Eine gesetzessystematische Inkohärenz ist es, dass die Gesetze eines Diözesanbischofs keiner römischen recognitio durch die Bischofskongregation bedürfen, während Gesetze, die eine Bischofskonferenz erlässt, dieser recognitio bedürfen. Dieses Erfordernis sollte abgeschafft werden.

8   Vgl. c. 439 CIC/1983.

9   Vgl. c. 440 CIC/1983.

10   Vgl. cc. 460–468 CIC/1983.

11   Vgl. c. 466 CIC/1983: „Einziger Gesetzgeber in der Diözesansynode ist der Diözesanbischof, während die anderen Teilnehmer der Synode nur beratendes Stimmrecht haben; allein er selbst unterschreibt die Erklärungen und Dekrete der Synode, die nur kraft seiner Autorität veröffentlicht werden dürfen." Vgl. die immer noch einschlägige restriktive Instruktion der CONGREGATIO PRO EPISCOPIS; CONGREGATIO PRO GENTIUM EVANGELIZATIONE, Instruktion über die Diözesansynoden vom 19. März 1997, in: AAS 89 (1997), S. 706–727; dt.: Congregatio pro Episcopis; Congregatio pro Gentium Evangelizatione, Instruktion über die Diözesansynode vom 19. März 1997. URL: http://www.vatican.va/roman_curia/congregations/cbishops/documents/rc_con_cbishops_doc_20041118_diocesan-synods-1997_ge.html [eingesehen am: 04.02.2019].

Doch wie verhalten sich universalkirchliche Gesetzgeber zu den partikularkirchlichen Gesetzgebern?[12] Stehen sie in einem subordinativen Verhältnis oder bedingen sie sich wechselseitig? Welche Materien kann welcher Gesetzgeber wie regeln? Welche Zuständigkeitsregeln greifen und wer garantiert deren Einhaltung?

Hinter diesen Fragen kommen grundlegende ekklesiologische Themen zum Vorschein, die das Verhältnis von Universalkirche zu den Teilkirchen und ihren Verbänden betreffen. War das Zweite Vatikanische Konzil bemüht, dieses Verhältnis in ein ausgewogenes Verhältnis zu bringen, so schlug in der nachkodikarischen Phase nach 1983 das Pendel wieder in Richtung Vorrang der Universalkirche gegenüber den Teilkirchen um, vor allem in einem Papier der Glaubenskongregation aus dem Jahr 1993.[13] Diese Aspekte werde ich in einem ersten Schritt vertiefter beleuchten.

Dann wird es in einem zweiten Schritt um die kirchenrechtliche Darlegung gehen, wie der Codex von 1983 die Verhältnisbestimmung von universalem zu partikularem Recht ausbuchstabiert. Der Respekt vor dem partikularen Recht ist dabei unübersehbar.

Und abschließend soll es dann auf der Folie der von Papst Franziskus geforderten *heilsamen Dezentralisierung*[14] um die entscheidende Frage gehen, was in der Sache auf Ebene der Universalkirche und was vor Ort in den Diözesen und Bischofskonferenzen entschieden werden sollte. Lassen sich Kriterien für die unterschiedlichen Gesetzgeber aufzeigen oder öffnet sich hier ein weithin ungeklärtes Feld?

1.   Zum Verhältnis von Universalkirche zu den Teilkirchen[15]

Nach dem I. Vatikanum mit seiner bis heute nachhallenden Entscheidung, dem Papst Unfehlbarkeit und den umfassenden Jurisdiktionsprimat zuzusprechen, übernahm der Codex von 1917 mit seiner fast ausschließlichen Rede von der ecclesia universalis

---

12 Vgl. KRÄMER, Peter; DEMEL, Sabine; GEROSA, Libero u. a. (Hrsg.), Universales und partikulares Recht in der Kirche. Konkurrierende oder integrierende Faktoren?, Paderborn 1999.

13 Vgl. CONGREGATIO PRO DOCTRINA FIDEI, Communionis notio vom 28. Mai 1992, in: AAS 5 (1993), S. 838–850; dt.: Sekretariat der DBK (Hrsg.), Congregatio pro Doctrina fidei, Communionis notio vom 28. Mai 1992 (= VApSt; 107).

14 Vgl. PAPST FRANZISKUS, Apostolisches Schreiben Evangelii gaudium vom 24. November 2013, in: AAS 105 (2013), S. 1019–1137; dt.: Sekretariat der DBK (Hrsg.), Papst Franziskus, Apostolisches Schreiben Evangelii gaudium vom 24. November 2013 (= VApSt; 194), Nr. 16: „Ich glaube auch nicht, dass man vom päpstlichen Lehramt eine endgültige oder vollständige Aussage zu allen Fragen erwarten muss, welche die Kirche und die Welt betreffen. Es ist nicht angebracht, dass der Papst die örtlichen Bischöfe in der Bewertung aller Problemkreise ersetzt, die in ihren Gebieten auftauchen. In diesem Sinn spüre ich die Notwendigkeit, in einer ‚heilsamen Dezentralisierung' voranzuschreiten."

15 Grundlegend vgl. MÜLLER, Hubert, Verwirklichung der Katholizität in der Ortskirche, in: Kirchliches Recht als Freiheitsordnung. Gedenkschrift für Hubert Müller, München 1978 (= FzK; 27), S. 14–38; RATZINGER, Josef, Das neue Volk Gottes. Entwürfe zur Ekklesio-

eine unterkomplexe Sicht von Kirche, die anzudeuten schien, dass es Kirche im Vollsinn des Wortes nur in der Universalkirche mit dem Papst an der Spitze geben könne. Das II. Vatikanum hat mit diesem „monolithischen, zentralistischen Verständnis der Kirchenverfassung"[16] nicht weitergearbeitet, sondern in Lumen Gentium und Christus Dominus neue Akzente gesetzt, die die Dignität der bischöflich verfassten Ortskirche *(ecclesia localis)*[17] betonen. Zunächst ist an CD 11 zu erinnern, wo betont wird, dass die Ortskirche nicht nur ein Teil der Universalkirche sei, sondern in ihr „die eine, heilige, katholische und apostolische Kirche wahrhaft wirkt und gegenwärtig ist"[18]. Der Ortskirche, Teilkirche, dem Bistum oder der Diözese kommt volle Katholizität zu, kumuliert in der Person des Diözesanbischofs, der durch die Feier der Sakramente und die Verkündigung des Evangeliums und durch die Bischofsweihe untrennbar verbunden mit dem Bischofskollegium und seinem Haupt, dem Papst, Garant der Einheit und des Kircheseins seiner ihm anvertrauten Ortskirche im Vollsinn des Wortes ist. Die Bischöfe „sind nicht als Stellvertreter der Bischöfe von Rom zu verstehen, denn sie haben eine ihnen eigene Gewalt inne und heißen in voller Wahrheit Vorsteher des Volkes, das sie leiten"[19], so die klare Aussage aus LG 27. Von daher kommt ihnen nach c. 381 § 1 CIC/1983, der Bezug nimmt auf eine Aussage in CD 8[20], in der ihnen anvertrauten Diözese alle ordentliche, eigenberechtigte und unmittelbare Gewalt zu, die zur Ausübung ihres Hirtendienstes erforderlich ist.[21] Dazu zählt, wie bereits erwähnt, auch die nicht an Dritte delegierbare oder übertragbare Aufgabe, Gesetze für die Diözese zu erlassen, d. h. partikulares Recht zu schaffen.

---

logie, Düsseldorf 1969; AYMANS, Winfried, Die Communio Ecclesiarum als Gestaltgesetz der einen Kirche, in: AfkKR 139 (1970), S. 69–90.

16 MÜLLER, Verwirklichung (wie Anm. 15), S. 16.

17 Der CIC von 1983 spricht durchgängig von ecclesia particularis und verwendet nicht den näher liegenden Begriff der ecclesia localis. Von ecclesia peculiares (c. 329 § 1 CIC/1917) oder singulae ecclesiae (c. 218 § 2 CIC/1917) ist noch im alten Codex die Rede.

18 Dekret Christus dominus vom 28. Oktober 1965, in: AAS 58 (1966), S. 673–696; dt.: HThK-VatII, Bd. 1, S. 242–283.

19 Dogmatische Konstitution Lumen gentium vom 21. November 1964, in: AAS 57 (1965), S. 5–75; hier S. 32 f.; dt.: HThK-VatII, Bd. 1, S. 73–185.

20 Vgl. Dekret Christus dominus (wie Anm. 18), Nr. 8, S. 247: „Als Nachfolgern der Apostel steht den Bischöfen in den ihnen anvertrauten Diözesen von selbst jede ordentliche, eigenständige und unmittelbare Gewalt zu, die zur Ausübung ihres Hirtenamtes erforderlich ist." Das *per se* (von selbst) unterstreicht dabei, dass diese Gewalt sich nicht aus der des Papstes ableitet, sondern eine eigenständige Gewalt darstellt, die als ius divinum qualifiziert werden kann.

21 Kritisch zu diesem Canon vgl. BIER, Georg, Die Rechtsstellung des Diözesanbischofs nach dem Codex Iuris Canonici von 1983, Würzburg 2001 (= Fzk; 32), S. 119–260.

Der ekklesiologisch-verfassungsrechtliche Blick auf die Akzentsetzungen auf dem II. Vatikanum wäre unvollkommen, käme nicht noch LG 23 in den Blick. Dort wird betont, dass die Ortskirchen nach dem Bild der Universalkirche gestaltet sind. Wörtlich heißt es weiter: „In ihnen und aus ihnen besteht die eine und einzige katholische Kirche."[22] Diese fundamentale Aussage schließt auf der einen Seite ein Bild von Kirche aus, das die Teilkirchen nur noch ein loser Zusammenschluss von autokephalen Ortskirchen wie ein Kirchenbund versteht. Ebenso aber wäre ein Verständnis der Kirche im Sinne einer monolithisch-uniformistischen Kirchenstruktur „nach Art eines Weltbistums, in dem die einzelnen Diözesen lediglich die Funktion pastoral notwendiger Verwaltungsbezirke hätten"[23] (Josef Ratzinger), kein katholisches Kirchenverständnis. Doch wie kann man sich diese In und ex-Formel tatsächlich vorstellen, wie wird ihre Balance gehalten? Josef Ratzinger[24] und später auch Klaus Hemmerle haben trinitätstheologisch dieses Verhältnis gedeutet und davon gesprochen, dass zwischen Universal- und Ortskirchen eine wechselseitige Einwohnung und Einschließung bestehe. „Eine ekklesiologische Perichorese, in der das trinitarische Ineinander sein kirchliches Abbild findet."[25] Diese Perichorese ist nur gleichursprünglich zu denken, d. h. es gibt weder eine seinsmäßige noch eine zeitliche Vorrangstellung von Universalität und Partikularität in der Kirche und damit auch in ihren beiden Formen der Gesetzgebung. Doch dieser breite Konsens in der nachkonziliaren Theologie und Kanonistik bekam Risse, als 1993 die Glaubenskongregation unter Führung ihres damaligen Präfekten, Josef Kardinal Ratzinger mit ihrem Papier Communionis notio vom 28. Mai 1993 in der Nr. 9 meinte feststellen zu müssen: „Um den wahren Sinn des analogen Gebrauchs des Wortes Communio zur Bezeichnung der Gesamtheit der Teilkirchen zu verstehen, muss vor allem klar gesehen werden, dass diese als ‚Teile der einen Kirche Christi' in einer besonderen Beziehung ‚gegenseitiger Innerlichkeit' zum Ganzen, das heißt zur universalen Kirche, stehen, weil in jeder Teilkirche ‚die eine, heilige, katholische und apostolische Kirche Christi wahrhaft gegenwärtig ist und wirkt'. Daher ‚kann die Gesamtkirche nicht als die Summe der Teilkirchen aufgefasst werden und ebensowenig als Zusammenschluss von Teilkirchen'. Sie ist nicht das ‚Ergebnis' von deren Gemeinschaft; sie ist vielmehr im Eigentlichen ihres Geheimnisses eine jeder einzelnen Teilkirche ontologisch und zeitlich vorausliegende Wirklichkeit."[26] Hätte diese Aussage von der ontologisch und zeitlich vorausgehenden Wirklichkeit der Universalkirche ge-

---

22 Dogmatische Konstitution, Lumen gentium (wie Anm. 19), Nr. 23, S. 29–31.

23 Müller, Verwirklichung (wie Anm. 15), S. 18, mit Verweis auf Ratzinger, Volk Gottes (wie Anm. 12), S. 205.

24 Vgl. ebd., S. 382.

25 Ebd., S. 309.

26 Congregatio pro doctrina fidei, Communionis notio (wie Anm. 13), S. 843 f.

genüber den Teilkirchen Bestand behalten, wäre die Kirche wieder in die Zeiten des I. Vatikanums zurückgefallen. Dies erklärt den verbissen und zum Teil auch persönlich ausgetragenen sog. „Disput der Kardinäle"[27] zwischen Josef Ratzinger und Walter Kasper über dieses Arbeitspapier der Glaubenskongregation. Am Ende des Streites konnten sich beide Matadore nach Meinung von Medard Kehl auf den Begriff der Simultanität von Universal- und Ortskirchen verständigen. Faktisch wird man aber feststellen müssen, dass Ratzinger an seiner Position festgehalten hat. Das Papier der Glaubenskongregation ist inzwischen aber wohl in Vergessenheit geraten. Wobei? Der Streit schwelte insofern weiter, wie der zwischen Universalkirche und Teilkirche gelegenen Bischofskonferenz von römischen Stellen nur eine affektive Kollegialität und weniger eine verfassungsrechtlich notwendige effektive Kollegialität[28] zugesprochen wurde.[29] Sie ist deshalb für unser Thema bedeutsam, weil der Codex ihr bestimmte Gesetzgebungsbefugnisse zuspricht und die einzelne Bischofskonferenz auch für andere Fälle eine solche bei der Bischofskongregation beantragen kann.[30] Auch die Bischofskonferenz setzt somit partikulares Recht.

Im Ergebnis ist festzustellen, dass Universalität und Partikularität in der Kirche gleichursprünglich und ekklesiologisch konstitutiv sind für das Verständnis von Kirche. Es ist nun zu prüfen, wie der kirchliche Gesetzgeber diese nicht aufgebbare perichoretische Verwiesenheit beider Dimensionen von Kirche aufgreift.

---

27 Vgl. KEHL, Medard, Der Disput der Kardinäle – Zum Verhältnis von Universalkirche und Ortskirchen, in: StdZ 221 (2003), S. 219–232.

28 Grundlegend hierzu vgl. WINTERKAMP, Klaus, Die Bischofskonferenz zwischen affektiver und effektiver Kollegialität, Münster 2003.

29 Vgl. PAPST JOHANNES PAUL II., Apostolos suos vom 21. Mai 1998, in: AAS 90 (1998), S. 641–658; dt.: Papst Johannes Paul II., Apostolos suos. URL: http://w2.vatican.va/content/john-paul-ii/en/motu_proprio/documents/hf_jp-ii_motu-proprio_22071998_apostolos-suos.html [eingesehen am 06.02.2019].

30 Vgl. c. 455 § 1 CIC/1983. In Deutschland kann an die Befugnis eigene Gerichte für Rechtsstreitigkeiten aus dem kollektiven kirchlichen Arbeitsrecht (KAGO), vgl. DEUTSCHE BISCHOFSKONFERENZ, Dekret der Deutschen Bischofskonferenz über die Errichtung des Kirchlichen Arbeitsgerichtshofes in der Fassung des Beschlusses der Vollversammlung der Deutschen Bischofskonferenz vom 21.09.2004, in: AfkKR 174 (2005), S. 155–157 oder für Rechtsstreitigkeiten aus dem neuen Kirchlichen Datenschutzrecht verwiesen werden, vgl. DEUTSCHE BISCHOFSKONFERENZ, Aufgaben. URL: https://dbk.de/de/themen/kirche-staat-und-recht/kirchliche-gerichte-in-datenschutzangelegenheiten/interdioezesanes-datenschutzgericht-1-instanz/ [eingesehen am: 27.02.2019]; vgl. auch SCHÜLLER, Thomas, Die katholische Kirche und das neue Datenschutzrecht, in: HK 72/8 (2018), S. 22–25 wie auch für das Allgemeine Dekret zu den Rechtsfolgen des Kirchenaustrittes mit bürgerlicher Wirkung aus dem Jahr 2012, vgl. beispielsweise DEUTSCHE BISCHOFSKONFERENZ, Allgemeines Dekret der Deutschen Bischofskonferenz zum Kirchenaustritt, in: Kirchliches Amtsblatt des Erzbistums Paderborn 142 (2012), S. 148–149.

2. Universalität und Partikularität im kirchlichen Recht

Die einschlägigen Normen zu unserer Fragestellung finden wir weithin im Buch Allgemeine Normen – hier vor allem die noch genauer zu analysierenden cc. 6, 13, 20 CIC/1983 und im Buch Volk Gottes, dass unter anderem die Strukturen und bischöflichen Entscheidungsträger in unterschiedlichen Formationen normiert. Scheint die Unterscheidung universalkirchlicher Gesetzgeber, d. h. Papst und Bischofskollegium, im Einzelfall auch Bischofssynode und Römische Dikasterien gemäß Art. 18 Abs. 2 PB[31] und partikularkirchliche Gesetzgeber – Diözesanbischof (c. 391 CIC/1983), Plenarkonzil (c. 439 § 1 i. V. m. c. 445 CIC/1983), Bischofskonferenz (c. 455 CIC/1983), Provinzialkonzil (c. 439 § 2 i. V. m. c. 445 CIC/1983) – auf den ersten Blick klar zu sein, so wird dieser Befund erweitert um die Tatsache, dass auch Papst und Bischofskollegium partikularrechtliche Normen (c. 6 § 1 n. 3 i. V. m. c. 87 § 1 CIC/1983) erlassen können. Noch unübersichtlicher wird es, wenn man beachtet, dass man tatsächlich nur von einem universalkirchlichen Gesetz sprechen kann, wenn es alle Rituskirchen und ihre Gläubigen bindet und nicht nur die alles überragende lateinische Kirche des Westens, für die in der Regel der Papst seine Gesetze erlässt. Trotzdem werden diese ebenfalls als universalkirchlich bezeichnet.[32] Hinzu kommt, dass Gesetze territorial begrenzt sein können, aber auch nur personal binden.[33] In den Leitlinien zur Codexreform wurde die Stärkung des personalen Elementes in der Gesetzgebung ausdrücklich betont.[34] Doch bevor ich in diese unübersichtlich wirkende Gemengelage eine Schneise schlage, ist zunächst das Entscheidende zu sehen: In c. 20 CIC/1983 wird ausdrücklich betont, dass ein allgemeines Gesetz (lex universalis) in keiner Weise

---

31 Vgl. Papst Johannes Paul II., Apostolische Konstitution Pastor bonus vom 28. Juni 1988, in: AAS 80 (1988), S. 841–923; dt.: Papst Johannes Paul II., Pastor bonus. URL: http://w2.vatican.va/content/john-paul-ii/de/apost_constitutions/documents/hf_jp-ii_apc_19880628_pastor-bonus.html [eingesehen am: 06.02.2019]. In Art. 18 Abs. 2 heißt es: „Die Dikasterien können weder Gesetze noch allgemeine Dekrete mit Gesetzeskraft erlassen noch können sie Vorschriften des geltenden universalen Rechts abändern, außer in einzelnen Fällen und mit besonderer Genehmigung des Papstes."

32 Vgl Socha, Hubert, Kommentar zu c. 8, in: MK CIC, Rn. 2: „Nach dem formalen Geltungsanspruch bezeichnet lex universalis im CIC stets ein die Lateinische Kirche als ganze betreffendes Gesetz."

33 Vgl. grundlegend Pree, Helmuth, Nichtterritoriale Strukturen der hierarchischen Kirchenverfassung, in: Erdö, Peter, Szabó, Péter (Hrsg.), Territorialità e personalità nel diritto canonico ed ecclesiastico. Il diritto canonico di fronte al terzo millennio, Budapest 2002, S. 515–544.

34 Vgl. Praefatio zum Codex von 1983, XXXVII, Leitlinie Nr. 8: „Auf irgendeine Weise muß das Prinzip der Wahrung der territorialen Natur in der Ausübung kirchlicher Leitung berücksichtigt werden; die Verhältnisse des heutigen Apostolats nämlich scheinen personale Jurisdiktionseinheiten nahe zu legen."

partikulares (iuri particulari aut speciali) oder besonderes Recht aufhebt, sofern nicht etwas anderes im Recht ausdrücklich vorgesehen ist. Damit kommt mit Hubert Socha gesprochen, dem Partikularrecht ein hohes Maß an „Immunität"[35] gegenüber dem universalkirchlichen Recht zu oder anders gesagt, der universalkirchliche Gesetzgeber für die lateinische Kirche normiert den Respekt vor dem partikularen Recht – egal, von welchem partikularkirchlichen Gesetzgeber es erlassen wurde. Dabei kann es sich um Gesetzes-, Gewohnheits- oder autonomes Satzungsrecht[36], territorial oder personal bindende Normen handeln und auf sie bezogene Instruktionen, die Ausführungsbestimmungen zu ihnen darstellen. Fragt man rechtstheoretisch nach dieser unverkennbaren Wertschätzung für das partikulare Recht, das nur dann aufgehoben wird durch ein späteres allgemeines Gesetz oder eine spezielle Verfügung, wenn es dort expressis verbis vermerkt ist, dann lassen sich folgende Aspekte benennen:

- Die im ersten Schritt herausgearbeitete Neuentdeckung und ekklesiologische Wertschätzung der Teilkirchen vor Ort und ihrer Verbände (LG 23);

- Das katholische Subsidiaritätsprinzip, über das ich im dritten Teil noch ausführlicher reden werde, und das nach Papst Pius XII. nicht nur ein die politische Ordnung und Gesellschaft prägendes Prinzip ist, sondern auch ein grundlegendes Strukturprinzip der Kirchenverfassung darstellt.[37] Bis heute

---

35   Socha, Hubert, Kommentar zu c. 20, in: MK CIC, Rn. 12.

36   Vgl. c. 94 §§ 1–2 CIC/1983.

37   Vgl. Papst Pius XII., Allocutio vom 20.02.1946, in: AAS 38 (1946), S. 141–158; dt. Nell-Breuning, Oswald von, Die Kirche das Lebensprinzip der menschlichen Gesellschaft. Ansprache des Heiligen Vaters Papst Pius' XII am 20. Februar 1946, Köln 1946. Dort führt der Papst aus: „Wenn es nämlich auch zutrifft, was ja die Geschichte deutlich bestätigt, dass unter den veränderten Verhältnissen manche Aufgaben, die früher leicht von kleineren Gemeinwesen geleistet wurden, nun mehr von großen bewältigt werden können, so muss doch allzeit unverrückbar jener höchst gewichtige sozialphilosophische Grundsatz fest gehalten werden, an dem nicht zu rütteln noch zu deuteln ist: wie dasjenige, was der Einzelmensch aus eigener Initiative und mit seinen eigenen Kräften leisten kann, ihm nicht entzogen und der Gesellschaftstätigkeit zugewiesen werden darf, so verstößt es gegen die Gerechtigkeit, das, was die kleineren und untergeordneten Gemeinwesen leisten und zum guten Ende führen können, für die weitere und übergeordnete Gemeinschaft in Anspruch zu nehmen; zugleich ist es überaus nachteilig und verwirrt die ganze Gesellschaftsordnung. Jedwede Gesellschaftstätigkeit ist ja ihrem Wesen und Begriff nach subsidiär; sie soll die Glieder des Sozialkörpers unterstützen, darf sie aber niemals zerschlagen oder aufsaugen.
Angelegenheiten von untergeordneter Bedeutung, die nur zur Abhaltung von wichtigeren Aufgaben führen müssten, soll die Staatsgewalt also den kleineren Gemeinwesen überlassen. Sie selbst steht dadurch nur um so freier, stärker und schlagfertiger da für diejenigen Aufgaben, die in ihre ausschließliche Zuständigkeit fallen, weil sie allein ihnen gewachsen ist: durch Leitung, Überwachung, Nachdruck und Zügelung, je nach Umständen und

ist diese Lehre aber noch nicht konsequent in ekklesiale und verfassungs-rechtliche Wirklichkeit überführt worden, obwohl es hier bei der Geltung des Partikularrechts offenkundig greift.

- In der zunehmenden Erkenntnis, dass in einer kulturell so unterschiedlichen Weltkirche mit sehr divergenten kirchenrechtlichen Regelungsbedarfen der universalkirchliche Gesetzgeber gut daran tut, nur wesentliche, für alle not-wendigerweise zu regelnde Sachverhalte normativ verbindlich zu klären.

- Und schließlich gab und gibt es immer einen hohen Respekt vor der Koali-tionsfreiheit in der Kirche (c. 215 CIC/1983) und den diesen Vereinigungen, angefangen vom freien Zusammenschluss von Gläubigen bis hin zum Jesu-itenorden, zukommenden Recht zur Festlegung von Eigenrecht i. d. F. von Satzungen und Statuten.[38]

Der c. 13 CIC/1983 ist insofern von Interesse, wie er partikulare Gesetze rechtsver-mutend als territorial begrenzt begreift, wenn nicht ausdrücklich eine personale Kom-ponente festgelegt wird.[39] Ein schönes Beispiel hierfür sind die von Papst Benedikt XVI. erlassenen Normen[40] zu den Personalordinariaten der aus der anglikanischen

---

Erfordernis. Darum mögen die staatlichen Machthaber sich überzeugt halten: je besser durch strenge Beobachtung des Prinzips der Subsidiarität die Stufenordnung der verschie-denen Vergesellschaftungen innegehalten wird, umso stärker stehen gesellschaftliche Au-torität und gesellschaftliche Wirkkraft da, umso besser und glücklicher ist es auch um den Staat bestellt." Vgl. Praefatio zum Codex von 1983, XXV, Leitlinie 5: „Genau soll das Prinzip berücksichtigt werden, das sich aus dem vorausgehenden ergibt und Subsidiari-tätsprinzip genannt wird; es muß in der Kirche um so mehr angewendet werden, weil das Amt der Bischöfe mit den damit zusammenhängenden Vollmachten göttlichen Rechts ist. Solange die die Einheitlichkeit im Bereich der Gesetzgebung sowie das gesamtkirchliche und allgemeine Recht gewahrt werden, wird durch dieses Prinzip auch die Angemessen-heit und die Notwendigkeit verteidigt, für das Beste besonders einzelner Einrichtungen durch partikulare Rechte und durch die diesen zuerkannte recht verstandene Autonomie der partikularen ausführenden Gewalt zu sorgen. Auf dasselbe Prinzip gestützt soll der neue Codex entweder dem partikularen Recht oder der ausführenden Gewalt überlassen, was für die Einheit der gesamtkirchlichen Disziplin nicht notwendig ist, so daß für die mit Recht so bezeichnete `Dezentralisierung´ auf geeignete Weise gesorgt wird, wobei die Gefahr des Auseinandergehens oder der Bildung von Nationalkirchen vermieden werden muß."

38 Vgl. SOCHA, Hubert, Kommentar zu c. 20, in: MK CIC, Rn. 14.

39 Vgl. c. 13 § 1 CIC/1983: „Partikulare Gesetze werden nicht als personale, sondern als territoriale Gesetze vermutet, wenn nicht etwas anderes feststeht."

40 Vgl. BENEDIKT XVI, Anglicanorum coetibus. vom 4. November 2009, in: AAS 101 (2009), S. 987–990; dt.: Benedikt XVI, Anglicanorum coetibus. URL: http://w2.vatican. va/content/benedict-xvi/de/apost_constitutions/documents/hf_ben-xvi_apc_20091104_ anglicanorum-coetibus.html [eingesehen am: 06.02.2019].

Kirche zur römisch-katholischen Kirche konvertierten anglikanischen Christinnen und Christen.[41]

In c. 6 CIC/1983 werden verschiedene Sachverhalte behandelt, vor allem die wichtige Grundsatzthematik geklärt, welche Gesetze durch den neuen Codex von 1983 aufgehoben sind. In diesem Zusammenhang wird festgestellt, dass auch die partikularen Gesetze, im Speziellen auch die vom Apostolischen Stuhl erlassenen partikularen Strafgesetze, dann als aufgehoben gelten, wenn sie Vorschriften des Codex widersprechen, es sei denn, bezüglich dieser partikularen Gesetze ist ausdrücklich etwas anderes vorgesehen.[42]

Ich komme abschließend noch einmal auf die unübersichtliche Gemengelage hinsichtlich der genauen, an nachvollziehbaren Kriterien zu bestimmenden Einordnung von Gesetzen zurück. Und dies in folgenden thesenartigen Kurzfassungen:[43]

- Wirklich universalkirchliches Recht sind kirchenrechtliche Normen, die vom Papst oder vom Bischofskollegium für alle Rituskirchen der römisch-katholischen Kirche erlassen wurden, gleich, ob sie territiorial oder personal bestimmt sind.

- Ungeachtet dessen subsumiert die Kanonistik auch die Gesetze des Papstes und des Bischofskollegiums, die für die Lateinische Kirche gelten, unter diesen Begriff, weil sie die allermeisten Katholiken binden.

- Das personale Kriterium kann die Rituszugehörigkeit betreffen, aber auch der Stand, zu dem man gehört, denken Sie an den Ordens- und Klerikerstand.

- Das Kriterium der Urheberschaft von Normen hat allein die Unschärfe, dass auch Papst und Bischofskollegium, wenn auch sicherlich eher selten, partikularrechtliche Normen erlassen können. Ansonsten ist dieses Kriterium hilfreich. Vor allem dürfte deutlich geworden sein, dass es eine Vielzahl von Gesetzgebern gibt, die partikulares Recht erlassen können.

---

41 Vgl. WIRZ, Christian, Das eigene Erbe wahren. Anglicanorum coetibus als kirchenrechtliches Modell für Einheit in Vielfalt?, Münster 2013 (= BzMK; 63).

42 Vgl. cc. 6 § 1 2°, 3° CIC/1983.

43 Vgl. DE ECHEVARRÍA, Lamberto, El derecho particular, in: La norma en el derecho canónico. Actas des III. Congreso Internacional de Derecho Canónico, Pamplona 10–15 octubre de 1976, Bd. 2, Pamplona 1979, S. 185–218; hier S. 186–192.

- Dies gilt auch für das territoriale Kriterium, also die Frage, ob eine Norm für die ganze katholische Kirche erlassen worden ist (universalkirchliche Norm) oder nur für ein bestimmtes Gebiet dieser Kirche (dann territorial).[44]

Doch dieser Befund lässt eine Frage unbeantwortet: Nach welchen Kriterien, Normen und Rechtsgrundsätzen wird entschieden, ob die universalkirchlichen Gesetzgeber legislativ aktiv werden müssen, und wann welche der teilkirchlichen Gesetzgeber für ihren Verantwortungsbereich gesetzgeberisch gefordert sind.

Damit komme ich zu dem bereits erwähnten Punkt der Subsidiarität bzw. der Frage, was die Rede von der heilsamen Dezentralisierung bei Papst Franziskus konkret für unser Thema bedeuten kann.

3. Dezentralisierung vs. universalkirchliches Recht aus einer Hand – von Fluch und Segen einer primatial geleiteten Kirche

Papst Franziskus wünscht sich eine heilsame Dezentralisierung der Kirche, eine Aufwertung der Bischofskonferenzen, „die sie als Subjekte mit konkreten Kompetenzbereichen versteht, auch einschließlich einer gewissen authentischen Lehrautorität. Eine übertriebene Zentralisierung kompliziert das Leben der Kirche und ihre missionarische Dynamik, anstatt ihr zu helfen."[45] (EG Nr. 32)

Damit übersetzt er das katholische Prinzip der Subsidiarität, das auch Auswirkungen auf die Verhältnisbestimmung von universalkirchlichem Recht zum partikularen Recht haben muss. Dahinter steht die Erfahrung, dass spätestens nach dem I. Vatikanum in der Gesetzgebung der Kirche eine verstärkte Fixierung auf die Gesetzgebungsvollmacht des Papstes einsetzt, die alles absorbiert. Auch die Hoffnung nach dem II. Vatikanum, die Kirchen vor Ort könnten eine stärkere, auch kirchenrechtliche Autonomie erhalten, vor allem im Bereich der Liturgie, haben sich insbesondere in dem langen Pontifikat von Papst Johannes Paul II. zerschlagen. Beispielhaft hierfür steht die Fünfte Instruktion zur richtigen Anwendung der Konstitution über die Heilige Liturgie des Zweiten Vatikanischen Konzils Liturgiam authenticam vom 7. Mai 2001[46], mit der jeder Spielraum für eine verständliche Übersetzung der auf Latein abgefassten

---

44 Vgl. Ottaduy, Javier, Kommentar zu c. 13, in: Marzoa, Ángel; Miras, Jorge; Rodríguez-Ocaña (Hrsg.), Exegetical Commentary on the Code of Canon Law, Bd. 1, Montreal 2004, S. 298–300.

45 Papst Franziskus, Evangelii gaudium (wie Anm. 14).

46 Vgl. Congregatio de Cultu Divino et Disciplina Sacramentorum, Instruktion Liturgiam authenticam vom 28. März 2001, in: AAS 93 (2001), 685–726; dt.: Sekretariat der DBK (Hrsg.), Congregatio de Cultu Divino et Disciplina Sacramentorum, Instruktion Liturgiam authenticam vom 28. März 2001 (= VApSt; 154).

liturgischen Bücher in die einzelnen muttersprachlichen Fassungen abgewürgt wurde. Inzwischen hat Papst Franziskus aufgrund weltweiter, andauernder Proteste diese unheilsame Zentralisierung revidiert und den Bischofskonferenzen mit dem MP Magnum principium vom 3. September 2017 zu c. 838 CIC/1983 einen größeren Spielraum bei der Übersetzungsarbeit zuerkannt.[47] Dabei spielt für diesen Papst der Aspekt der Inkulturation des Glaubens und damit auch seine konkrete rechtliche Erfassung und Absicherung in den Kirchen vor Ort eine wichtige Rolle. Dabei greift er einen zentralen Gedanken aus der Konzilskonstitution LG auf. Dort heißt es in der Nr. 13: „Kraft dieser Katholizität bringen die einzelnen Teile ihre eigenen Gaben den übrigen Teilen und der ganzen Kirche hinzu, so daß das Ganze und die einzelnen Teile zunehmen aus allen, die Gemeinschaft miteinander halten und zur Fülle in Einheit zusammenwirken. So kommt es, daß das Gottesvolk nicht nur aus den verschiedenen Völkern sich sammelt, sondern auch in sich selbst aus verschiedenen Ordnungen gebildet wird [...]. Darum gibt es auch in der kirchlichen Gemeinschaft zu Recht Teilkirchen, die sich eigener Überlieferungen erfreuen, unbeschadet des Primats des Stuhles Petri, welcher der gesamten Liebesgemeinschaft vorsteht, die rechtmäßigen Verschiedenheiten schützt und zugleich darüber wacht, dass die Besonderheiten der Einheit nicht nur nicht schaden, sondern ihr vielmehr dienen."[48] Inkulturation des Evangeliums ist keine Einbahnstraße, bei der eine europäische Denk- und Rechtskultur einfachhin den jungen Kirchen übergestülpt werden könnte. Die Internationale Theologenkommission drückt es 1987 wie folgt aus: „In der Evangelisierung der Kulturen und der Inkulturation des Evangeliums vollzieht sich ein geheimnisvoller Tausch: einerseits offenbart das Evangelium jeder Kultur die letzte Wahrheit der ihr innewohnenden Werte und setzt sie damit frei; andererseits drückt jede Kultur das Evangelium in ihrer eigenen Weise aus und offenbart darin neue Aspekte in ihm. Inkulturation ist damit ein Element der Rekapitulation aller Dinge in Christus (Eph. 1,10) und offenbart dabei auch die Katholizität der Kirche (LG 16,17)."[49]

Von diesen beiden Kernbegriffen Dezentralisierung und Inkulturation in Übersetzung des ekklesiologischen Grundprinzips der Subsidiarität her komme ich abschließend zu folgenden thesenartigen Konklusionen:

---

47   Vgl. Papst Franziskus, MP Magnum principium vom 3. September 2017, in: AAS 109 (2017), S. 967–970; dt.: Papst Franziskus, MP Magnum principium. URL: http://w2.vatican.va/content/francesco/la/apost_letters/documents/papa-francesco-lettera-ap_20170903_magnum-principium.html [eingesehen am: 07.02.2019].

48   Dogmatische Konstitution, Lumen gentium (wie Anm. 19).

49   Internationale Theologenkommission, Mysterium des Gottesvolkes, Einsiedeln 1987, S. 39–40.

- Die Rechtsvermutung streitet bei der Subsidiarität immer für die untere Ebene, seien es die Zwischeninstanzen wie die Bischofskonferenz oder der einzelne Diözesanbischof.[50]

- Der Diözesanbischof kann somit unbegrenzt seine Gesetzgebungsautorität ausüben, es sei denn, von Rechts wegen ist der Papst oder die Bischofskonferenz zuständig.[51]

- Beide Codices weisen Bereiche auf, in denen bewusst auf universalkirchliche Regelungen verzichtet wird. Denken Sie an das Vermögensrecht, das nur als Rahmenrecht fungiert, da ansonsten die meisten Rechtsgeschäfte in diesem Feld eben auch den jeweils staatlich geltenden Rechtsnormen entsprechen müssen, damit die entsprechenden Rechtsakte innerkirchlich, aber auch im weltlichen Rechtsverkehr Gültigkeit beanspruchen können. In gleicher Weise wäre an eine Regionalisierung des kirchlichen Strafrechts zu denken bzw. für unterhalb der strafrechtlichen Erfassung gelegene Sachverhalte die Erstellung eines partikularkirchlichen Disziplinarrechts mit entsprechenden Spruchkammern zu sorgen.

- Dennoch sollte man die Stärke eines frei agierenden päpstlichen Gesetzgebers, der verbindlich und im Notfall auch zeitnah für seine Kirche Rechtsnormen setzten kann, nicht unterschätzen. Da der Jurisdiktionsprimat des Papstes unbegrenzt ist, stehen dem Papst alle Bereiche des Rechts zur Gesetzgebung offen. Aber was sollte er unbedingt regeln? Sicher: die Bewahrung des Apostolischen Glaubensbekenntnisses, die überkommene Amtsstruktur der Kirche, die sieben Sakramente, ein einheitliches Prozessrecht, wobei es gerade hier in jüngster Zeit zu unterkomplexer Rechtssetzung gekommen ist. Aber was noch? Braucht es wirklich ein einheitliches katholisches Hochschulrecht[52], ein Feld, wo die staatlichen Normen sehr unterschiedlich ausgeprägt sind?

---

50 Vgl. SCHMITZ, Heribert, Der Diözesanbischof, in: HdbKathKR³, S. 591–611; hier S. 602: „Wenn und wo immer es aber zu Auslegungsschwierigkeiten kommt oder Kompetenzkonflikte auftreten, ist von der Grundnorm des c. 381 § 1 auszugehen, nach der die Vermutung dafür steht, dass der Diözesanbischof alle Vollmacht besitzt, die für die Ausübung seines Hirtendienstes erforderlich ist."

51 Vgl. IHLI, Stefan, Der Diözesanbischof als Gesetzgeber, in: Demel, Sabine; Lüdicke, Klaus (Hrsg.), Zwischen Vollmacht und Ohnmacht. Die Hirtengewalt des Diözesanbischofs und ihre Grenzen, Freiburg 2015, S. 256–276.

52 Vgl. PAPST FRANZISKUS, Apostolische Konstitution Veritatis gaudium vom 27. Dezember 2017, in: AAS 110 (2018), S. 1–41; dt.: Sekretariat DBK (Hrsg.), Papst Franziskus, Apostolische Konstitution Veritatis gaudium vom 27. Dezember 2017 (= VApSt; 211).

• Wann ist also der diözesane Gesetzgeber gefordert, wann der Papst? Schon Klaus Mörsdorf[53] hat als kirchenrechtlicher Berater von Kardinal Döpfner auf dem II. Vatikanum auf die logische Unvereinbarkeit zweier Autoritäten – Diözesanbischof und Papst – hingewiesen, denen ein katholischer Christ unmittelbar unterstehe. Mörsdorf schreibt an Döpfner: „Meines Erachtens kann das Schema [gemeint ist LG] in der vorliegenden Form nicht verabschiedet werden. Die Lehre von dem Collegium episcopale bedarf noch einer gründlichen Überarbeitung. Vor allem vermisse ich jedes Eingehen auf die entscheidende Frage der Unmittelbarkeit der päpstlichen Primatialgewalt in ihrem Bezug zu der gleichfalls unmittelbaren Gewalt des regierenden Bischofs. Hier besteht seit dem Vaticanum I ein gewisser Widerspruch; denn es ist rechtslogisch nicht denkbar, dass jemand zwei verschiedenen Oberen in jeder Hinsicht und in gleicher Weise unmittelbar untersteht. Dem erhobenen Vorwurf, das Bistum habe nicht ein Haupt, sondern zwei Häupter, wird man nur durch das Anerkenntnis begegnen können, dass der regierende Bischof kraft göttlichen Rechtes eine Zuständigkeit besitzt, in die der Papst nicht nach Belieben eingreifen darf. Anders ausgedrückt, es muss klargestellt werden, dass das Recht des Papstes, in die Leitung eines Bistums einzugreifen, nicht auf Grund einer gleichartigen und in jeder Hinsicht mit der des regierenden Bischofs konkurrierenden Kompetenz erfolgt, sondern kraft eines höheren Rechtes, das nur dann eingesetzt werden darf, wenn das in ordentlicher Weise zuständige Organ versagt."[54] Bekanntlich sehen wir uns trotz dieser zutreffenden Hinweise mit c. 333 § 1 CIC/1983 konfrontiert, der lautet: „Der Papst hat kraft seines Amtes nicht nur die Gewalt in Hinblick auf die Gesamtkirche, sondern besitzt auch über alle Teilkirchen und deren Verbände einen Vorrang ordentlicher Gewalt, durch den zugleich die eigenberechtigte, ordentliche und unmittelbare Gewalt gestärkt und geschützt wird, die die Bischöfe über die ihrer Sorge anvertrauten Teilkirchen innehaben." Nimmt man die lehrmäßige Aussage des Konzils ernst, dass die Teilkirche Kirche im Vollsinn des Wortes ist, ihr Bischof alle Gewalt hat, die er zur Leitung seiner Diözese braucht, dann ist es an der Zeit mit Blick auf das Programm der Dezentralisierung, die Beweislast umzudrehen. Nur

---

53 Vgl. MÖRSDORF, Klaus, Die Unmittelbarkeit der päpstlichen Primatialgewalt im Lichte des kanonischen Rechtes, in: Aymans, Winfried; Geringer, Karl-Theodor; Schmitz, Heribert (Hrsg.), Klaus Mörsdorf. Schriften zum Kanonischen Recht, Paderborn u. a. 1989, S. 241–255.

54 KARDINAL DÖPFNER, Julius, Konzilstagebücher, Briefe und Notizen zum Zweiten Vatikanischen Konzil. Bearbeitet von Guido Treffler, Regensburg 2006 (= Schriften des Archivs des Erzbistums München und Freising; 9), S. 499 f.

dann kann der Papst subsidiär als Gesetzgeber einer Diözese handeln, wenn die untere Autorität ausfällt, aber um der Sache willen legislativ gehandelt werden muss. Dies wäre kirchenrechtlich präzise in Ergänzung zu c. 331 § 1 CIC/1983 aufzunehmen.[55]

• Und innerkatholisch wäre auf den CCEO als Rahmenrecht zu verweisen und vielleicht kritisch anzumerken, ob es überhaupt diesen zweiten Codex wirklich braucht. War es nicht gerade ein Anliegen auf dem II. Vatikanum, der lange andauernden Latinisierung der unierten Ostkirchen Einhalt zu gebieten und wieder stärker ihnen eine größtmögliche Autonomie hinsichtlich des eigenen Rechts, der eigenen liturgischen Traditionen und der eigenen Formen der Spiritualität zu ermöglichen?[56]

---

55 Vgl. Böhnke, Michael, Theologische Anmerkungen zur Geltung des Subsidiaritätsprinzips in der Kirche, in: Schüller, Thomas; Zumbült, Martin (Hrsg.), Iustitia est constans et perpetua voluntas ius suum cuique tribuendi. FS für Klaus Lüdicke, Essen 2014 (= BzMK; 70), S. 105–120; hier S. 113: „Das wahre Verhältnis von Einheit und Vielfalt wird in ihr dadurch gewahrt, dass die jeweils größere Ebene dem Kompetenzanmaßungsverbot entspricht, dass sie darauf verzichtet, unmittelbare Gewalt gegenüber und in der kleineren Einheit auszuüben. Sie respektiert also das Selbstorganisationsrecht als Kompetenz der kleineren Einheit."

56 Vgl. Dekret Orientalium ecclesiarium vom 21. November 1964, in AAS 57 (1965), S. 76–89; dt.: HThK-VatII, Bd. 1, S. 193–210. Dort vor allem die Nrn. 2 und 3.: „Das ist nämlich das Ziel der katholischen Kirche: dass die Überlieferungen jeder einzelnen Teilkirche oder eines jeden Ritus unverletzt erhalten bleiben; zugleich soll sich der Lebensstil dieser Kirchen den verschiedenen zeitlichen und örtlichen Notwendigkeiten anpassen." Und ein wenig später: „Diese Teilkirchen – seien es die östlichen oder westlichen – unterscheiden sich in gewissem Grade durch ihre sogenannten Riten, d. h. durch ihre Liturgie, ihr kirchliches Recht und ihr geistiges Erbgut; [...]."

Literaturverzeichnis

AYMANS, Winfried, Die Communio Ecclesiarum als Gestaltgesetz der einen Kirche, in: AfkKR 139 (1970), S. 69–90.

BENEDIKT XVI, Anglicanorum coetibus. vom 4. November 2009, in: AAS 101 (2009), S. 987–990; dt.: URL: http://w2.vatican.va/content/benedict-xvi/de/apost_constitutions/documents/hf_ben-xvi_apc_20091104_anglicanorum-coetibus.html [eingesehen am: 06.02.2019].

BIER, Georg, Die Rechtsstellung des Diözesanbischofs nach dem Codex Iuris Canonici von 1983, Würzburg 2001 (= Fzk; 32).

BÖHNKE, Michael, Theologische Anmerkungen zur Geltung des Subsidiaritätsprinzips in der Kirche, in: Schüller, Thomas; Zumbült, Martin (Hrsg.), Iustitia est constans et perpetua voluntas ius suum cuique tribuendi. FS für Klaus Lüdicke, Essen 2014 (= BzMK; 70), S. 105–120.

CONGREGATIO DE CULTU DIVINO ET DISCIPLINA SACRAMENTORUM, Instruktion Liturgiam authenticam vom 28. März 2001, in: AAS 93 (2001), S. 685–726; dt.: Sekretariat der DBK (Hrsg.), Congregatio de Cultu Divino et Disciplina Sacramentorum, Instruktion Liturgiam authenticam vom 28. März 2001 (= VApSt; 154).

CONGREGATIO PRO DOCTRINA FIDEI, Communionis notio vom 28. Mai 1992, in: AAS 85 (1993), S. 838–850; dt.: Sekretariat der DBK (Hrsg.), Congregatio pro Doctrina fidei, Communionis notio vom 28. Mai 1992 (= VApSt; 107).

CONGREGATIO PRO EPISCOPIS; Congregatio pro Gentium Evangelizatione, Instruktion über die Diözesansynoden vom 19. März 1997, in: AAS 89 (1997), S. 706–727; dt.: URL: http://www.vatican.va/roman_curia/congregations/cbishops/documents/rc_con_cbishops_doc_20041118_diocesan-synods-1997_ge.html [eingesehen am: 04.02.2019].

DE ECHIEVERA, Lamberto, El derecho particular, in: La norma en el derecho canónico. Actas des III. Congreso Internacional de Derecho Canónico, Pamplona 10–15 octubre de 1976, Bd. 2, Pamplona 1979, S. 185–218.

DEUTSCHE BISCHOFSKONFERENZ, Allgemeines Dekret der Deutschen Bischofskonferenz zum Kirchenaustritt, in: Katholisches Amtsblatt des Erzbistums Paderborn 142 (2012), S. 148–149.

DIES., Dekret der Deutschen Bischofskonferenz über die Errichtung des Kirchlichen Arbeitsgerichtshofes in der Fassung des Beschlusses der Vollversammlung der Deutschen Bischofskonferenz vom 21.09.2004, in: AfkKR 174 (2005), S. 155–157.

DÖPFNER, Julius, Konzilstagebücher, Briefe und Notizen zum Zweiten Vatikanischen Konzil. Bearbeitet von Guido Treffler, Regensburg 2006 (= Schriften des Archivs des Erzbistums München und Freising; 9).

FINZEL, Helmut, Die Bischofssynode. Zwischen päpstlichen Primat und bischöflicher Kollegialität, St. Ottilien 2016 (= Kanonistische Reihe; 27).

FRANZISKUS, Apostolischer Konstitution Episcopalis communio vom 15.09.2018. URL: http://w2.vatican.va/content/francesco/de/apost_constitutions/documents/papa-francesco_costituzione-ap_20180915_episcopalis-communio.html [eingesehen am: 04.02.2019].

DERS., MP Magnum principium vom 3. September 2017, in: AAS 109 (2017).

DERS., Apostolische Konstitution Veritatis gaudium vom 27. Dezember 2017, in: AAS 110 (2018), S. 1–41; dt.: Sekretariat der DBK (Hrsg.), Papst Franziskus, Apostolische Konstitution Veritatis gaudium vom 27. Dezember 2017 (= VApSt; 211).

DERS., Apostolisches Schreiben Evangelii gaudium vom 24. November 2013, in: AAS 105 (2013), S. 1019–1137; dt.: Sekretariat der DBK (Hrsg.), Papst Franziskus, Apostolisches Schreiben Evangelii gaudium vom 24. November 2013 (= VApSt; 194)

IHLI, Stefan, Der Diözesanbischof als Gesetzgeber, in: Demel, Sabine; Lüdicke, Klaus (Hrsg.), Zwischen Vollmacht und Ohnmacht. Die Hirtengewalt des Diözesanbischofs und ihre Grenzen, Freiburg 2015, S. 256–276.

INTERNATIONALE THEOLOGENKOMMISSION, Mysterium des Gottesvolkes, Einsiedeln 1987.

JOHANNES PAUL II, Apostolos suos vom 21. Mai 1998, in: AAS 90 (1998); dt.: URL: http://w2.vatican.va/content/john-paul-ii/en/motu_proprio/documents/hf_jp-ii_motu-proprio_22071998_apostolos-suos.html [eingesehen am 06.02.2019].

KEHL, Medard, Der Disput der Kardinäle – Zum Verhältnis von Universalkirche und Ortskirchen, in: StdZ 221 (2003), S. 219–232.

KRÄMER, Peter; DEMEL, Sabine; GEROSA, Libero u. a. (Hrsg.), Universales und partikulares Recht in der Kirche. Konkurrierende oder integrierende Faktoren?, Paderborn 1999.

MÖRSDORF, Klaus, Die Unmittelbarkeit der päpstlichen Primatialgewalt im Lichte des kanonischen Rechtes, in: Aymans, Winfried; Geringer, Karl-Theodor; Schmitz, Heribert (Hrsg.), Klaus Mörsdorf. Schriften zum Kanonischen Recht, Paderborn u. a. 1989, S. S. 241–255.

MÜLLER, Hubert, Das Gesetz in der Kirche „zwischen" amtlichem Anspruch und konkretem Vollzug. Annahme und Ablegung universalkirchlicher Gesetze als Anfrage an die Kirchenrechtswissenschaft, München 1978 (= Eichstätter Hochschulreden; 13).

Ders., Verwirklichung der Katholizität in der Ortskirche, in: Kirchliches Recht als Freiheitsordnung. Gedenkschrift für Hubert Müller, Würzburg 1997 (= FzK; 27), S. 14–38.

Pius XII., Allocutio vom 20.02.1946, in: AAS 38 (1946), S. 141–158; dt. Nell-Breuning, Oswald von, Die Kirche das Lebensprinzip der menschlichen Gesellschaft. Ansprache des Heiligen Vaters Papst Pius' XII am 20. Februar 1946, Köln 1946.

Pree, Helmuth, Nichtterritoriale Strukturen der hierarchischen Kirchenverfassung, in: Erdö, Peter, Szabó, Péter (Hrsg.), Territorialità e personalità nel diritto canonico ed ecclesiastico. Il diritto canonico di fronte al terzo millennio, Budapest 2002, S. 515–544.

Ratzinger, Josef, Das neue Volk Gottes. Entwürfe zur Ekklesiologie, Düsseldorf 1969.

Schmitz, Heribert, Der Diözesanbischof, in: HdbKathKR³, S. 591–611.

Schnelle, Stephan, Die Kirche ist Synode. Vor 50 Jahren ist die Synodalordnung unterschrieben worden. URL: https://bistumlimburg.de/beitrag/die-kirche-ist-synode/ [eingesehen am: 04.02.2019].

Schüller, Thomas, Die katholische Kirche und das neue Datenschutzrecht, in: HK 72/8 (2018), S. 22–25.

Winterkamp, Klaus, Die Bischofskonferenz zwischen ‚affektiver‘ und ‚effektiver‘ Kollegialität, Münster 2003.

Wirz, Christian, Das eigene Erbe wahren. Anglicanorum coetibus als kirchenrechtliches Modell für Einheit in Vielfalt?, Münster 2013 (= BzMK; 63).

Claus Dieter Classen

Rechtsprechung zwischen Globalität und Partikularität

Abstract Die Globalisierung des Rechts erfasst im Grundsatz auch die Rechtsprechung. Dies schlägt sich einerseits in der Schaffung internationaler Gerichte nieder, andererseits in der Internationalisierung des von den nationalen Gerichten anzuwendenden Rechts. Das Bundesverfassungsgericht steht dieser Entwicklung grundsätzlich positiv gegenüber. Es bezieht auch das internationale Recht in seine Judikatur ein, zieht diesem aber mit Hinweis auf die Verfassung auch gewisse Grenzen. Die Kirchen bleiben von den damit verbundenen Auswirkungen jedoch weitgehend verschont; ihr Status ist dem Zugriff des Rechts der Europäischen Union grundsätzlich entzogen. Bei manchen Einzelfragen aber sind auch die Kirchen internationalem und europäischem Recht unterworfen. Insbesondere beim kirchlichen Arbeitsrecht hinterlässt die Europäisierung des Grundrechtsschutzes durch EMRK und europäischer Grundrechtecharta, konkret vor allem der Schutz vor Diskriminierung, allerdings doch ihre Spuren. Das stößt sich mit den nationalen verfassungsrechtlichen Traditionen, berührt aber nicht die verfassungsrechtlichen Grenzen der europäischen Integration.

1. Einführung

Die Dichte des internationalen Rechts nimmt kontinuierlich zu. Wenn und soweit aber das Recht globalen Charakter annimmt, muss sich auch die Rechtsprechung globalisieren, bezieht sie doch ihre zentrale Legitimation gerade daraus, dass sie allein dem Recht verpflichtet ist. Diese Globalisierung der Rechtsprechung führt zum einen passend zu den europäischen oder internationalen Regeln zur Schaffung auch europäischer und internationaler Gerichte. Zum anderen greifen die nationalen Gerichte, insbesondere das Bundesverfassungsgericht, in der Judikatur diese Globalisierungstendenzen auf, setzen ihnen aber auch Grenzen. Dies wird zunächst eher aus allgemeiner Perspektive und dann aus dem Blickwinkel des Religionsrechts beleuchtet.

2. Globalisierung der Rechtsprechung im Allgemeinen

2.1. Zu den internationalen und europäischen Gerichten

Die Internationalisierung des Rechts bringt nicht zwingend eine internationale Rechtsprechung mit sich. Anders als im nationalen Recht besteht auf internationaler Ebene nicht generell eine obligatorische Gerichtsbarkeit. Internationale Gerichte bestehen nur bzw. sind nur zur Entscheidung berufen, wenn und soweit das jeweils ausdrücklich vorgesehen ist. Der Internationale Gerichtshof in Den Haag etwa ist für alle Angelegenheiten zuständig, die ihm von den Parteien im konkreten Fall unterbreitet wurden oder für die er kraft ausdrücklicher Regelung in einem bestimmten Vertrag zuständig ist (Art. 36 Abs. 1 Statut). Auch können Staaten generell die Zuständigkeit anerkennen (ebd., Abs. 2).[1] Ist in einem Fall kein Gerichtshof zuständig, beurteilt jeder Beteiligte in einem Streitfall selbst die Rechtslage. Wehrt sich ein Staat gegen das Verhalten eines anderen mittels Repressalie, weil er dieses für rechtswidrig erachtet, kann der andere darauf in gleicher Weise reagieren, weil er wiederum sein Verhalten für rechtmäßig und dessen Abwehr dementsprechend für rechtswidrig hält.[2]

Wegen der nur begrenzten Wirksamkeit dieser Form der Streitentscheidung wurden mit der Schaffung europäischen Rechts jeweils auch entsprechende Gerichte errichtet – die Europäische Menschenrechtskonvention aus dem Jahre 1950 sah den Europäischen Gerichtshof für Menschenrechte in Straßburg vor, der 1951 ausgehandelte Vertrag zur Gründung der Europäischen Gemeinschaft für Kohle und Stahl, die Keimzelle der heutigen Europäischen Union, den Europäischen Gerichtshof in Luxemburg. Nur am Rande seien zudem die Investitionsschiedsgerichte erwähnt.[3]

Eine überstaatliche Gerichtsbarkeit muss das in wichtigen Bereichen nur recht offen formulierte Recht im Einzelfall anwenden und damit auch konkretisieren. Je konkreter das europäische Recht Gestalt annimmt, desto geringer werden die Entscheidungsspielräume der Nationalstaaten. Zugleich sollen die Spielräume nicht so groß werden, dass das Recht seine Wirkung verliert. Ganz bewusst betont die Präambel des EGKS-Vertrages das Bewusstsein, dass „Europa nur durch konkrete Leistungen […] aufgebaut werden kann“.

Beide Gerichte, der EGMR und der EuGH, belassen daher den Staaten gewisse Spielräume, Partikularität zu wahren. Abgesehen vom Gebot der Erschöpfung des nationalen Rechtsweges vor Anrufung des EGMR (Art. 35 Abs. 1 EMRK), die nationale Problembereinigung ermöglicht, verweist der EGMR regelmäßig auf einen Beurteilungsspielraum der Staaten, eine „margin of appreciation“, wenn er zu entscheiden hat, ob die Beschränkung eines Menschenrechts von dessen Schranken gedeckt ist oder nicht.[4] Kriterien für die Größe dieses Spielraums sind insbesondere die Intensität ei-

---

1   Vgl. v. ARNAULD, Andreas, Völkerrecht, Heidelberg ³2016, Rn. 461–474; vgl. auch Rn. 442–455.

2   Vgl. ebd., Rn. 457 f., 419–421.

3   Dazu jüngst LUDWIGS, Markus; REMIEN, Oliver (Hrsg.), Investitionsschutz, Schiedsgerichtsbarkeit und Rechtsstaat in der EU, Baden-Baden 2018.

4   Darstellung bei GRABENWARTER, Christoph; PABEL, Katharina, Europäische Menschenrechtskonvention, München ⁶2016, § 18 Rn. 20 f.

ner Beeinträchtigung sowie die Frage, ob und inwieweit es in bestimmten Bereichen zwischen den Vertragsstaaten einen Konsens gibt oder nicht. Für den EuGH sind in diesem Zusammenhang auf die in weitem Umfang von ihm anerkannten ungeschriebenen Rechtfertigungsgründe hinzuweisen, die Beschränkungen der Wirtschaftsfreiheiten des heutigen Binnenmarktes legitimieren.[5]

Zudem kommen in einem solchen Gericht sehr unterschiedliche Rechtskulturen zusammen; die Richter haben es also weitaus schwieriger als auf nationaler Ebene, sich auf eine einheitliche Linie zu verständigen.[6] Ein deutscher Verwaltungsrichter prüft ausgehend vom Gesetz das Anliegen des Klägers umfassend und dringt ggf. mit beachtlicher Tiefe in den Stoff ein. Für einen Common-Law-Richter ist bekanntlich das Gesetz nur der Ausnahmefall; für ihn steht die bisherige Rechtsprechung im Fokus – die es aber gerade bei den erwähnten in den 1950er Jahren neu errichteten europäischen Gerichten zunächst kaum gab. Und ein französischer Richter prüft regelmäßig auch in rechtlicher Hinsicht nur die vom Kläger vorgetragenen Argumente und dringt auch sonst weitaus weniger tief in die Materie ein, als man das aus Deutschland gewohnt ist.[7]

Diese Unterschiede erklären etwa die Schwierigkeiten des BVerfG, den EuGH zu der von ihm angesichts der begrenzten demokratischen Legitimation der Europäischen Zentralbank (EZB) für richtig gehaltenen dichten richterlichen Kontrolle dieser Institution zu bewegen. Für das BVerfG war es selbstverständlich, sich mit Details ökonomischer Theorien auseinanderzusetzen und am Ende eine eigene Haltung einzunehmen.[8] Für Juristen aus anderen europäischen Staaten war das kaum nachvollziehbar. Richter sind ja demokratisch auch nicht besonders legitimiert. Zudem verstehen sie von Ökonomie meist wenig, sind jedenfalls insoweit nicht formal qualifiziert. Deswegen ist es nicht verwunderlich, dass der EuGH die EZB im Wesentlichen nur formal kontrolliert, mit Blick auf Verfahren und Begründung.[9] Einen ganz ähnlichen Konflikt hatte es im Übrigen auch schon 35 Jahre früher zwischen dem BFH und dem EuGH gegeben – damals in einer Auseinandersetzung um die aus zollrechtlichen Gründen

---

5   Darstellung bei OPPERMANN, Thomas; CLASSEN, Claus Dieter; NETTESHEIM, Martin, Europarecht, München [8]2018, § 22 Rn. 42 f., § 25 Rn. 19 f., § 27 Rn. 50–53, § 28 Rn. 36–39.

6   Vgl. DANWITZ, Thomas, Funktionsbedingungen der Rechtsprechung des Europäischen Gerichtshofes, in: Europarecht 43 (2008), S. 769–785.

7   Vgl. CLASSEN, Claus Dieter, Zur heutigen Bedeutung der Rechtsvergleichung für das europäische Verwaltungsrecht, in: Terhechte, Jörg (Hrsg.), Internationale Dimensionen des europäischen Verwaltungsrechts, Baden-Baden 2016, S. 87–92.

8   BVerfG, Vorlagebeschluss vom 14. Januar 2014 – 2 BvR 2728/13 u. a., in: BVerfGE 134, S. 366–438; hier Rn. 69–98.

9   EuGH, Urteil Rs. C-62/14, Rn. 68–80.

zu entscheidende Frage, wie die wissenschaftliche Leistungsfähigkeit eines bestimmten Importgeräts zu beurteilen ist.[10]

2.2. *Die Position des Bundesverfassungsgerichts*

Die nationalen Gerichte wiederum haben über alles zu wachen, was Recht ist, also auch das in Deutschland geltende internationale und europäische Recht. Für manchen am deutschen Recht geschulten Richter ist das eine wirkliche Herausforderung. Demgegenüber ist für das BVerfG im Kern nur das Grundgesetz der Maßstab. Völlig zu Recht hat man aber dessen verschiedene Bestimmungen zur internationalen Kooperation in einer Gesamtschau als „Verfassungsentscheidung für die internationale Zusammenarbeit"[11] qualifiziert und insoweit von einer „offenen Staatlichkeit" gesprochen.

Instruktiv in diesem Sinne ist schon der erste Artikel des Grundgesetzes. Nachdem in Abs. 1 dieser Norm die Menschenwürde garantiert wird, heißt es in Abs. 2: „Das deutsche Volk bekennt sich darum zu unverletzlichen und unveräußerlichen Menschrechten als Grundlage jeder menschlichen Gemeinschaft, des Friedens und der Gerechtigkeit in der Welt." Daran schließen sich dann die Bestimmungen zu den einzelnen Grundrechten an. Unabhängig von allen Deutungsunterschieden im Einzelnen belegt diese Norm jedenfalls eine gewisse Einbindung der deutschen Grundrechte in einen internationalen Kontext. Dabei ist in Erinnerung zu rufen, dass die 1948 von den Vereinten Nationen verabschiedete Allgemeine Erklärung der Menschenrechte während der Erarbeitung des Grundgesetzes beschlossen wurde und wie schon die einschlägigen Vorarbeiten den Mitgliedern des Parlamentarischen Rates vor Augen stand.

Konkret entfalten internationales und europäisches Recht je nach Rechtsquelle unterschiedliche Wirkungen: Völkerrechtliche Verträge gelten innerstaatlich regelmäßig im Rang eines Bundesgesetzes (vgl. Art. 59 Abs. 2 GG), und das BVerfG wacht auch über deren Einhaltung.[12] Das für das Religionsrecht allerdings kaum bedeutungsvolle Gewohnheitsrecht steht sogar im Rang über Gesetzen (Art. 25 GG). Und soweit der Europäischen Union sowie sonstigen zwischenstaatlichen Organisationen Hoheitsrechte übertragen wurden (Art. 23 und 24 GG), können deren Rechtsakte im Grundsatz sogar Vorrang vor dem Grundgesetz beanspruchen. Auch aus verfassungsrechtlicher Perspektive sind unmittelbare Geltung und Vorrang des Rechts der früheren Europäi-

---

10 BFH, Beschluss vom 17. Juli 1990, und dazu EuGH, Urteil vom 21. November 1991, Rs. C-269/90, in: Slg. 1991, S. I-5469–5503; hier Rn. 16–29.

11 VOGEL, Klaus, Die Verfassungsentscheidung des Grundgesetzes für eine internationale Zusammenarbeit, Tübingen 1964.

12 BVerfG, Beschluss vom 14. Oktober 2004 – 2 BvR 1481/04, in: BVerfGE 111, S. 307–365; hier S. 315–330.

schen Wirtschaftsgemeinschaft, also des heutigen europäischen Unionsrechts, gegenüber dem nationalen Recht[13] in hohem Maße plausibel.[14] Dementsprechend ist dem im
Grundsatz auch das BVerfG gefolgt.[15] Immerhin kennt das Unionsrecht mit dem Vor-
lageverfahren nach Art. 267 AEUV ein Instrument des Dialoges zwischen nationalen
Gerichten und dem EuGH, in dem erstere letzterem ihre Vorstellungen von der richtigen Interpretation des europäischen Rechts unterbreiten können.

Die Wirkung des internationalen Rechts auf die Rechtsprechung in Deutschland
geht aber weiter. Zu Recht hat das BVerfG menschenrechtlichen Gewährleistungen,
wie sie in der EMRK, in anderen völkerrechtlichen Verträgen, aber auch dem Unionsrecht enthalten sind, Bedeutung auch für die Auslegung des Grundgesetzes zugesprochen. In diesem Sinne hat etwa die EMRK Impulse zur Fortentwicklung des Familienrechts[16] sowie zur Neuausrichtung der Sicherungsverwahrung[17] gegeben, und in
seiner Rechtsprechung zur weitreichenden Gleichstellung von Ehe und eingetragenen
Lebenspartnerschaften hat sich das BVerfG auch auf die unionsrechtliche Rechtsentwicklung bezogen.[18]

Dieser menschenrechtskonformen Interpretation der Grundrechte wird entgegen-
gehalten, dass das BVerfG damit auf eine Rechtsquelle zugreife, die für dieses Gericht
formal bedeutungslos sei.[19] Doch richten sich die internationalen Verpflichtungen an
den gesamten Staat und haben materiell alle Staatsorgane im Blick. Vor allem aber ist
daran zu erinnern, dass sich die Legitimation eines Richters ganz maßgeblich aus den
Rechtsquellen speist, die seiner Urteilsfindung zugrunde liegen. Dementsprechend sollten ähnlich oder gar vergleichbar formulierte Normen auch zu vergleichbaren Konsequenzen führen. Immerhin haben sich EMRK wie der Grundrechtskatalog des Grundgesetzes von der Allgemeinen Erklärung der Menschenrechte inspirieren lassen. Jedes
divergierende Ergebnis verlangte eine deutlich höhere Begründung.

Rechtspraktisch ist schließlich zu beachten, dass alle, die in Karlsruhe unterliegen, sich anschließend in Straßburg an den Menschenrechtsgerichtshof wenden kön-

---

13   EuGH, Urteile vom 5. Februar 1963 – Rs. 26/62, in: Slg. 1963, S. 1–30; hier S. 25 f., und
      vom 15. Juli 1964, Rs. 6/64, in: Slg. 1964, S. 1251–1278; hier S. 1269–1271.

14   Dazu CLASSEN, Claus Dieter, Kommentar zu Art. 24 GG, in: Mangoldt; Klein; Starck,
      Kommentar zum Grundgesetz, München [7]2017, Rn. 17–19.

15   BVerfG, Urteil vom 9.6.1971, 2 BvR 225/69, in: BVerfGE 31, S. 145–180; hier S. 173 f.

16   BVerfG, Beschluss vom 21.Juli 2010 – 1 BvR 420/09, in: BVerfGE 127, 132–165; hier
      S. 156, im Anschluss an EGMR, Urteil 22028/04.

17   BVerfG, Urteil vom 4. Mai 2011 – 2 BvR 1265/09 u. a., in: BVerfGE 128, S. 326–409, als
      Reaktion auf EGMR, Urteil 19359/04, Rn. 133.

18   BVerfG, Beschluss vom 7. Juli 1999, 1 BvR 1164/07, in: BVerfGE 124, S. 199–235; hier
      S. 220.

19   Vgl. HILLGRUBER, Christian, Urteilsanmerkung, Juristenzeitung 2010, hier S. 43.

nen. Gewinnen sie dort, wird jedenfalls die Bundesrepublik insgesamt verpflichtet, ihren Belangen Rechnung zu tragen. Und Ähnliches gilt für das europäische Unionsrecht. Einige der Fälle, in denen es um die Gleichstellung der eingetragenen Lebenspartnerschaft mit der Ehe ging, fielen in dessen Anwendungsbereich.[20] Hätte man die in dem konkreten Fall geforderte Gleichstellung nicht von Verfassungs wegen gefordert, hätte man sie vermutlich mit Hinweis auf vorrangiges Unionsrecht herbeiführen müssen.[21]

2.3. Grenzen der Globalisierung: die Partikularität

Diese Offenheit gegenüber europäischem und internationalem Recht kennt aber auch je nach Rechtsquelle unterschiedliche Grenzen, so dass sich dort die Partikularität durchsetzt. Die wie erwähnt im Gesetzesrang stehenden Verträge stehen nicht nur im Rang unter der Verfassung, sondern können vor allem auch durch spätere Gesetze verdrängt werden.[22] Das Unionsrecht hingegen findet nach der jüngsten Rechtsprechung des BVerfG eine Grenze nur noch in der in Art. 23 Abs. 1 S. 3 i. V. m. 79 Abs. 3 GG garantierten Verfassungsidentität.[23]

Aus diesem Ansatz hat das BVerfG dann problematische Konsequenzen gezogen. Im vorliegenden Kontext steht vor allem das Demokratieprinzip im Fokus. Dieses hat das BVerfG etwa im Kontext des Streits um die EZB fruchtbar gemacht,[24] und im Lissabon-Urteil hat es auch Grenzen für die Intervention der Union in das staatliche Religionsrecht postuliert.[25] Manche der in Art. 79 Abs. 3 GG verankerten Prinzipien wie die Bundesstaatlichkeit sind nun wirklich für Deutschland spezifisch; hier erscheint das Beharren auf nationaler Identität plausibel. Geht es hingegen um gemeineuropäisch anerkannte Grundsätze wie das Demokratieprinzip oder die Menschenwürde, wird es schwieriger. Die französischen Gerichte etwa gehen in einem solchen Fall davon aus, dass den europäischen Grundsätzen zu folgen ist.[26] Das BVerfG lehnt

---

20 Etwa BVerfG, Beschluss vom 7. Juli 2009 – 1 BvR 1164/07, in: BVerfGE 124, S. 161–199.

21 Zur Lage im Unionsrecht EuGH, Urteil vom 1. April 2008 – Rs. C-267/06, in: Slg. 2008, S I-1757–1816.

22 BVerfG, Beschluss vom 15. Dezember 2015 – 2 BvL 1/12, in: BVerfGE 141, S. 1–43, Rn. 49 ff.

23 BVerfG, Urteil vom 15. Dezember 2015 – 2 BvR 2735/14, in: BVerfGE 140, S. 317–376, Rn. 41 ff.

24 BVerfG, Beschluss vom 17. Dezember 2014 – 2 BvR 2727/13 u. a., in: BVerfGE 134, S. 366–419, Rn. 59 f., sowie Urteil vom 21. Juni 2016 – 2 BvR 2728/13 u. a., in: BVerfGE 142, S. 123–234, Rn. 187–189.

25 BVerfG, Urteil vom 30. Juni 2009, 2 BvE 2/08 u. a., in: BVerfGE 123, S. 267–437; hier S. 358 f., 363.

26 Conseil d'État, Entscheidung 287110.

das ab, sieht sich dann aber – siehe EZB-Verfahren – mit dem Problem konfrontiert, auf europäischer Ebene kein Gehör zu finden.

Zugleich nimmt das Verfassungsgericht an, dass es, weil den europäischen Organen keine Kompetenz-Kompetenz zukommt, auch überprüfen kann, ob Entscheidungen der europäischen Organe auf einer wirksamen Übertragung von Hoheitsrechten beruhen oder jenseits eines solchen Übertragungsaktes angesiedelt sind; man spricht von der Ultra-vires-Kontrolle. Voraussetzung ist allerdings ein qualifizierter Rechtsverstoß. Dieser setzt die Offensichtlichkeit der Rechtswidrigkeit des Handelns der Unionsgewalt voraus; zudem muss der angegriffene Akt im Kompetenzgefüge zu einer strukturell bedeutsamen Verschiebung zulasten der Mitgliedstaaten führen.[27]

Auch hier kann man Zweifelsfragen anmelden. Das Grundgesetz betont bekanntlich in Art. 24 Abs. 3 GG die große Bedeutung internationaler gerichtlicher Streitentscheidung, verpflichtet die Bundesrepublik sogar unter bestimmten Voraussetzungen zur Teilhabe. Diese aber würde bei nationalen Nachkontrollmöglichkeiten ihren Sinn verlieren.[28] In beiden Fällen muss schließlich, so betont das BVerfG, vor einer Entscheidung gegen die Anwendbarkeit des Unionsrechts der EuGH im Wege des Vorlageverfahrens angerufen werden.

Als eine faktische Grenze der Bedeutung des europäischen Rechts in Deutschland erweist sich schließlich der gelegentlich zu beobachtende eigenwillige Umgang mit diesem, nämlich wenn dieses in einer zumindest diskutablen Weise interpretiert wird. Gelegentlich werden europäische Vorgaben auch schlicht völlig ignoriert. Für beide Gesichtspunkte liefert gerade auch das Religionsrecht Beispiele.[29]

3. Religionsrecht

3.1. *Zur europäischen Rechtsprechung*

Für das deutsche Religionsrecht haben die vorstehend geschilderten Entwicklungen aber nur begrenzte Bedeutung. Religion stellt zwar unbestreitbar ein ausgesprochen internationales Phänomen dar. Die Frage, wie sich der Staat zur Religion verhält, wird aber schon in einem kulturell vergleichsweise homogenen Bereich der Europäischen Union unterschiedlich beantwortet. Der Staatskirche in England und Dänemark steht die strikte Trennung zwischen Staat und Religion in Frankreich gegenüber, und in weiteren Staaten verbindet sich eine institutionelle Trennung von Staat und Religionsgemeinschaften mit einer engeren Kooperation zwischen beiden Institutionen wie in

---

27 BVerfG, Beschluss vom 6. Juli 2010, in: BVerfGE 126, S. 286–318; hier S. 302 ff.

28 Vgl. CLASSEN, Kommentar zu Art. 24 GG (wie Anm. 14), Rn. 52–54.

29 Für beide Konstellationen BVerfG, Beschluss vom 22. Oktober 2014 – 2 BvR 661/12, in: BVerfGE 137, 273–345 (zur EMRK: Rn. 127 ff.; das Unionsrecht wird gar nicht erwähnt).

Deutschland, Spanien oder Italien. Dementsprechend gibt es zum Thema Religionsrecht keine internationalen Regelungen. Mit Blick auf die Europäische Union betont Art. 17 AEUV sogar ausdrücklich, dass die Union den Status achtet, den Kirchen und religiöse Vereinigungen oder Gemeinschaften in den Mitgliedsstaaten nach deren Rechtsvorschriften genießen, und ihn nicht beeinträchtigt.

Nichtsdestoweniger ist auch das deutsche Religionsrecht europäischen Einflüssen ausgesetzt. Den Ausgangspunkt hierfür bilden die Menschenrechte. Zu diesen gehört auch die in der EMRK (Art. 9) und der Grundrechtecharta (Art. 10) verankerte Religionsfreiheit. Beide Garantien haben allerdings für das deutsche Religionsrecht kaum praktische Bedeutung. Wegen der erwähnten unterschiedlichen Vorstellungen vom Verhältnis von Staat und Religionsgemeinschaft in Europa hat der EGMR den Staaten einen weiten Spielraum bei der Beurteilung der Zulässigkeit von Eingriffen in die Religionsfreiheit zugestanden und etwa Kopftuchverbote[30] oder gar das Verbot der Ganzkörperverschleierung[31] in einem nach deutschem Recht nicht vorstellbaren Ausmaß für zulässig erachtet hat.

Stattdessen ist das deutsche Religionsrecht vor allem deswegen in das Blickfeld des EGMR geraten, weil gelegentlich die Religionsfreiheit in Konflikt mit anderen Menschenrechten gerät. Die Rechte der EMRK entfalten zwar keine unmittelbare Drittwirkung in dem Sinne, dass sie Verpflichtungen für andere Private begründen; nach Art. 1 EMRK werden unmittelbar nur die Vertragsstaaten verpflichtet. Materiell sind die in der EMRK garantierten Rechtsgüter allerdings auch für das Verhältnis zwischen verschiedenen Privaten von Bedeutung. Daher wird der Staat ganz ähnlich wie nach den Grundrechten des Grundgesetzes auch nach der EMRK als verpflichtet angesehen, soweit erforderlich geeignete Schutzmaßnahmen zu ergreifen, mit denen verhindert wird, dass Private unangemessen in einen von einer Garantie der EMRK geschützten Bereich übergreifen.[32]

Verschiedentlich durch kirchliche Arbeitgeber ausgesprochene Kündigungen von Mitarbeitern haben dementsprechend zu einer Überprüfung dieser Entscheidungen am Maßstab von Art. 8 EMRK, dem Recht auf Privatleben, geführt. Während mehrere Beschwerden mit Hinweis auf den erwähnten Spielraum der Staaten abgewiesen wurden,[33] hat der EGMR in einem, sogar Deutschland betreffenden Fall, einer solchen stattgegeben.[34] Dort wie insgesamt betont der EGMR zudem stärker als das BVerfG

---

30   EGMR, Urteil 44774/98.

31   EGMR, Urteil 43835/11.

32   Dazu GRABENWARTER; PABEL, Europäische Menschenrechtskonvention (wie Anm. 4), § 19.

33   Etwa EGMR, Urteile 425/03 und 18136/02.

34   EGMR, Urteil 1620/03.

die Notwendigkeit, dass die staatlichen Gerichte eine faire Balance zwischen den Rechten der Beteiligten sicherstellen müssten.

Vor allem aber ist das weltliche wie das kirchliche Arbeitsrecht unter unionsrechtlichen Druck geraten, konkret durch die Antidiskriminierungsrichtlinie 2000/78. Diese untersagt eine Diskriminierung aus religiösen Gründen im Bereich des Arbeitsrechts. 2017 hatte der EuGH die Zulässigkeit arbeitgeberseitig verhängter Kopftuchverbote zu beurteilen. Nicht überzeugend hat er insoweit nur eine sogenannte mittelbare Diskriminierung angenommen. Diese sei gerechtfertigt, wenn ihr eine strikte Neutralitätspolitik des Unternehmens zugrunde liege. Zur Begründung wurde unter anderem auf die Unternehmensfreiheit nach Art. 16 GRC verwiesen.[35] Damit wurde ein Standard gesetzt, der unter dem des Grundgesetzes liegt.[36] Nun erlaubt die Richtlinie gemäß ihrem Art. 9 einen weitergehenden mitgliedstaatlichen Schutz. Daher dürfte sich aus diesen Urteilen kein Einfluss auf das deutsche Recht ergeben.[37]

Anderes gilt für zwei Entscheidungen aus dem Jahre 2018 zum bereits erwähnten kirchlichen Arbeitsrecht. Der vom deutschen Recht den Religionsgemeinschaften zugestandene Spielraum wurde deutlich eingegrenzt. Ein kirchlicher Arbeitgeber kann danach eine Mitgliedschaft eines Arbeitnehmers in der betreffenden Kirche nur verlangen, wenn angesichts des betreffenden Ethos dieses „nach der Art dieser Tätigkeit oder der Umstände ihrer Ausübung eine wesentliche, rechtmäßige und gerechtfertigte berufliche Anforderung" darstellt. Konkret wird man hier auf die Verkündigungsnähe abzustellen haben. Zugleich kann mit Blick auf das Verhalten der Mitarbeiter von den für einen kirchlichen Arbeitgeber arbeitenden Personen verlangt werden, „dass sie sich loyal und aufrichtig im Sinne des Ethos der Organisation verhalten". Das Ethos selbst definieren dabei zwar die Religionsgemeinschaften; der gebotene Ausgleich mit dem Diskriminierungsverbot aber unterliegt der strikten Kontrolle durch die staatlichen Gerichte.[38] Das klassische Leitbild der christlichen Dienstgemeinschaft, die keine nähere Unterscheidung nach den von den Mitarbeitern ausgeübten Tätigkeiten kennt,[39] kann danach nicht aufrecht erhalten werden: Nur wenn die konkrete Tätigkeit es wirklich zwingend fordert, darf die Kirchenzugehörigkeit verlangt werden. Allerdings steht das

---

35   EuGH, Urteil Rs. C-188/15.

36   Dazu BAG, Urteil 2 AZR 472/01, in: Neue Juristische Wochenschrift 2003, 1685–1688; BVerfG, Kammerbeschluss vom 30. Juli 2003, 1 BvR 792/03, in: Neue Juristische Wochenschrift 2003, 2815 f.

37   Siehe aber den Vorlagebeschluss des BAG 10 AZR 299/18 (A).

38   EuGH, Urteile Rs. C-414/16, und Rs. C-68/17.

39   Dazu GERMANN, Michael; DE WALL, Heinrich, Kirchliche Dienstgemeinschaft und Europarecht, in: Krause, Rüdiger; Veelken, Winfried; Vieweg, Klaus (Hrsg.), Recht der Wirtschaft und der Arbeit in Europa. Gedächtnisschrift für Wolfgang Blomeyer, Berlin 2004, S. 549–578.

alles schon im Kern in der Richtlinie selbst – hier hat sich also der Gesetzgeber für Europäisierung entschieden, die Rechtsprechung vollzieht nur nach.

Die katholische Kirche kann zudem die Anforderungen im Bereich der Lebensführung, die sie bisher an Mitarbeiter stellte, nur noch partiell durchsetzen. Theoretisch könnte sie wohl zwar von allen Mitarbeitern die Beachtung des kirchlichen Eherechts verlangen. Die differenzierende Praxis der katholischen Kirche hingegen, die dies nur von katholischen Mitarbeitern verlangt, ist in der Richtlinie so nicht vorgesehen. Daher hat sie der EuGH im bekannten Beispiel des Düsseldorfer Chefarztes abstrakt plausibel an die Anforderungen gekoppelt, die für das Verlangen nach Mitgliedschaft bestehen. Nur die Ausführungen zum Einzelfall überzeugen nicht uneingeschränkt. So liegt es nahe, dass die katholische Kirche von einem Chefarzt eines katholischen Krankenhauses verlangen kann, dass er katholisch ist – nur dann kann er den katholischen Charakter des Krankenhauses sichern. Weil die katholische Kirche aber in etlichen anderen Fällen Protestanten zu Chefärzten ihrer Krankenhäuser gemacht hat, kann sie sich kaum auf dieses Argument berufen. So ist denn im Ergebnis das EuGH-Urteil richtig.[40]

Diese Rechtsprechung wird wohl auch Weiterungen haben – die bei beiden Kirchen bestehenden Klauseln, dass ein Kirchenaustritt dem kirchlichen Dienst entgegensteht, dürfte ebenso unzulässig sein wie der nach Einführung der Ehe für alle ohnehin nicht mehr überzeugende Ausschluss eingetragener Lebenspartner bei der katholischen Kirche.

Diese Rechtsprechung wird wegen unzureichender Beachtung von Art. 17 AEUV kritisiert, der den Status der Kirchen vor einem unionsrechtlichen Zugriff schützt. Nun vermögen die Aussagen des EuGH zu Art. 17 AEUV in der Tat kaum zu überzeugen. Ein anderes Ergebnis aber könnte man nur durch Übergehen der zahlreichen Differenzierungen erreichen, die die Richtlinie enthält. Das wäre methodisch weitaus weniger überzeugend als alle Aussagen des EuGH. Außerdem haben die Mitgliedsstaaten die einschlägige Richtlinienbestimmung bewusst formuliert, um damit dem Status der Kirchen in dem Ausmaß Rechnung zu tragen, in dem dies ihrer Ansicht nach gefordert war. Dies ergibt sich aus Erwägungsgrund 24 der Richtlinie. Mehr war ihrer Ansicht nach nicht erforderlich. Das ist bei der Auslegung der Richtlinie zu berücksichtigen.

Fazit: Die entscheidende Weichenstellung hat die Richtlinie vorgenommen. Der EuGH hat nachvollzogen, was ihm der Gesetzgeber vorgezeichnet hat. Wenn das viele zuvor anders gesehen haben, dann einfach deshalb, weil sie das europäische Recht allein durch eine deutsche Brille betrachtet haben.

---

40 Nähere Analyse bei CLASSEN, Claus Dieter, Kirchliches Arbeitsrecht unter Druck, Europarecht 53 (2018), S. 752–767.

3.2. *Verfassungsrechtliche Grenzen*

Das vorstehend geschilderte Unionsrecht grenzt die Spielräume kirchlicher Arbeitgeber deutlich stärker ein als das BVerfG. Nach dessen Rechtsprechung gibt das Selbstverwaltungsrecht der Kirchen nach Art. 140 GG i. V. m. Art. 137 Abs. 3 WRV den Kirchen u. a. das Recht, die Anforderungen, die sie aus religiöser Perspektive an die Mitarbeiter stellen wollen, selbst bestimmen zu können. Dieser Freiraum wird zwar durch entgegenstehende Grundrechte der Mitarbeiter, nicht zuletzt das auf effektiven Rechtsschutz, begrenzt. Doch hat das BVerfG einer gerichtlichen Kontrolle recht strikte Grenzen gesetzt und im Kern auf eine Plausibilitätskontrolle beschränkt.[41]

Allerdings konnte gerade die jüngste Entscheidung des BVerfG europarechtlich nicht überzeugen. Mit Blick auf den EGMR wurden nur solche Entscheidungen näher analysiert, die zugunsten der Kirche ausgegangen sind. Die eine, Deutschland betreffende Entscheidung, bei der die Kirche verloren hat, wird als Einzelfallentscheidung abgetan. Im Ausland wird die EGMR-Rechtsprechung ganz anders wahrgenommen. Danach fordert der EGMR eine volle gerichtliche Überprüfung mit einer echten fairen Güterabwägung und spricht so den Kirchen deutlich weniger Freiraum zu, als das BVerfG dies getan hat.

Und nicht einmal ansatzweise hat sich das BVerfG mit dem Unionsrecht auseinandergesetzt. So hat es insbesondere verabsäumt, selbst mit dem EuGH in den von Art. 267 AEUV für einen Fall wie den vorliegenden vorgeschriebenen Dialog einzutreten und so zu versuchen, das deutsche Recht auf europäischer Ebene plausibel zu machen. Stattdessen hat es das dem BAG überlassen, an das der Fall gemäß §§ 95 Abs. 2 i. V. m. 90 Abs. 2 Satz 1 BVerfGG nach Aufhebung seines Urteils zurückverwiesen wurde. Das hat die Vorlage aber deutlich anders formuliert, als es das BVerfG getan hätte. Das Ergebnis ist bekannt.

Man wird sehen, wie sich die Fälle weiterentwickeln. Im Fall *Egenberger* betreffend die mitgliedschaftliche Anforderung hat bekanntlich das BAG mittlerweile seine Entscheidung getroffen, dabei allerdings den Spielraum, den der EuGH den nationalen Gerichten belassen hatte, einseitig zu Gunsten des Arbeitnehmers genutzt.[42] Die Notwendigkeit, innerhalb der europarechtlichen Vorgaben den verfassungsrechtlichen Geboten Rechnung zu tragen, wird nicht ausreichend genutzt. Im Fall des katholischen Chefarztes hatte schon der EuGH wesentlich klarere Vorgaben gemacht, die das BAG nur nachgezeichnet hat.[43]

---

41 BVerfG, Beschluss vom 22. Oktober 2014, 2 BvR 661/12, in: BVerfGE 137, S. 273–345 Rn. 116 ff.

42 BAG, Urteil 8 AZR 501/14.

43 Dazu auch das Urteil des BAG 2 AZR 476/14.

Die auf Identitätsgarantie und ultra-vires-Kontrolle verweisende Kritik[44] trägt allerdings nicht. Letzteres überzeugt schon deswegen nicht, weil sich die EuGH-Urteile als zumindest im Ergebnis naheliegende Interpretation einer wie erwähnt einstimmig im Ministerrat verabschiedeten Richtlinie darstellen. Aus dem gleichen Grund überzeugt auch die These einer Verletzung der Identitätsgarantie nicht. Zwar sollen zu dieser nach Ansicht des BVerfG auch Grundfragen des Religionsrechts gehören.[45] Abgesehen davon, dass man über diesen Ansatz wie erwähnt als solches durchaus streiten kann, dürften schon die tatbestandlichen Voraussetzungen einer Verletzung nicht gegeben sein. Es geht um eine Abwägung in einem Teilbereich des kirchlichen Arbeitsrechts und damit nicht um eine Grundfrage des Staatskirchenrechts. Immerhin steht die konkrete verfassungsrechtliche Norm, Art. 137 Abs. 3 WRV, unter einem Gesetzesvorbehalt. Dem BVerfG dürfte daher nur die Option einer Interpretation der unionsrechtlichen Vorgaben verbleiben.

4. Fazit

Die Globalisierung des Rechts schlägt sich konsequenterweise auch in der Rechtsprechung nieder. Diese entfaltet sich zwar vielfach partikular in dem Sinne, dass ihr im Ausgangspunkt das nationale Recht zugrunde liegt, muss aber doch auch das in Deutschland geltende internationale und europäische Recht heranziehen.

Das Kirchenrecht und das staatliche Religionsrecht sind allerdings insgesamt von der Globalisierung weitgehend verschont. Nur beim kirchlichen Arbeitsrecht wird es von den (europäischen) Grundrechten der (potentiellen) Mitarbeiter unter Druck gesetzt. Die europäischen Gerichte haben dann aus dem jeweils für sie anwendbaren Recht naheliegende Konsequenzen gezogen. Ersichtlich ist es vor allem der katholischen Kirche – trotz ihres Charakters als Weltkirche – nicht gelungen, ihre Bedürfnisse ausreichend deutlich zu machen.

Letztlich ist die heutige Lage Konsequenz der Tatsache, dass sich Deutschland gerade auch im Bereich der Menschenrechte europäischen Standards unterworfen hat. Aus grundgesetzlicher Perspektive aber ist die internationale Einbindung Deutschlands jedenfalls im Grundsatz durchaus gewollt. Untrennbar damit verbunden ist damit aber die Notwendigkeit, sich mit zum Teil fremden Rechtsvorstellungen anzufreunden.

---

44   Vgl. THÜSING, Gregor; MATHY, Regina, Kirchliche Loyalitätspflichten im Zugriff des EuGH, in: Betriebsberater 2018, S. 2808 f.; UNRUH, Peter, Zur Dekonstruktion des Religionsverfassungsrechts durch den EuGH im Kontext des kirchlichen Arbeitsrechts, in: ZevKR 2019, S. 208–215.

45   BVerfG, Urteil vom 30. Juni 2009 (wie Anm. 25).

Literaturverzeichnis

V. ARNAULD, Andreas, Völkerrecht, Heidelberg ³2016.

CLASSEN, Claus Dieter, Kirchliches Arbeitsrecht unter Druck, in: Europarecht 53 (2018), S. 752–767.

CLASSEN, Claus Dieter, Zur heutigen Bedeutung der Rechtsvergleichung für das europäische Verwaltungsrecht, in: Terhechte, Jörg (Hrsg.), Internationale Dimensionen des europäischen Verwaltungsrechts, Baden-Baden 2016, S. 79–101.

DANWITZ, Thomas, Funktionsbedingungen der Rechtsprechung des Europäischen Gerichtshofes, in: Europarecht 43 (2008), S. 769–785.

GERMANN, Michael; DE WALL, Heinrich, Kirchliche Dienstgemeinschaft und Europarecht, in: Krause, Rüdiger; Veelken, Winfried; Vieweg, Klaus (Hrsg.), Recht der Wirtschaft und der Arbeit in Europa. Gedächtnisschrift für Wolfgang Blomeyer, Berlin 2004, S. 549–578.

GRABENWARTER, Christoph; PABEL, Katharina, Europäische Menschenrechtskonvention, München ⁶2016.

HILLGRUBER, Christian, Urteilsanmerkung, in: Juristenzeitung 2010, S. 41–44.

LUDWIGS, Markus; REMIEN, Oliver (Hrsg.), Investitionsschutz, Schiedsgerichtsbarkeit und Rechtsstaat in der EU, Baden-Baden 2018.

OPPERMANN, Thomas; CLASSEN, Claus Dieter; NETTESHEIM, Martin, Europarecht, München ⁸2018.

THÜSING, Gregor; MATHY, Regina, Kirchliche Loyalitätspflichten im Zugriff des EuGH, in: Betriebsberater 2018, S. 2805–2810.

UNRUH, Peter, Zur Dekonstruktion des Religionsverfassungsrechts durch den EuGH im Kontext des kirchlichen Arbeitsrechts, in: ZevKR 64 (2019), S. 188–215.

VOGEL, Klaus, Die Verfassungsentscheidung des Grundgesetzes für eine internationale Zusammenarbeit, Tübingen 1964.

3. Panel

Herausforderungen der Pluralisierung der Gesellschaft für das geltende Religionsrecht

In diesem Panel geht es um die rechtswissenschaftliche Analyse aktueller religions-politischer Phänomene. Konkret geht es um die Frage, wie adäquat auf die religiöse Pluralisierung der Gesellschaft mit religionsrechtlichen Mitteln reagiert werden kann. Hat die Pfadabhängigkeit des deutschen Religionsverfassungsrechts Konsequenzen für dessen Anwendbarkeit auf nicht-christliche Religionsgemeinschaften und werden die christlichen Kirchen durch nicht-grundgesetzliche Gesetzgebungen gegenüber anderen Religionen stark bevorzugt? Auf der anderen Seite soll die Analyse der reli-gionsrechtlichen Gesetzgebung islamisch geprägter Länder stehen, in denen der reli-giöse Einfluss selbst das Privatrecht prägt bzw. die Anwendbarkeit religiösen Rechts durch den Staat eingeräumt wird. Zusätzlich wird aus religionswissenschaftlicher Per-spektive betrachtet, welche Prozesse zu dem starken Einfluss religiöser Vorstellungen auf das staatliche Recht geführt haben und ob eine Säkularisierung der Gesellschaft ebenfalls eine Säkularisierung des Rechts zur Folge hat. Weiterhin soll analysiert wer-den, welche Konsequenzen die Migration bestimmter religionsrechtlicher Prägungen in ein anderes religionsrechtliches System haben. Konkret wie z. B. islamisch-recht-liche Vorstellungen gesellschaftlich und damit aber auch letztendlich rechtlich in das deutsche Religionsverfassungsrecht integriert werden können.

Lena-Maria Möller

Religiöser Einfluss auf staatliches Recht in islamischen Ländern

Abstract Ursprünglich als Monopol der islamischen Gelehrsamkeit und damit als Juristen-Recht entstanden, durchlief das islamische Recht ab dem 19. Jahrhundert eine grundlegende Wandlung. In den vergangenen zwei Jahrhunderten wurde die islamische Rechtstradition in vielen Rechtsbereichen gänzlich verdrängt und in anderen eklektisch als kodifiziertes Recht verstaatlicht. Mit dem Aufgreifen der europäischen Kodifikationsidee entwickelten sich in zahlreichen islamischen Ländern duale Rechtsstrukturen. Die kontinentaleuropäische Civil-Law-Tradition dominierte fortan das Handels-, Straf- und Verwaltungsrecht, so dass es allein dem Staat oblag, in diesen Bereichen Recht zu setzen und dessen Einhaltung zu kontrollieren. Für das Familien- und Erbrecht hingegen bestand der Einfluss der islamischen Gelehrsamkeit weiterhin fort. Gerade hier benötigte der Staat die Legitimation der religiösen Rechtsgelehr-ten, um gesetzgeberisch tätig werden zu können. Obgleich eine Systematisierung und Reform des islamischen Rechts als notwendig erachtet wurde, sollte ein offensichtlicher Bruch mit klassischen islamrechtlichen Bestimmungen vermieden werden. Diese religiöse Prägung des staatlichen Rechts besteht auch in der Gegenwart fort und führt im Lichte sich wandelnder ge-sellschaftlicher Rahmenbedingungen und Regelungserfordernisse zu zahlreichen Spannungs-feldern.

1. Einleitung

Die über vierzehnhundert Jahre lange Geschichte des islamischen Rechts ist in ihrer überwiegenden Mehrheit die eines „Juristen-Rechts".[1] Bis in das 19. Jahrhundert war *fiqh,* die islamische Jurisprudenz, das Monopol der religiösen Rechtsgelehrten (*'ulamā'*). Ihre Debatten, Auslegungen und Interpretationen formten das islamische Recht. Weltliche Herrscher standen am Rande dieser Entwicklung; ihr Einfluss be-schränkte sich vorrangig auf die Vollstreckung des Rechts und die Rechtssetzung in jenen Teilbereichen, für welche das islamische Recht nur wenige oder keine Regelun-

---

1 „Jurists' law", vgl. MAYER, Ann Elizabeth, The Sharī'a: A Methodology or a Body of Substantive Rules?, in: Heer, Nicholas (Hrsg.), Islamic Law and Jurisprudence. Studies in Honor of Farhat J. Ziadeh, Seattle 1990, S. 177–198; hier S. 179; PETERS, Rudolph, From Jurists' to Statute Law or What Happens When the Shari'a is Codified, in: Roberson, Barbara Allen (Hrsg.), Shaping the Current Islamic Reformation, London 2003, S. 82–95; hier S. 84.

gen bereithielt. Legislative wie auch judikative Kompetenzen hingegen wurden von der islamischen Gelehrsamkeit ausgeübt.[2]

Die Zäsur, welche durch die Verstaatlichung des islamischen Rechts hervorgerufen wurde, ist für seine Entwicklungsgeschichte damit von zentraler Bedeutung. So wurde in den vergangenen zwei Jahrhunderten die islamische Rechtstradition in zahlreichen Rechtsbereichen gänzlich verdrängt und in anderen eklektisch als kodifiziertes Recht verstaatlicht. Ebenso erlebten die Institutionen, die das Recht anwenden und dieses fortentwickeln, einen deutlichen Wandel. Diese Entwicklungen mündeten in einer Anwendung der islamischen Rechtstradition in Kontexten, die ihr ursprünglich fremd waren. Auf diesem Wege entstand *islamisch geprägtes Recht:* All jene zeitgenössischen staatlichen Regelungswerke, die sich einen deutlichen religiösen Einfluss bewahren, islamrechtliche Konzepte aufgreifen und vorrangig auf die muslimische Bevölkerung Anwendung finden. Islamisch geprägt sind in der Gegenwart insbesondere das Familien- und Erbrecht mehrheitlich muslimischer Länder;[3] sie haben sich „gewissermaßen aus einer Restgröße rechtlicher Regelungen [herausgebildet], die nicht durch europäisches Recht ersetzt worden sind."[4]

Der religiöse Einfluss auf das materielle Familienrecht ist indes kein spezifisch islamisches Phänomen; das insbesondere auf Fragen der Ehe, Scheidung und der elterlichen Sorge anwendbare Recht bestimmt sich in einer Vielzahl der Staaten des Nahen und Mittleren Ostens sowie Nordafrikas (im Folgenden: MENA-Region) auch weiterhin in Abhängigkeit von der religiösen bzw. der konfessionellen Zugehörigkeit der Beteiligten. Diese personelle Rechtsspaltung, die eben nicht die nationalstaatliche, sondern die religiöse Zugehörigkeit in den Vordergrund rückt, erschwert interreligiöse oder interkonfessionelle familiäre Verbindungen und perpetuiert dadurch religiöse Trennlinien innerhalb der Bevölkerung.

---

2   Gleichwohl sahen sich aufgrund ihrer exekutiven Verantwortung bereits die Kalifen der Abbasiden-Dynastie der Frage gegenübergestellt, wie der Korpus des *fiqh,* innerhalb dessen sich einander teils ausschließende Meinungen keine Seltenheit darstellten, als positives Recht fungieren könne. Um einen gewissen Einfluss auf die Rechtsetzung und Rechtsvollstreckung zu gewinnen, ohne dabei den Schritt zu wagen, den *'ulamā'* das Vorrecht auf die Rechtswissenschaft abzuerkennen, versuchten die Abbasiden-Kalifen, religiöse Rechtsgelehrte in den Regierungsapparat einzu- und an sich zu binden, etwa durch die Institutionalisierung des Richteramtes, siehe hierzu ABRAMSKI-BLIGH, Irit, The Judiciary (qāḍīs) as a Governmental-Administrative Tool in Early Islam, in: Journal of the Economic and Social History of the Orient (1992), S. 40–71.

3   Oftmals auch als Personalstatut *(al-aḥwāl aš-šaḥṣīya)* bezeichnet.

4   So DENNERLEIN, Bettina, Writing Against Dramas. Islamisches Familienrecht neu denken, in: Asiatische Studien – Études Asiatiques 64 (2010), S. 517–534; hier S. 522.

2. Grundzüge und Entwicklungslinien des islamischen Familienrechts

In den Primär- und Sekundärquellen des klassischen islamischen Rechts nimmt das Familienrecht einen prominenten Platz ein. Die hohe Regelungsdichte spiegelt sich bis heute in islamrechtlichen Lehrbüchern und Abhandlungen wider. Überdies sind die Auslegungen und Lehrmeinungen in diesem Rechtsbereich vielseitig und zum Teil widersprüchlich. Von wenigen Kernnormen, wie dem kategorischen Verbot der Polyandrie, der Mehrehe durch die Frau, abgesehen, besteht zwischen den verschiedenen islamischen Rechtsschulen *(maḏāhib,* Sing. *maḏhab),* und selbst innerhalb dieser, eine große Meinungsvielfalt in Einzelfragen betreffend das Ehe-, Scheidungs- und Sorgerecht. Die Pluralität der Lehrmeinungen prägt das Familienrecht bis in die Gegenwart und verleiht ihm eine gewisse Flexibilität.

Mit dem Aufkommen des Islams wurden die gesellschaftlichen Verhältnisse auf der Arabischen Halbinsel neu geordnet. Nach herrschender Meinung verbesserte sich in diesem Zuge auch die Position der Frau in der arabischen Gesellschaft durch die Einführung der neuen islamrechtlichen Regelungen im Bereich des Familien- und Erbrechts.[5] Dieser Fortschritt betreffend die gesellschaftliche und rechtliche Stellung der Frau durch den Islam vermag indes nicht darüber hinwegzutäuschen, dass das islamische Familienrecht auf der Vorstellung von einer gottgegebenen Verschiedenheit von Mann und Frau und daraus resultierenden komplementären Rechten beider Geschlechter basiert. Islamisches Recht ist „a strongly gendered law, in the sense that many, though not all, legal rights and obligations are informed by the sexual identity of the individual".[6] Dieses unterschiedliche Rollenverständnis ist vor allem im Familienrecht zu erkennen, denn Männer und Frauen „are constructed as different entities under the law, particularly in the sphere of family relations, where male privilege is undeniable"[7].

---

5 So wurden die Wartezeit der Frau nach einer Eheauflösung und ein (gleichwohl eingeschränktes) Erbrecht für weibliche Angehörige eingeführt, die Polygynie durch den Koran begrenzt, die Ehefrau als Anspruchsberechtigte ihrer Brautgabe bestimmt und die Verstoßungsscheidung durch den Ehemann eingeschränkt, siehe hierzu u. a. ROHE, Mathias, Das islamische Recht: Geschichte und Gegenwart, München 2009, S. 80; MOGHADAM, Valentine M., Modernizing Women: Gender and Social Change in the Middle East, Boulder, CO ²2003, S. 121; ESPOSITO, John L., Women in Muslim Family Law, Syracuse 1982, S. 4 f., 13 ff.; kritisch (vor allem aufgrund der Pluralität gesellschaftlicher sowie rechtlicher Ordnungssysteme und Strukturen auf der Arabischen Halbinsel vor Aufkommen des Islams) AHMED, Leila, Women and Gender in Islam. Historical Roots of a Modern Debate, New Haven 1992, S. 11–63.

6 So TUCKER, Judith E., In the House of the Law: Gender and Islamic Law in Syria and Palestine. Seventeenth – Eighteenth Centuries, Berkeley 1998, S. 185.

7 Ebd.

Als historische Zäsur zwischen der klassischen islamrechtlichen Konzeption der Familie und dem geltenden islamisch geprägten Familienrecht der Gegenwart steht mit dem Zerfall des Osmanischen Reichs der Niedergang des letzten großen islamischen Herrschaftsgebiets, der koloniale Einfluss europäischer Mächte und die Entstehung nationalstaatlicher Strukturen in der MENA-Region. Durch die Fruchtbarmachung der europäischen Kodifikationsidee entwickelten sich etwa ab Mitte des 19. Jahrhunderts in zahlreichen Ländern des islamischen Rechtskreises duale Rechtsstrukturen. Insbesondere die kontinentaleuropäische Civil-Law-Tradition prägte, in diesen Bereichen Recht zu setzen und dessen Einhaltung zu kontrollieren.[8] Für das Schuldvertragsrecht und insbesondere das Familien- und Erbrecht hingegen bestand der Einfluss der islamischen Gelehrsamkeit, den *'ulamā'*, weiterhin fort. Gerade hier benötigte der Staat die Legitimation der religiösen Rechtsgelehrten, um gesetzgeberisch tätig werden zu können.[9]

Erst zu Beginn des 20. Jahrhunderts erfasste der Kodifikationstrend auch das islamische Familienrecht. Im Zuge einer systematischen Aufzeichnung dieses Rechtsgebiets wurden auf vielfältige Weise Reformen umgesetzt; das religiöse Recht sollte den neuen Regelungserfordernissen sich wandelnder Gesellschaften angepasst werden. Die Besonderheit der Kodifikation des islamischen Familienrechts seit dem frühen 20. Jahrhundert ist dabei, dass – obgleich eine Systematisierung und Reform des islamischen Rechts als notwendig erachtet wurde – ein offensichtlicher Bruch mit den klassischen islamrechtlichen Bestimmungen vermieden werden sollte. Aus diesem Grund kam es in weiten Teilen der islamischen Welt nicht zu einer Rezeption europäischer (Familienrechts-)Kodizes wie es in anderen Rechtsgebieten üblich war. Stattdessen wurden, im Lichte sich wandelnder gesellschaftlicher Anforderungen und der steigenden Tendenz zur Verstaatlichung des Rechts, Mechanismen entwickelt (und zum Teil aus der tradierten islamischen Rechtslehre wiederbelebt), welche eine Einbeziehung islamrechtlicher Prinzipien und Konzepte gewährleisteten und gleichzeitig den Ansprüchen einer modernen Gesellschaft Rechnung tragen sollten.

Die erste durch staatlichen Hoheitsakt in Kraft gesetzte Kodifikation des islamischen Familienrechts war das osmanische Familiengesetzbuch von 1917,[10] welches in

---

8   Ausführlich BONDERMAN, David, Modernization and Changing Perceptions of Islamic Law, in: Harvard Law Review 81 (1968), S. 1169–1193; HALLAQ, Wael, Sharī'a: Theory, Practice, Transformation, Cambridge 2009, S. 396–397.

9   Vgl. PETERS, From Jurists' to Statute Law (wie Anm. 1), S. 90.

10   Das osmanische Familiengesetzbuch von 1917 findet mit kleineren Änderungen auf die sunnitischen Muslime im Libanon, Israel und Teilen Palästinas auch weiterhin Anwendung, hierzu EBERT, Hans-Georg, Rechtstransfer in der arabischen Welt am Beispiel des Familienrechts, in: Heckel, Martin (Hrsg.), Rechtstransfer. Beiträge zum Islamischen Recht VIII, Frankfurt a. M.; Berlin; Bern u. a. 2011, S. 23–46; hier S. 29 f.; TUCKER, Judith E., Revisiting Reform: Women and the Ottoman Law of Family Rights, 1917, in: Arab Studies Journal 4 (1996), S. 4–17; hier S. 4 f. Im Jahre 1875 erschien zuvor bereits

systematischer Weise Regelungen aller vier sunnitischen Rechtsschulen kombinierte. Mithilfe der Methoden der Auswahl *(taḥayyur)* innerhalb der sunnitischen Lehrmeinungen und der Kombination *(talfīq)* dieser Regelungen passte das osmanische Familiengesetzbuch die Bestimmungen des klassischen islamischen Familienrechts neuen Regelungserfordernissen an. Die Methoden des *taḥayyur* und *talfīq* dienen Gesetzgebern bis heute als Modell für Reformen auf dem Gebiet des islamischen Familienrechts. Dieser *ersten Kodifikationswelle* sind ebenfalls die Rechtsreformen in Ägypten und dem Sudan aus den 1920er Jahren zuzuordnen. Mit der Unabhängigkeit der Mehrzahl der Staaten des Maschreks und Maghrebs seit den 1950er Jahren begann eine *zweite Kodifikationswelle* im arabischen Raum. Dabei kam dem innerarabischen Rechtstransfer auf dem Gebiet des Familien- und Erbrechts eine besondere Bedeutung zu.[11] So sind „in Vergangenheit und Gegenwart einzelne Rechtsinstitute oder ganze Abschnitte in den Gesetzen zum Personalstatut"[12] innerhalb der arabischen Welt rezipiert worden. Gleichzeitig weisen auch räumlich nahe Kodifikationen zum Teil erhebliche Unterschiede – vor allem mit Blick auf den Grad der Rechtsreform – auf; so etwa die Familiengesetzbücher Tunesiens und Marokkos aus den 1950er Jahren, die fast zeitgleich, nach der Unabhängigkeit beider Staaten von Frankreich in Kraft traten und dennoch stellvertretend für die deutlich unterschiedliche Reformbereitschaft innerhalb des islamisch geprägten Rechtskreises stehen. Während die marokkanische Mudawwana von 1957/58 in weiten Teilen das klassische islamische Familienrecht der malikitischen Rechtsschule ohne nennenswerte Änderungen lediglich systematisierte, haben die weitreichenden Reformen der tunesischen Maǧalla von 1956 diesem Kodex zu einer Vorreiterrolle für Familienrechtsreformen innerhalb des islamischen Rechtskreises verholfen, die bis heute anhält.

Die *dritte Kodifikationswelle* ist durch das erstmalige Inkrafttreten islamisch geprägter Familiengesetzbücher in der arabischen Golfregion (mit Ausnahme Saudi-Arabiens) sowie durch weitreichende Reformen des geltenden Familienrechts in ande-

---

eine nach kontinentaleuropäischem Vorbild systematisierte Kompilation des islamischen Familien- und Erbrechts der hanafitischen Rechtsschule. Die vom ägyptischen Juristen Muhammad Qadri Pascha verfasste Kompilation („Qadri-Pascha-Kodifikation") erwuchs zwar nie in Rechtskraft, bildet aber bis in die heutige Zeit die Grundlage für die Anwendung des klassischen hanafitischen Familienrechts, siehe hierzu QADRĪ BĀŠĀ, Muḥammad, Al-aḥkām aš-šarīʿa fī l-aḥwāl aš-šaḫṣīya ʿalā maḏhab Abī Ḥanīfa an-Nuʿmān, übers. von Ebert, Hans-Georg, Die Qadrī-Pāshā-Kodifikation. Islamisches Personalstatut der hanafitischen Rechtsschule, Frankfurt a. M. 2010.

11 Vgl. WELCHMAN, Lynn, Women, Family and the Law: the Muslim Personal Status Law Debate in Arab States, in: Hefner, Robert W. (Hrsg.), The New Cambridge History of Islam, Vol. VI: Muslims and Modernity. Culture and Society since 1800, Cambridge 2011, S. 411–437; hier S. 415; ausführlich EBERT, Rechtstransfer (wie Anm. 10), S. 23–46.

12 So EBERT, Rechtstransfer (wie Anm. 10), S. 31.

ren islamischen Ländern, allen voran Ägypten und Marokko, gekennzeichnet.[13] Diese Phase der familienrechtlichen Neuerungen und Reformen zeichnet sich unter anderem durch einen verstärkten Fokus auf Regelungen betreffend die elterliche Sorge aus. Während zuvor hauptsächlich die eheliche Beziehung im Zentrum von Reformbestrebungen stand, wandten sich Gesetzgeber und andere beteiligte Akteure in den 2000er-Jahren insbesondere dem Kindschaftsrecht zu.

3.   Religiöse Prägung und Spannungsfelder

3.1.   Eherecht

Das klassische islamische Familienrecht geht von einer weitreichenden Formfreiheit der Eheschließung aus. Die Ehe kommt als zivilrechtlicher Vertrag (ʿaqd), nicht als Sakrament, zustande und kann sowohl mündlich als auch schriftlich geschlossen werden. Grundelemente (arkān) der Eheschließung sind, wie bei jedem Vertragsschluss, das Angebot (īǧāb) und die Annahme (qabūl); es bedarf keines Eheschließungsbeamten oder Geistlichen. Die Mehrheit der Rechtsschulen fordert jedoch die Anwesenheit zweier männlicher, muslimischer Zeugen, bzw. eines männlichen und zweier weiblicher Zeugen, sowie das Mitwirken des Ehevormundes (walī), welcher als Vertreter in der Erklärung die Ehefrau bei der Eheschließung repräsentiert.

Die Einführung einer grundsätzlichen Registrierungs „pflicht" für Eheschließungen stellt damit eine Besonderheit der Kodifikation und Verstaatlichung des islamischen Familienrechts dar. Zahlreiche islamische Länder haben (gleichwohl sehr unterschiedliche) Wege gewählt, um rein private Eheschließungen einzudämmen.[14] Dabei

---

13   Zur Kodifikation des Familienrechts in der arabischen Golfregion siehe MÖLLER, Lena-Maria, Die Golfstaaten auf dem Weg zu einem modernen Recht für die Familie? Zur Kodifikation des Personalstatuts in Bahrain, Katar und den Vereinigten Arabischen Emiraten, Tübingen 2015; WELCHMAN, Lynn, Gulf Women and the Codification of Muslim Family Law, in: Sonbol, Amira (Hrsg.), Gulf Women, Doha 2012, S. 367–406; zu den marokkanischen Familienrechtsreformen von 2004 siehe ZVAN-ELLIOTT, Katja, Reforming the Moroccan Personal Status Code: A Revolution for Whom?, in: Mediterranean Politics 14 (2009), S. 213–227; WEINGARTNER, Laura A., Family Law and Reform in Morocco – The Mudawana: Modernist Islam and Women's Rights in the Code of Personal Status, in: University of Detroit Mercy Law Review 82 (2005), S. 687–713; zur Reform des ägyptischen Familienrechts im Jahre 2000 siehe WELCHMAN, Lynn, Egypt: New Deal on Divorce, in: Bainham, Andrew (Hrsg.), The International Survey of Family Law, Cambridge 2004, S. 123–141; ARABI, Oussama, The Dawning of the Third Millennium on Shariʿa: Egypt's Law no. 1 of 2000, or Women May Divorce at Will, in: Arab Law Quarterly 16 (2001), S. 2–21.

14   In Jordanien beispielsweise wird die Nichregistrierung der Eheschließung strafrechtlich geahndet, in Ägypten können Ansprüche aus nichtregistrierten, privaten Eheschließungen gerichtlich nicht geltend gemacht werden und in den Vereinigten Arabischen Emiraten

diente die Einführung von Registrierungsvorschriften auch der Auslagerung eigentlich materiell-rechtlicher Regelungen in das Verfahrensrecht. Die Eheschließung vor einem offiziellen Eheschließungsbeamten bietet zugleich die Möglichkeit, die Einhaltung gesetzlich bestimmter Voraussetzungen für die Eheschließung zu überprüfen. Auf diesem Weg konnten die Gesetzgeber islamischer Länder u. a. auf das Ehemindestalter, die Beschränkung der Polygynie und die Aufnahme einvernehmlicher Zusatzbestimmungen der Ehepartner in den Ehevertrag Einfluss nehmen, ohne diese in einigen Ländern überaus kontrovers diskutierten Bereiche im materiellen Familienrecht zu behandeln. Gleichzeitig waren die meisten Gesetzgeber bestrebt, nicht gänzlich mit der islamrechtlichen Formfreiheit zu brechen.[15]

Als Ergebnis eines solchen Mittelweges zwischen geringen islamrechtlichen Formanforderungen und staatlichem Registrierungsbedürfnis entstand in zahlreichen Rechtsordnungen der Region eine Dualität zwischen der eigentlichen Eheschließung und ihrer Registrierung. Die voneinander grundsätzlich getrennten Verfahren unterscheiden sich in ihren formellen und teilweise auch materiellen Voraussetzungen. Die Registrierung der Eheschließung wirkt deklaratorisch, sie berührt nicht die Wirksamkeit der Ehe selbst. Hintergrund der skeptischen Haltung zahlreicher Gesetzgeber der Region gegenüber konstitutiv wirkenden Registrierungsvorschriften sind neben der Zurückhaltung gegenüber einem offenkundigen Bruch mit dem klassischen islamischen Recht auch pragmatische, gesellschaftspolitische Erwägungen. Sollte nur die standesamtliche bzw. gerichtliche Trauung eine wirksame Ehe entstehen lassen, sähen sich zahlreiche islamische Rechtsordnungen der Frage gegenübergestellt, welchen rechtlichen Status außerehelich geborene Kinder besäßen. Dies würde zum einen solche Kinder betreffen, die in eine rein religiös geschlossene Privatehe geboren werden. Darüber hinaus brächte eine derartige Veränderung in einigen Ländern aber sicherlich auch Diskussionen über das Abstammungsrecht allgemein und die Frage nach der rechtlichen Stellung unverheirateter Paare hervor.

Ein zweiter Bereich, in welchem der Einfluss des religiösen Rechts auf staatliches Eherecht spürbar und in der Gegenwart strittig ist, ist die Ehevormundschaft für die volljährige Frau. Das Mitwirken des Ehevormundes (in der Regel der Vater) an der Eheschließung Minderjähriger beiden Geschlechts und volljähriger Frauen ist eine Formvoraussetzung der Ehe entsprechend beinahe allen klassisch islamrechtlichen Lehrmeinungen. Ehevormund ist dabei der nächstverwandte männliche Angehörige der Braut in väterlicher Linie, in der Regel also ihr Vater oder Großvater. Die Ehevormundschaft wurde in nahezu sämtlichen islamisch geprägten staatlichen Kodifikationen des Familienrechts übernommen. Einige Länder, so etwa die Vereinigten

---

haben inländische Ehegatten nur dann Zugang zu den weitreichenden staatlichen Zulagen für Neuverheiratete, wenn ihre Ehe auch offiziell dokumentiert ist.

15 Vgl. Möller, Golfstaaten (wie Anm. 13), S. 161.

Arabischen Emirate, gehen dabei soweit, der ohne Mitwirken des Ehevormundes geschlossenen Ehe die Wirksamkeit zu versagen.[16]

Im Lichte eines beständig steigenden Eheschließungsalters in fast allen islamischen Ländern wird eine solche Regelung oftmals kritisiert. Zudem sehen sich zahlreiche Familiengerichte mit Klagen von Frauen auf Ersetzung der väterlichen Zustimmung konfrontiert, wenn dieser sein Mitwirken an der Eheschließung verweigert. Ein Blick auf die gegenwärtige Rechtslage in Marokko kann dabei Möglichkeiten zur Reform aufzeigen: Studien zu der weitreichenden Novellierung des marokkanischen Familienrechts im Jahre 2004 belegen, dass – ungeachtet des Wegfalls der Pflicht der Frau, sich bei Eheschließung vertreten zu lassen – zahlreiche Familien auch weiterhin an einem Mitwirken des Ehevormunds an der Eheschließung festhalten. Dies geschieht in erster Linie aus Gründen der Tradition.[17] Nichtsdestotrotz hat der marokkanische Gesetzgeber die Entscheidung über die Vormundschaft als Bestandteil der Eheschließung fortan auf die Frau übertragen. Gemäß der reformierten Mudawwana von 2004 ist die Ehevormundschaft ein Recht der Frau, welches sie ab Erreichen der Volljährigkeit nach ihrer Wahl *(iḫtiyār)* und in ihrem Interesse *(maṣlaḥa)* ausüben kann. Ferner gestattet das Familiengesetzbuch der volljährigen Frau, ihre Ehe eigenständig zu schließen oder aber ihren Vater bzw. einen agnatischen Angehörigen hierfür zu bevollmächtigen. Der marokkanische Verzicht auf eine Pflicht der Frau, sich vertreten zu lassen bei gleichzeitiger Möglichkeit einer solchen Vertretung aus zeremoniellen Gründen erscheint als eine sachgerechte Lösung auch für andere islamische Länder. Eine solche gesetzliche Regelung würde zudem die Gerichte entlasten: Diese müssten fortan nicht mehr angerufen werden, wenn ein naher agnatischer Verwandter nicht als Ehevormund zur Verfügung steht oder der berufene Ehevormund die Eheschließung verweigert.[18]

3.2. Scheidungsrecht

Einheitliches Merkmal des klassischen islamischen Scheidungsrechts sind zum einen die nach Geschlechtern getrennten Formen der Eheauflösung, die Mann und Frau keinen einheitlichen Zugang zur Scheidung gewähren. Zum anderen kennt das islamische Recht keine umfangreichen nachehelichen Versorgungspflichten zwischen den geschiedenen Ehegatten. Einseitig und ohne Angabe von Gründen kann sich im klassischen islamischen Recht lediglich der Ehemann scheiden. Die Eheauflösung erfolgt dann in erster Linie durch die sogenannte "Verstoßungsscheidung" *(ṭalāq),* die mündlich oder schriftlich erklärt werden kann. Da der *ṭalāq* kein höchstpersönliches

---

16   Vgl. MÖLLER, Golfstaaten (wie Anm. 13), S. 124.

17   Vgl. ZVAN-ELLIOTT, Moroccan Personal Status Code (wie Anm. 13), S. 221.

18   Vgl. MÖLLER, Golfstaaten (wie Anm. 13), S. 127.

Recht darstellt, besteht für die Ehefrau die Möglichkeit, sich bereits bei Eheschließung das Recht zu sichern, sich (als Vertreterin ihres Ehemannes) selbst zu scheiden. Wird eine solche Zusatzbestimmung nicht zwischen den Ehegatten vereinbart, verlangt das klassische islamische Recht bei Scheidungswunsch der Ehefrau stets die Angabe von Gründen bzw. eine Verfehlung des Ehemannes. Insbesondere das islamische Recht malikitischer Prägung fasst die möglichen Scheidungsgründe indes durchaus weit und spricht der Ehefrau ein Scheidungsrecht u. a. bei Nichtzahlung des ehelichen Unterhalts sowie psychischer und physischer Schädigung durch den Ehemann zu. Nichtsdestotrotz obliegt der Ehefrau zum einen die Beweislast hinsichtlich der ehelichen Verfehlung, zum anderen kann sie sich ohne eine solche nicht *grundlos* von ihrem Ehemann trennen.

Inzwischen haben nahezu sämtliche islamische Länder daher neben der Verstoßungsscheidung durch den Ehemann auch ein Rechtsinstitut zur Eheauflösung ohne Angabe von Gründen für die Ehefrau kodifiziert. Die sogenannte „Loskaufscheidung" *(ḫul ')* findet zwar ihren Ursprung im klassischen islamischen Familienrecht, ihre gegenwärtige Ausgestaltung geht jedoch auf das ägyptische Vorbild zurück. Die vormoderne Rechtstradition verstand die *ḫul '*-Scheidung als einvernehmliche Vereinbarung beider Ehepartner, im Rahmen derer der Ehemann seine Ehefrau auf ihren Wunsch hin und gegen Zahlung einer Abfindung an ihn verstößt.[19] Islamische Rechtsgelehrte gingen mehrheitlich davon aus, dass die Zustimmung des Ehemannes eine Voraussetzung für die Wirksamkeit der *ḫul '*-Scheidung darstelle. Nur eine Mindermeinung vertrat stets die Autorität des Richters, die Ehe auch gegen den Willen des Ehemannes durch eine Loskaufscheidung auflösen zu können.[20] Auf Basis dieser Mindermeinung erarbeitete der ägyptische Gesetzgeber zur Jahrtausendwende einen gesetzlichen Scheidungsanspruch der Ehefrau, der sich als richtungsweisend für die Entwicklung des Familienrechts islamischer Länder erweisen sollte.

Die gesetzlichen Bestimmungen über die *ḫul '*-Scheidung in Ägypten räumen der Ehefrau auch dann ein Anrecht auf gerichtliche Eheauflösung ein, wenn der Ehemann sich weigert, in eine *ḫul '*-Vereinbarung einzuwilligen. Voraussetzung hierfür ist sodann, dass sich die Ehefrau – nach einem gescheiterten Versöhnungsversuch – bereit erklärt, ihrem Ehemann die bereits geleistete Brautgabe zurückzuzahlen und auf den gestundeten Teil der Brautgabe sowie mögliche Unterhaltsansprüche während ihrer dreimonatigen „Wartezeit" nach einer Scheidung zu verzichten.

---

19 Vgl. ABŪ RAḤĪYA, Māǧid; ǦABŪRĪ, ʿAbdallāh Muḥammad al-, Fiqh az-zawāǧ wa-ṭ-ṭalāq wa-mā ʿalaihi l-ʿamal fī qānūn al-aḥwāl aš-šaḫṣīya al-imārātī [Das islamische Ehe- und Scheidungsrecht und sein Geltungsgrad im emiratischen Personalstatutsgesetz], Schardscha ²2010, S. 187–189.

20 Vgl. WELCHMAN, New Deal on Divorce (wie Anm. 13), S. 124 f.

Das Gericht hat daraufhin auf Eheauflösung zu urteilen. Dass die Ehefrau fortan das Recht hat, sich auch ohne Angabe von Gründen scheiden zu lassen (solange sie nur bereit ist, auf sämtliche finanziellen Ansprüche gegenüber ihrem Ehemann zu verzichten), hat zu erheblichen Diskussionen in Ägypten geführt. Die Bestätigung der Konformität des Gesetzes mit der islamischen Rechtstradition durch den obersten Gelehrten der ägyptischen Azhar-Universität – dem Zentrum sunnitisch-islamischer Gelehrsamkeit – half der ägyptischen Regierung bei ihrem Reformvorhaben.[21] Auch in Jordanien, wo die ägyptische Variante der ḫul'-Scheidung 2001 in ein temporäres Änderungsgesetz zum Personalstatutsgesetz aufgenommen wurde, sorgte die Thematik für derartige Kontroversen, dass die Annahme des Gesetzes nach Wiedereinsetzung des Parlamentes mehrfach scheiterte. Eine Neufassung, die 2010 ebenfalls provisorisch erlassen wurde, nahm die Regelungen über die gerichtliche Loskaufscheidung nach längeren Debatten zwischen Regierung, islamischer Gelehrsamkeit und Frauenrechtsgruppen zwar auf, verwandte jedoch nicht mehr die vorbelastete Bezeichnung der Scheidungsform als ḫul'.[22]

Nach Auflösung der Ehe (und Beendigung der Wartezeit der Ehefrau) kennt das islamische Familienrecht keinen nachehelichen Unterhalt. Mit der Normierung des Anspruchs auf Entschädigung *(mut'at aṭ-ṭalāq,* kurz *mut'a)* für die schuldlos verstoßene Ehefrau nutzen nun jedoch zahlreiche Gesetzgeber die reformierte Version eines klassisch-islamischen Rechtsinstituts zum einen zur finanziellen Absicherung der geschiedenen Ehefrau und zum anderen zur (gleichwohl geringen) Kontrolle willkürlicher Verstoßungsscheidungen durch den Ehemann.[23] Islamrechtliche Grundlage der *mut'a* bildet Sure 2, Vers 236 des Korans. Obgleich der Vers lediglich die Zahlung einer Entschädigung an die geschiedene Frau, mit der die Ehe noch nicht vollzogen wurde, behandelt, haben zahlreiche Gesetzgeber islamischer Länder ihn als Grundlage für eine Einführung der *mut'a* neuinterpretiert. Der Rückgriff auf eine Mindermeinung in der schafiitisch-islamischen Lehre, die den Anspruch aller grundlos verstoßenen Ehefrauen auf Entschädigung vertrat,[24] ermöglichte die Reform der *mut'a.*

Eine derartige Neuinterpretation des klassischen islamischen Scheidungsrechts sollte in islamischen Ländern den finanziellen Schaden der Ehefrau im Falle einer

---

21 Vgl. ARABI, Dawning of the Third Millennium (wie Anm. 13), S. 5.

22 Als ḫul' bezeichnet das jordanische Personalstatutsgesetz v. 2010 nur noch die einvernehmliche Scheidung gegen Zahlung einer Abfindung an den Ehemann. Wird eine solche Zahlung gegen den Willen des Ehemannes gerichtlich bestimmt, spricht das Gesetz von „ *tafrīq li–l–iftidā'* " (auf dt. wörtlich: „gerichtliche Loskaufscheidung"). Begründet wurde diese Entscheidung mit der Stigmatisierung von Frauen, die eine gerichtliche ḫul'-Scheidung durchgesetzt haben, und der generell negativen Konnotation des Begriffes.

23 Vgl. EBERT, Rechtstransfer (wie Anm. 10), S. 42.

24 ABŪ RAḤĪYA; ĠABŪRĪ, Fiqh az-zawāǧ wa-ṭ-ṭalāq (wie Anm. 19), S. 181.

Scheidung durch den Ehemann mindern. Obgleich innerhalb der islamrechtlichen Ehe Gütertrennung gilt und die Ehefrau über ihr eigenes Vermögen frei verfügen kann, besteht aufgrund der vielerorts schlechten wirtschaftlichen Lage und einer geringen weiblichen Erwerbstätigkeit in zahlreichen islamischen Ländern weiterhin eine deutliche finanzielle Abhängigkeit der Ehefrau von ihrem Ehemann. Dies galt umso mehr zur Mitte des 20. Jahrhunderts, als die Mehrheit der Länder der MENA-Region ihr Familienrecht erstmals kodifizierte. In Tunesien, dem einzigen islamischen Land, das Mann und Frau einen einheitlichen Zugang zur Scheidung gewährt, hat jeder schuldlos geschiedene Ehepartner, ungeachtet seines Geschlechts, Anspruch auf eine Entschädigungszahlung.[25]

3.3.   Kindschaftsrecht

Das klassische islamische Recht geht von einer Spaltung des Sorgerechts aus. Demnach teilt sich die elterliche Sorge in die weiblich besetzte tatsächliche Personensorge *(ḥaḍāna)* und die väterlich dominierte Vormundschaft *(wilāya)* in Vermögensfragen und persönlichen Angelegenheiten des Kindes, wie beispielsweise der Schulwahl oder der religiösen Erziehung, auf. Während die Vormundschaft unabhängig von einer etwaigen Eheauflösung fortbesteht, kann es im Zuge der Scheidung grundsätzlich zu einer Überprüfung der tatsächlichen Personensorge kommen. An der weiblichen Prägung des Rechtsinstituts ändert dies hingegen nichts. Eindeutige geschlechterspezifische Aussagen trifft das klassische islamische Recht auch mit Blick auf die Kinder selbst. Welchem Elternteil oder welchen Verwandten nach einer Trennung der Eltern die Personensorge obliegt, richtet sich oftmals nach Geschlecht und Alter des jeweiligen Kindes.[26] Viele Lehrmeinungen unterstützen zudem eine Einschränkung der elterlichen Sorge bei Religionsverschiedenheit und sprechen der erweiterten Familie vorrangigen Anspruch auf die Ausübung der Personensorge (beispielsweise durch Großmütter anstelle des Kindsvaters) oder der Vormundschaft (durch Großväter anstelle der Kindsmutter) zu.

Gesellschaftlicher Wandel, insbesondere das steigende Eheschließungsalter und damit spätere Elternschaft sowie die wachsende Mobilität junger Familien und ein Aufbrechen größerer Familienverbände, riefen seit Beginn des 21. Jahrhunderts Reformforderungen auch im Bereich des Kindschaftsrechts hervor. Frauen erkannten zudem die

---

25   Vgl. MÖLLER, Golfstaaten (wie Anm. 13), S. 175.

26   Ausführlich MÖLLER, Lena-Maria, Improving Women's Rights through Children's Rights? The Reform of Custody Laws in Contemporary Muslim Jurisdictions, in: Jänterä-Jareborg, Maarit; Tigroudja, Hélène (Hrsg.), Women's Human Rights and the Elimination of Discrimination / Les droits des femmes et l'élimination de la discrimination, Leiden; Boston 2016, S. 465–489; hier S. 465–472.

Möglichkeit, ihre eigene Rechtsposition nicht nur im Ehe- und Scheidungsrecht stärken zu können, sondern wählten als Mütter zudem den Weg über die elterliche Sorge. Mit der Unterzeichnung der UN-Kinderrechtskonvention von 1989 durch nahezu alle Staaten des islamischen Rechtskreis wirkten zudem internationalrechtliche Perspektiven auf das Kindeswohl auch auf nationale Gesetzgebungsprozesse ein.

Dieses verstärkte gesetzgeberische Interesse berührt die verschiedenen Teilbereiche des Kindschaftsrechts indes mit sehr unterschiedlicher Intensität. Während der Frage nach der mütterlichen Personensorge besonders viel Aufmerksamkeit zuteil wurde, sind die Reformen auf dem Gebiet der väterlich dominierten Vormundschaft sowie dem weiterhin strikten Abstammungsrecht spärlich.[27] Letzteres wird vor allem mit Blick auf die Möglichkeiten moderner Medizintechnik zur Bestimmung biologischer Verwandtschaft und der weiterhin schwachen rechtlichen Position außerehelich geborener Kinder deutlich. Ihre rechtliche Benachteiligung und das soziale Stigma, das bis heute mit einer außerehelichen Schwangerschaft einhergeht, führt in zahlreichen Ländern zu steigenden Zahlen von Findelkindern unbekannter Abstammung. Auch hier hat das geltende Kindschaftsrecht – unter Beachtung des islamrechtlichen Adoptionsverbots – neue Wege beschreiten müssen, um gesellschaftlichen Regelungserfordernissen gerecht zu werden.[28]

4. Fazit

In der Mehrheit islamischer Länder ist es vor allem das Familien- und Erbrecht, das sich bis in die Gegenwart eine deutlich religiöse Prägung bewahrt hat. Die islamische Rechtstradition ist hier weiterhin maßgebend – sowohl für die Ausgestaltung des staatlichen Rechts als auch für dessen Reform. Diese Auslegung und selektive Übernahme islamrechtlicher Konzepte und Normen in kodifiziertes Recht unterliegt dabei einer ständigen Neuaushandlung zwischen politischen, religiösen und gesellschaftlichen Kräften. Die Anzahl der am Gesetzgebungs- und Reformprozess beteiligten Akteure ist durch ein Erstarken der Zivilgesellschaft und die Schaffung neuer staatlicher Gremien dabei in den letzten Jahrzehnten rasant angestiegen. Inzwischen sind es beispielsweise staatliche wie auch nichtstaatliche Frauenrechtsorganisationen, die eine kritische Überprüfung islamrechtlicher Mehrheitsmeinungen und deren Inkorporation in staatliches Recht fordern. Durch internationalrechtliche Vertragsverpflichtungen,

---

27   Vgl. Möller, Lena-Maria, An Enduring Relic: Family Law Reform and the Inflexibility of Wilāya, in: The American Journal of Comparative Law 63 (2015), S. 893–925.

28   Hierzu ausführlich Yassari, Nadjma; Möller, Lena-Maria; Najm, Marie-Claude (Hrsg.), Filiation and the Protection of Parentless Children: Towards a Social Definition of the Family in Muslim Jurisdictions, Den Haag, im Erscheinen.

so etwa aufgrund der Ratifikation der UN-Frauen- und Kinderrechtskonventionen, sind zudem neue externe Einflüsse auf den Gesetzgebungsprozess entstanden.

Ungeachtet zahlreicher Gemeinsamkeiten ist das zeitgenössische islamisch geprägte Familienrecht keine einheitliche Sammlung religiöser Rechtsnormen. Familienrecht im islamischen Rechtskreis ist trotz einer einenden religiösen Grundlage vorrangig staatliches Recht; die hieraus resultierende Diversität, sowohl im Gesetzesrecht als auch in der Rechtsprechung, muss essentieller Bestandteil eines inner- und außerislamischen Rechtsvergleichs sein. Dies gilt insbesondere auch für all jene Bereiche, in denen Reformen gerade nicht durch eine Abkehr vom religiösen Recht oder eine Übernahme fremder Rechtsinstitute und Normen erfolgte, sondern vielmehr aus der islamischen Rechtstradition selbst erwuchsen. Die Neuinterpretation religiöser Rechtssätze verdeutlicht die anhaltende Dynamik innerhalb des islamischen Rechtskreises und lässt die Unterschiede zwischen einzelnen Rechtsordnungen und ihrem jeweiligen Verständnis von islamischem Recht in den Vordergrund treten. Das religiöse Recht und seine jahrhundertelange Tradition eines lebhaften Diskurses werden von Gesetzgebern auf sehr unterschiedliche Weise genutzt, um neuen gesellschaftlichen Regelungserfordernissen Rechnung zu tragen. Gerade hierdurch entstehen deutliche Variationen innerhalb des geltenden Rechts islamischer Länder.

Literaturverzeichnis

ABRAMSKI-BLIGH, Irit, The Judiciary (qāḍīs) as a Governmental-Administrative Tool in Early Islam, in: Journal of the Economic and Social History of the Orient (1992), S. 40–71.

ABŪ RAHĪYA, Māǧid; ǦABŪRĪ, ʿAbdallāh Muḥammad al-, Fiqh az-zawāǧ wa-ṭ-ṭalāq wa-mā ʿalaihi l-ʿamal fī qānūn al-aḥwāl aš-šaḥṣīya al-imārātī [Das islamische Ehe- und Scheidungsrecht und sein Geltungsgrad im emiratischen Personalstatutsgesetz], Schardscha ²2010.

AHMED, Leila, Women and Gender in Islam. Historical Roots of a Modern Debate, New Haven 1992.

ARABI, Oussama, The Dawning of the Third Millennium on Shariʿa: Egypt's Law no. 1 of 2000, or Women May Divorce at Will, in: Arab Law Quarterly 16 (2001), S. 2–21.

BONDERMAN, David, Modernization and Changing Perceptions of Islamic Law, in: Harvard Law Review 81 (1968), S. 1169–1193.

DENNERLEIN, Bettina, Writing Against Dramas. Islamisches Familienrecht neu denken, in: Asiatische Studien – Études Asiatiques 64 (2010), S. 517–534.

EBERT, Hans-Georg, Rechtstransfer in der arabischen Welt am Beispiel des Familienrechts, in: Heckel, Martin (Hrsg.), Rechtstransfer. Beiträge zum Islamischen Recht VIII, Frankfurt a. M.; Berlin; Bern u. a. 2011, S. 23–46.

ESPOSITO, John L., Women in Muslim Family Law, Syracuse 1982.

HALLAQ, Wael, Sharīʿa: Theory, Practice, Transformation, Cambridge 2009.

MAYER, Ann Elizabeth, The Sharīʿa: A Methodology or a Body of Substantive Rules?, in: Heer, Nicholas (Hrsg.), Islamic Law and Jurisprudence. Studies in Honor of Farhat J. Ziadeh, Seattle 1990.

MOGHADAM, Valentine M., Modernizing Women: Gender and Social Change in the Middle East, Boulder, CO ²2003.

MÖLLER, Lena-Maria, An Enduring Relic: Family Law Reform and the Inflexibility of Wilāya, in: The American Journal of Comparative Law 63 (2015), S. 893–925.

DIES., Die Golfstaaten auf dem Weg zu einem modernen Recht für die Familie? Zur Kodifikation des Personalstatuts in Bahrain, Katar und den Vereinigten Arabischen Emiraten, Tübingen 2015.

DIES., Improving Women's Rights through Children's Rights? The Reform of Custody Laws in Contemporary Muslim Jurisdictions, in: Jänterä-Jareborg, Maarit; Tigroudja, Hélène (Hrsg.), Women's Human Rights and the Elimination of Discrimination / Les droits des femmes et l'élimination de la discrimination, Leiden; Boston 2016, S. 465–489.

PETERS, Rudolph, From Jurists' to Statute Law or What Happens When the Shari'a is Codified, in: Roberson, Barbara Allen (Hrsg.), Shaping the Current Islamic Reformation, London 2003, S. 82–95.

QADRĪ BĀŠĀ, Muḥammad, Al-aḥkām aš-šarīʿa fī l-aḥwāl aš-šaḫṣīya ʿalā maḏhab Abī Ḥanīfa an-Nuʿmān, übers. von Ebert, Hans-Georg, Die Qadrī-Pāšā-Kodifikation. Islamisches Personalstatut der hanafitischen Rechtsschule, Frankfurt a.M. 2010.

ROHE, Mathias, Das islamische Recht: Geschichte und Gegenwart, München 2009.

TUCKER, Judith E., In the House of the Law: Gender and Islamic Law in Syria and Palestine. Seventeenth – Eighteenth Centuries, Berkeley 1998.

DIES., Revisiting Reform: Women and the Ottoman Law of Family Rights, 1917, in: Arab Studies Journal 4 (1996), S. 4–17.

WEINGARTNER, Laura A., Family Law and Reform in Morocco – The Mudawana: Modernist Islam and Women's Rights in the Code of Personal Status, in: University of Detroit Mercy Law Review 82 (2005), S. 687–713.

WELCHMAN, Lynn, Egypt: New Deal on Divorce, in: Bainham, Andrew (Hrsg.), The International Survey of Family Law, Cambridge 2004, S. 123–141.

DIES., Gulf Women and the Codification of Muslim Family Law, in: Sonbol, Amira (Hrsg.), Gulf Women, Doha 2012, S. 367–406.

DIES., Women, Family and the Law: the Muslim Personal Status Law Debate in Arab States, in: Hefner, Robert W. (Hrsg.), The New Cambridge History of Islam, Vol. VI: Muslims and Modernity. Culture and Society since 1800, Cambridge 2011, S. 411–437.

Yassari, Nadjma; Möller, Lena-Maria; Najm, Marie-Claude (Hrsg.), Filiation and the Protection of Parentless Children: Towards a Social Definition of the Family in Muslim Jurisdictions, Den Haag, im Erscheinen.

ZVAN-ELLIOTT, Katja, Reforming the Moroccan Personal Status Code: A Revolution for Whom?, in: Mediterranean Politics 14 (2009), S. 213–227.

Astrid Reuter

Macht Religion Recht? Macht Recht Religion?

Abstract Der Beitrag beleuchtet das Verhältnis von Religion und Recht auf grundsätzliche Weise: So wie die Religion zum Kontext des Rechts gehört, so gehört umgekehrt auch das Recht zum Kontext der Religion. Während der erstgenannte Aspekt in der Forschung (insbesondere in historischer Perspektive) vielfach Beachtung gefunden hat, wird der zweitgenannte Aspekt bisher eher vernachlässigt. So ist zumindest für die europäische Geschichte unstrittig, dass die religionsgeschichtliche Entwicklung tiefgreifenden Einfluss auf die Rechtsentwicklung genommen hat (Aspekt 1: Religion macht Recht). Dass auch Entwicklungen im Feld des Rechts Resonanz erzeugen im Feld der Religion (Aspekt 2: Recht macht Religion), wird hingegen weniger beachtet, (und ist empirisch auch deutlich schwerer fassbar). In dem Beitrag werden beide Aspekte aufgegriffen und als korrespondierende Entwicklungen dargestellt.

1.   Einleitung

Recht hat stets einen Kontext. Das gilt auch für das kirchliche Recht: Soziale und kulturelle Entwicklungen, der politische Wandel und der Wandel staatlichen Rechts bilden ebenso wie Beharrungs- oder Veränderungsprozesse im religiösen Feld den Rahmen für seine historische Genese sowie wie für seine gegenwärtige Ausgestaltung, Ausdeutung und Anwendung. Das kirchliche Recht in seine Kontexte einzurücken, heißt aber, es in Dialog zu setzen mit denjenigen Wissenschaften, die mit eben diesem Kontext befasst sind. Dazu gehört auch die Religionswissenschaft.

Nun ist der Dialog zwischen Kirchenrecht und Religionswissenschaft allerdings bislang wenig etabliert. Ein wenig (wenn auch nicht grundlegend) anders sieht das aus für das Verhältnis zwischen der Staatsrechtswissenschaft und der Religionswissenschaft. Und auch die folgenden Überlegungen beziehen sich nicht auf das kirchliche Recht, sondern zuallererst auf das staatliche Recht und sein Verhältnis zur Religion, wobei zu Letzterer allerdings das Kirchenrecht (als religiöses Recht) in einer Art Zwitterstellung dazugehört.

Die Ausgangsfrage dieses Beitrags ist zunächst: Was haben Religion und staatliches Recht miteinander zu tun? Der Münchner Völkerrechtler und Religionsverfassungsrechtler Christian Walter hat das Verhältnis folgendermaßen beschrieben: Die Rechtswissenschaft bemühe sich „um die Deutung der Welt des Rechts in übergeordneten Zusammenhängen".[1] Und zu diesen „übergeordneten Zusammenhängen" gehöre eben auch die Religion – und gehört folglich auch der religiöse Wandel. Dieser Wandel ist gekennzeichnet durch in Teilen widersprüchliche (oder doch widersprüchlich scheinende) Tendenzen, die sich mit den Stichworten Säkularisierung, Individualisierung und Pluralisierung umreißen lassen. Sie zu untersuchen ist das Arbeitsfeld der Religionswissenschaft.

Nun sind aber Säkularisierung, Individualisierung und Pluralisierung ihrerseits religiöse Wandlungsprozesse, die immer einen Kontext haben: Sie folgen historischen Pfaden, sie gehen Hand in Hand mit politischem und mit kulturellem Wandel, mit dem Wandel der Medien, der Technologie, der wirtschaftlichen Entwicklung usw. In der Tat lässt sich Religion und lässt sich religiöser Wandel nie allein aus sich selbst heraus erklären. Vielmehr steht, um die eben zitierte Formulierung von Christian Walter abgewandelt aufzugreifen, auch die ‚Welt der Religion' in übergeordneten Zusammenhängen. Und zu diesen übergeordneten Zusammenhängen der ‚Welt der Religion' gehört auch das Recht.

Religion und Recht, auch staatliches Recht, haben also durchaus etwas miteinander zu tun: Sie sind einander Kontext. In historischer Perspektive ist das hinreichend bekannt: Entwicklungen im religiösen Feld haben erheblichen Einfluss auf die Rechtsentwicklung gehabt. Dass auch jüngere Entwicklungen im religiösen Feld Nachhall im Feld des Rechts finden (werden), beginnt sich abzuzeichnen und schlägt sich etwa in den Grundsatzdebatten um die Fortentwicklung des herkömmlich als ‚Staatskirchenrecht' etablierten Rechtsgebietes zum ‚Religionsverfassungsrecht' nieder. Das ist ein viel beachteter Prozess.[2] Religion, so könnte man überspitzt sagen, ‚macht' also Recht (und zwar nicht nur religiöses Recht, sondern auch säkulares staatliches Recht).

Es gilt aber auch und sozusagen umgekehrt, dass Entwicklungen im Feld des Rechts Resonanz erzeugen im Feld der Religion. Recht ‚macht' also auch Religion. Dieser (empirisch nur schwer zu erfassende) Zusammenhang wird sowohl in der Rechtswissenschaft als auch in der Religionswissenschaft deutlich weniger beachtet.

Im Folgenden werden beide Aspekte – Religion ‚macht' Recht (2.) und *Recht* ‚macht' *Religion* (3.) – aufgegriffen und als korrespondierende Entwicklungen dargestellt. Schlussbemerkungen (4.) runden den Beitrag ab.

---

1   Walter, Christian, Reformationsfolgen, Säkularisierungsfolgen, Pluralisierungsfolgen. Religiöse Konflikte in der Schule, in: ZevKR 62,4 (2017), S. 395–414; hier S. 395.

2   Vgl. stellvertretend für die inzwischen breite Debatte: Walter, Christian, Religionsverfassungsrecht in vergleichender und internationaler Perspektive, Tübingen 2006; ders.; Heinig, Hans M. (Hrsg.), Staatskirchenrecht oder Religionsverfassungsrecht? Ein begriffspolitischer Grundsatzstreit, Tübingen 2007; dies. (Hrsg.), Religionsverfassungsrechtliche Spannungsfelder. Interdisziplinäre Perspektiven, Tübingen 2015.

2. Religion macht Recht: Zur Resonanz religiösen Wandels im Feld des Rechts

Dass Entwicklungen im religiösen Feld jedenfalls in historischer Perspektive immensen Einfluss auf die Rechtsentwicklung hatten, ist nichts Neues. Exemplarisch kann man das Stichwort ‚Reformationsfolgenrecht' aufrufen. Damit ist eine Entwicklung bezeichnet, die ausgehend von Umbrüchen im religiösen Feld – der frühneuzeitlichen konfessionellen Spaltung des Christentums – Umwälzungen auf dem Feld des (staatlichen) Rechts nach sich zog, die bis heute strukturbildend sind und den rechtlichen Umgang mit Religion sowie auch die gesellschaftlichen Wahrnehmungsmuster von Religion nachhaltig geprägt haben. Rechtlich bearbeitet wurde diese durch die Konfessionsspaltung in Gang gesetzte Pluralisierung innerhalb des Christentums bekanntlich zweigleisig: Durch Verordnung konfessioneller ‚Purität' in den Territorien einerseits, durch das Prinzip konfessioneller ‚Parität' auf der Ebene des Reichs andererseits.

Mit dem Prinzip der ‚Purität' antwortete also das Recht auf einen religionsgeschichtlichen Umbruch. Die rechtliche Verordnung konfessioneller Geschlossenheit der Territorien hatte aber ihrerseits wiederum religionsgeschichtlich weitreichende Folgen: Sie blieb bis weit ins 20. Jahrhundert hinein prägend und wirft, wie ein Blick auf die religiöse Landkarte in Deutschland heute zeigt, ihre Schatten bis in die Gegenwart.[3] Doch ist damit bereits vorgegriffen auf den nächsten Teil des Beitrags, in dem zu skizzieren sein wird, wie das Recht der religiösen Entwicklung ihre Möglichkeiten vorgibt (3.).

Bleiben wir zunächst beim Einfluss der Religion auf das Recht: Die konfessionelle Geschlossenheit ganzer Regionen, die sich seit Mitte des 20. Jahrhunderts (infolge der erheblichen Bevölkerungsverschiebungen, die mit dem Krieg und den Nachkriegsentwicklungen in Gang kamen) gelockert hatte, wird seit dem ausgehenden 20. Jahrhundert zunehmend überlagert durch zwei jüngere Wandlungsprozesse im religiösen Feld: Säkularisierung und Pluralisierung.

Säkularisierungsprozesse werden zunächst vor allem als rapide Erosion der Kirchen wahrgenommen,[4] doch auch im Sinne schwindender Bedeutung von Religion in Fragen der Lebensführung und der gesellschaftlichen Ordnung insgesamt.[5] Man tut

---

3   Vgl. etwa die auf der Basis des Zensus 2011 erstellte Karte Überwiegende Religionszugehörigkeit in den Bundesländern am 9. Mai 2011, in: STATISTISCHE ÄMTER DES BUNDES UND DER LÄNDER (Hrsg.), Zensus 2011. Zensus kompakt. Endgültige Ergebnisse, Stuttgart 2014, S. 18.

4   Vgl. stellvertretend für die breite Debatte: EBERTZ, Michael N., Erosion der Gnadenanstalt? Zum Wandel der Sozialgestalt von Kirche, Frankfurt a.M. 1998.

5   Vgl. immer wieder POLLACK, Detlef, Säkularisierung, in: Ders.; Krech, Volkhard; Müller, Olaf; Hero, Markus (Hrsg.), Handbuch Religionssoziologie, Wiesbaden 2018, S. 303–327; DERS., Religion und gesellschaftliche Differenzierung. Studien zum religiösen Wandel in Europa und den USA III, Tübingen 2016; DERS.; ROSTA, Gergely, Religion in der Moder-

vor dem Hintergrund intensiver Debatten[6] heute sicher gut daran, mit dem Säkularisierungsparadigma vorsichtiger umzugehen als noch vor ein paar Jahrzehnten – von der Hand weisen lassen sich Säkularisierungsprozesse auch im Sinne einer abnehmenden gesellschaftlichen Verankerung und Wichtigkeit von Religion für die Lebensführung jedoch kaum.[7] Das ist der eine Prozess.

Andererseits wird die konfessionelle Geschlossenheit ganzer Regionen auch durch Pluralisierungsprozesse im religiösen Feld aufgelockert. Letztere verbinden sich in der öffentlichen Debatte vor allem mit dem Stichwort ‚Islam', d. h. mit religionsgeschichtlich jüngeren Migrationsprozessen;[8] diese durch Religionsmigration hervorgerufene Pluralisierung im religiösen Feld ruft tatsächlich drängend nach Verarbeitung durch das Recht.[9] Allerdings gehen die Pluralisierungsprozesse im Bereich der Reli-

---

ne. Ein internationaler Vergleich, Frankfurt a. M. 2015; DERS., Rückkehr des Religiösen? Studien zum religiösen Wandel in Deutschland und in Europa II, Tübingen 2009; DERS., Säkularisierung – ein moderner Mythos? Studien zum religiösen Wandel in Deutschland, Tübingen 2003.

6 Angestoßen v. a. von CASANOVA, José, Public Religions in the Modern World, Chicago; London 1994. Vgl. aus der breiten Debatte weiterhin: BERGER, Peter L., The Desecularization of the World. Resurgent Religion and World Politics, Washington, D. C. 1999; GRAF, Friedrich W., Die Wiederkehr der Götter. Religion in der modernen Kultur, München 2004; POLLACK, Detlef; GÄRTNER, Christel; GABRIEL, Karl (Hrsg.), Umstrittene Säkularisierung. Soziologische und historische Analysen zur Differenzierung von Religion und Politik, Berlin 2012; RIESEBRODT, Martin, Die Rückkehr der Religionen. Fundamentalismus und der ‚Kampf der Kulturen', München 2000.

7 Vgl. etwa die Erhebungen des *Pew Research Center* zur Entwicklung religiöser Bindungen von Christinnen und Christen (u. a. auch zur Einschätzung der Wichtigkeit von Religion) in Westeuropa und den USA: PEW RESEARCH CENTER, Being Christian in Western Europe vom 29. Mai 2018. URL: https://www.pewforum.org/2018/05/29/being-christian-in-western-europe/ [eingesehen am: 21.05.2019]; PEW RESEARCH CENTER, U. S. Public Becoming Less Religious vom 03. November 2015. URL: https://www.pewforum.org/2015/11/03/u-s-public-becoming-less-religious/ [eingesehen am: 21.05.2019].

8 Vgl. etwa die Erhebungen zur muslimischen Bevölkerung in Deutschland auf der Homepage der *Deutschen Islam Konferenz:* DEUTSCHE ISLAM KONFERENZ, Zahl der Muslime in Deutschland. Hochrechnung für das Jahr 2015 vom 14.12.2016. URL: http://www.deutsche-islam-konferenz.de/DIK/DE/Magazin/Lebenswelten/ZahlMLD/zahl-mld-node.html [eingesehen am: 17.05.2019]. Außerdem ROHE, Mathias, Der Islam in Deutschland. Eine Bestandsaufnahme, München 2016. Grundsätzlich: NAGEL, Alexander-Kenneth, Religion, Ethnizität und Migration, in: Pollack u. a. (Hrsg.), Handbuch Religionssoziologie (wie Anm. 5), S. 981–1000.

9 Schon frühzeitig: ROHE, Mathias, Der Islam – Alltagskonflikte und Lösungen: Rechtliche Perspektiven, Freiburg i. Br. 2001. Inzwischen ist die Debatte unüberschaubar geworden; vgl. stellvertretend wiederum: HEINIG; WALTER (Hrsg.), Spannungsfelder (wie Anm. 2). Vgl. zur aktuellen Debatte ebd. sowie die auf der Homepage der *Deutschen Islam Konferenz* genannten Handlungsfelder: DEUTSCHE ISLAM KONFERENZ, Islam und Recht. URL:

gion über diese Entwicklung hinaus[10] und werden überdies noch verstärkt durch den (vor allem seit den 1970er Jahren zu beobachtenden) Trend eines zunehmend individualisierten Zugriffs auf Religion und auf religiöse Traditionsbestände.[11] Der Begriff ‚Pluralisierung' soll hier entsprechend im Doppelsinn verstanden werden: Er bezeichnet einerseits die Erweiterung des religiösen Angebots (durch die Immigration von Andersglaubenden, den Import außereuropäischer religiöser Traditionen sowie durch religiöse Innovationen). Er bezeichnet aber andererseits auch die pluriforme individuelle Aneignung dieses (des alten wie des neuen) religiösen Angebots.

Die religiöse Gegenwartslage ist also komplex – und sie ist dynamisch. Die Rechtslage, auf die sie trifft, ist hingegen wesentlich ‚Reformationsfolgenrecht'. So ist die Tatsache, dass wir in religionsrechtlicher Hinsicht in Deutschland eine Art föderalen ‚Flickenteppich' haben, eine Folge der Verarbeitung des religionshistorischen Umbruchs der Frühen Neuzeit im Recht. Besonders deutlich ist das im Schulwesen zu beobachten: Man denke nur an die unterschiedlichen Regelungen zum bekenntnisgebundenen (katholischen und evangelischen ebenso wie islamischen) Religionsunterricht bzw. an die von Bundesland zu Bundesland verschiedenen Fächer in seinem Umfeld, seien sie ihrem Anspruch nach weltanschaulich neutral oder weltanschaulich dezidiert imprägniert; insbesondere letztere folgen in den 16 Bundesländern höchst unterschiedlichen Konzeptionen und haben entsprechend auch ganz verschiedene Namen: Lebenskunde-Ethik-Religionskunde, Humanistische Lebenskunde, Ethikunterricht, Werteunterricht usw.[12] Und nicht nur die Regelungen zum religions- oder ethikbezogenen Unterricht variieren von Bundesland zu Bundesland. Gleiches gilt etwa auch für die rechtlichen Vorgaben zum Tragen religiös motivierter Kleidung (im Klartext: einer Kopf- oder Ganzkörperbedeckung) im öffentlichen Dienst oder im Beamtenwesen, also etwa im Lehramt an der Schule oder in Ausübung des Richteramtes, aber auch in der öffentlichen Verwaltung. All dies sind nur Beispiele.

Diese bundeslandspezifischen Regelungen werden gleichwohl gerahmt durch die Grundrechte; und daraus ergibt sich nicht selten eine Spannung, die im Einzelfall dazu führen kann, dass Konflikte um Religion vor dem Bundesverfassungsgericht

---

http://www.deutsche-islam-konferenz.de/DIK/DE/Magazin/Recht/islam-recht-node.html [eingesehen am:17.05.2019].

10 Vgl. LIEDHEGENER, Antonius, Pluralisierung, in: Pollack (Hrsg.), Handbuch Religionssoziologie (wie Anm. 5), S. 347–382; WILLEMS, Ulrich; REUTER, Astrid; GERSTER, Daniel (Hrsg.), Ordnungen religiöser Pluralität. Wirklichkeit – Wahrnehmung – Gestaltung, Frankfurt a. M. 2016.

11 Vgl. KNOBLAUCH, Hubert, Individualisierung, Privatisierung, Subjektivierung, in: POLLACK u. a. (Hrsg.), Handbuch Religionssoziologie (wie Anm. 5), S. 329–346.

12 Vgl. dazu demnächst ALBERTS, Wanda; JUNGINGER, Horst; NEEF, Katharina; WÖSTEMEYER, Christina (Hrsg.), Handbuch Religionskunde in Deutschland [in Vorbereitung].

landen. Dieses sah sich denn auch in den letzten Jahren immer wieder einmal veranlasst, an den Gleichheitsgrundsatz zu erinnern. Der Streit um das Kopftuch bzw. um die in verschiedenen Bundesländern seit Mitte der 2000er Jahre verabschiedeten sog. ‚Kopftuchgesetze‘ (die das Bundesverfassungsgericht im Januar 2015 in Teilen für verfassungswidrig erklärte[13]) ist dafür ein Beispiel. Hier haben wir es, wenn man so will, mit den ‚Geburtswehen‘ eines ‚Pluralisierungsfolgenrechts‘ zu tun. In der Sache geht es dabei um eine Erweiterung der frühneuzeitlichen Idee konfessioneller Parität hin zur modernen Idee der Gleichheit im Sinne der gleichen Rechte aller Religionen. Freilich führte von der Idee konfessioneller Parität kein direkter Weg zu dieser starken Gleichheitsidee. Hier hat vielmehr die Französische Revolution erst noch Schrittmacherdienste leisten müssen.[14]

Schrittmacherdienste hat sie außerdem geleistet im Hinblick auf eine Neuakzentuierung der Idee der (Religions-)Freiheit: Denn im frühneuzeitlichen ‚Reformationsfolgenrecht‘ (also in den Friedensschlüssen von Augsburg 1555 und Münster/Osnabrück 1648) wird Religionsfreiheit bekanntlich im Wesentlichen korporativ verstanden und nicht individuell. Die modernen Freiheitsrechte sind aber gerade individuelle Rechte.

Die (Rechts-)Konflikte um Religion in der jüngeren Vergangenheit und in der Gegenwart lassen erkennen, dass die religionsrechtliche bzw. religionsverfassungsrechtliche Entwicklung heute in zweierlei Hinsicht um Verarbeitung des jüngeren religiösen Wandels ringt: Sie ringt erstens um Verarbeitung des skizzierten Pluralisierungsschubs, der als vielgestaltig beschrieben wurde im Sinne von religiöser Varianz jenseits des Christentums einerseits sowie im Sinne von zunehmend individualisierter Aneignung kollektiv geteilter Traditionsbestände, die sich auf diese Weise gleichsam ‚verflüssigen‘, andererseits. Sie ringt aber zweitens auch – und das wird überraschenderweise auch in den religions(verfassungs)rechtlichen Debatten weniger thematisiert – um Verarbeitung des angesprochenen Säkularisierungsschubs. Denn im Spannungsfeld von Freiheits- und Gleichheitsrechten geht es nicht nur um gleiche Freiheitsrechte für alle Glaubenden (im Sinne sowohl religiös Glaubender als auch weltanschaulich Gebundener). Gleiche Freiheitsrechte genießen und beanspruchen vielmehr (und zunehmend) auch Nicht-Glaubende. So gibt es letztlich drei gleichermaßen anspruchsberechtigte Gruppen von Trägern und Trägerinnen des Grundrechts auf Religions- und

---

13 Vgl. BVerfG, Beschluss des Ersten Senats vom 27. Januar 2015 – 1 BvR 471/10. Vgl. dazu REUTER, Astrid, Ein Kopftuch voll Angst. FAZ-Blog: Ich. Heute. 10 vor 8 vom 30. März 2015. URL: http://blogs.faz.net/10vor8/2015/03/30/ein-kopftuch-voll-angst-4252/ [eingesehen am: 23.05.2019].

14 Vgl. zu diesem Zusammenhang den Überblick bei: REUTER, Astrid, Religion in der verrechtlichten Gesellschaft. Rechtskonflikte und öffentliche Kontroversen um Religion als Grenzarbeiten am religiösen Feld, Göttingen 2014, S. 77–88.

Weltanschauungsfreiheit: religiös Glaubende, weltanschaulich Gebundene und schließlich Nicht-Glaubende bzw. weltanschaulich Nicht-Gebundene. Was etwa den religionsbezogenen Unterricht in der Schule angeht, so erheben bereits alle drei Gruppen Ansprüche, die – zum Teil nach längeren Rechtskonflikten – in verschiedenen Bundesländern auch (allerdings höchst verschieden) umgesetzt werden.[15]

Die strittige Frage dabei ist: Sind die bestehenden religionsverfassungsrechtlichen Regelungen hinreichend flexibel? Wird es also genügen, sie mit Blick auf die sich pluralisierende und zugleich säkularisierende religiöse Lage ‚nur‘ neu auszulegen? Oder braucht es eine grundsätzliche religionsverfassungsrechtliche Neuordnung?

Ob Neuordnung oder neue Auslegung der alten Ordnung – hier geht es um die Verarbeitung religiösen Wandels im Recht: Es geht um ‚Pluralisierungsfolgenrecht‘ und um ‚Säkularisierungsfolgenrecht‘. Angesichts des empirischen Befundes drängt sich die Einschätzung auf, dass insbesondere Letzteres in den nächsten Jahrzehnten zunehmend von Bedeutung sein wird. Die besondere Herausforderung wird darin bestehen, beide Entwicklungen – Säkularisierung ebenso wie religionskulturelle Pluralisierung – gleichzeitig zu verarbeiten. Mit welchen Konflikten das einhergehen kann, lässt sich im Handlungsfeld Schule exemplarisch beobachten.

Soweit zur Resonanz des religiösen Wandels im Recht. Wie sieht es umgekehrt aus: Wie steht es um die Resonanz des Rechts im Feld der Religion?

3. Recht macht Religion: Zur Resonanz des Rechts im Feld der Religion

Die Frage, ob und wie religiöse Lebensführungen und Vorstellungen auch ihrerseits vom (säkularen) Recht beeinflusst werden, hat die Religionsforschung lange nicht gestellt. Ein Grund dafür könnte sein, dass man – in einer eher protestantisch dominierten Perspektive – geneigt war, Religion als eine im Kern höchst subjektive Angelegenheit zu begreifen, die von äußeren Bedingungen (und entsprechend auch von rechtlichen Regulierungen) jedenfalls im ‚Wesen‘ unabhängig sei. Nun geht Religion aber weit über Innerlichkeit hinaus: In der Regel hat sie Effekte in der Lebensführung; sie verbindet sich mit bestimmten Vorstellungen von der (guten) sozialen Ordnung und erhebt in vielen Fällen entsprechende gesellschaftliche Gestaltungsansprüche. Das Grundrecht auf Religionsfreiheit, so wie es in Art. 4 Abs. 1 und 2 GG formuliert ist, schützt die Religion entsprechend auch weit über das *forum internum* hinaus. Es heißt dort bekanntlich: „(1) Die Freiheit des Glaubens, des Gewissens und die Freiheit des religiösen und weltanschaulichen Bekenntnisses sind unverletzlich. (2) Die ungestörte Religionsausübung wird gewährleistet."

---

15 Vgl. dazu demnächst ALBERTS u. a. (Hrsg.), Handbuch Religionskunde (wie Anm. 12).

Von der Freiheit des Gewissens ist also im Grundgesetz u. a. die Rede; angesprochen sind damit auch religiös oder weltanschaulich motivierte Gewissenskonflikte und ihre Handlungsfolgen, wie sie etwa entstehen können, wenn eine religiöse Norm mit gesellschaftlichen oder beruflichen Verpflichtungen oder Normen kollidiert (etwa die Pflicht zum Gebet zu bestimmten Tageszeiten mit der Schulpflicht oder mit Arbeitszeiten). Auch die Bekenntnisfreiheit wird ausdrücklich geschützt. Doch: Wie weit reicht sie? Gilt sie auch für Beamtinnen und Beamte in Ausübung ihres Dienstes, etwa für muslimische Richterinnen, die eine Kopfbedeckung tragen möchten? Oder kann man Motorrad fahrende Sikhs von der Helmpflicht befreien, weil es zu ihrer religiösen Lebensführung gehört, einen Turban zu tragen? Schließlich wird die ungestörte Religionsausübung garantiert. Doch welche Ausübungen sind damit konkret gemeint? Dieser Schutz kann für individuelle religiöse Praktiken ebenso gelten wie für kollektive Praktiken, etwa für Prozessionen. Aber erstreckt sich der Schutzbereich zum Beispiel auch auf rituelle Schlachtungen? Oder gilt diese Schutznorm auch für den rituellen Konsum von Stoffen, die unter das Betäubungsmittelgesetz fallen?

Diese Beispiele illustrieren, dass das Recht regulierend ins religiöse Feld hineinwirkt. Diese regulierende Macht des Rechts ist offenkundig – und sie findet inzwischen auch vielfach Beachtung. Weniger beachtet wird hingegen, ob und wie weit die Macht des Rechts im Bereich der Religion über diese Regulierungsfunktion hinausgeht. Es geht also um die Frage, ob das Recht Religion nur reguliert oder darüber hinaus auch formt.

Für das Kirchenrecht ist das offenkundig: Als religiöses Recht zielt es ja geradezu darauf, religiöse Lebensführung zu formen. Das staatliche Recht aber hat, jedenfalls im säkularisierten, freiheitlichen Verfassungsstaat, diesen Anspruch gerade nicht – ganz im Gegenteil: Es hat sich auferlegt, die Religion vor staatlichen Eingriffen zu schützen; folglich sucht es, sich auf das für das gesellschaftliche Zusammenleben erforderliche Minimum an Regulierung zu beschränken. Doch ist das möglich?

Die Frage, ob der säkularisierte, freiheitliche Verfassungsstaat mit den Mitteln des Rechts das religiöse Leben nicht nur reguliert, sondern auch gestaltet, wurde und wird bisher kaum reflektiert.[16] Erkannt und problematisiert hat diesen Zusammenhang allerdings bereits zu Beginn der 1980er Jahre der amerikanische Rechtsphilosoph Robert M. Cover. Er stellte fest, das Recht sei „not merely a system of rules to be observed,

---

16 Vgl. aber – als eine der ersten, die das Thema aufgegriffen hat: SULLIVAN, Winnifred F., Paying the Words Extra. Religious Discourse in the Supreme Court of the United States, Cambridge 1994; DIES., The Impossibility of Religious Freedom, Princeton; Oxford 2005. Vgl. auch REUTER, Astrid, Säkularität und Religionsfreiheit – ein doppeltes Dilemma, in: Leviathan. Berliner Zeitschrift für Sozialwissenschaft 35,2 (2007), S. 178–192.

but a world in which we live".[17] Cover hatte dabei die westlichen Verfassungsstaaten im Blick, v. a. die USA. Der amerikanische Ethnologe Clifford Geertz stellte etwa zur gleichen Zeit ähnliche Überlegungen an, als er sich mit lokalen Rechtskulturen in Südasien befasste. Aus seinen Beobachtungen schloss er, das Recht sei „part of a distinctive manner of imagining the real".[18]

Das säkulare staatliche Recht als „Welt, in der wir leben" und als spezifische „Art und Weise, sich die Welt vorzustellen" – was heißt das? Bezogen auf das religiöse Feld heißt das: Das Recht erfüllt nicht allein Ordnungsfunktionen im religiösen Feld (indem es etwa bestimmte Freiräume für religiöses Leben schafft). Es greift weiter aus: Es formt auch die religiöse Lebensführung. Es prägt auch die Vorstellungen davon, was Religion ist und wie Religion sein sollte. Es bringt also religiöse und religionskulturelle Mentalitäten mit hervor. Das Recht ist, wie es der Verfassungsrechtler Ulrich Haltern in Anlehnung an Geertz formuliert, eine „Imaginationsform" des religiösen Lebens: „Es ist Teil des kulturellen Bedeutungs- und Symbolgewebes, in das der Mensch verstrickt ist. […] Recht beeinflusst uns nicht von außen, sondern ist Teil unseres Selbstverständnisses. Wir beginnen uns zu sehen, wie das Recht uns sieht, indem wir an der Konstruktion von Bedeutungen teilnehmen, die das Recht vornimmt."[19]

Um diese doppelte Rolle des Rechts – als regulierende Instanz und als Imaginationsform des Kulturellen und somit auch des Religiösen – zu verdeutlichen, sei ein Beispiel genannt: Eine muslimische Lehrerin, die eine Kopfbedeckung tragen möchte, muss (wenn sie dies unter Berufung auf ihr Grundrecht auf Religionsfreiheit einklagt) vor Gericht plausibilisieren, dass die Kopfbedeckung, die im islamischen Herkunftsmilieu in der Regel keiner Begründung bedarf, zu ihrer religiösen Lebensführung gehört. Nun findet sich im Grundgesetz bekanntlich keine Definition von Religion. Was das Grundgesetz unter Religion versteht, lässt sich lediglich ableiten aus dem Schutzbereich, den Art. 4 Abs. 1 und 2 GG der Religion einräumen. Das heißt: Was Religion im Sinne des GG konkret (und das heißt vor allem: im Streitfall) ist, ist Auslegungssache. In diesem Fall ist es zunächst Sache der Klägerin, schließlich aber Sache der Richterinnen und Richter. Letztere müssen das Tragen der Kopfbedeckung im Hinblick auf die Frage bewerten, ob es zum Schutzbereich der Religionsfreiheit gehört – oder eben nicht. Was immer sie entscheiden: Ihre Entscheidung hat Folgen auf dem religiösen Feld: Sie schränkt das Möglichkeitsfeld religiösen Lebens und damit auch

---

17   Cover, Robert M., Nomos and Narrative, in: Harvard Law Review 97,4 (1993), S. 4–69; hier S. 5.

18   Geertz, Clifford, Local Knowledge. Further Essays in Interpretive Anthropology, New York 1993, S. 184.

19   Haltern, Ulrich, Notwendigkeit und Umrisse einer Kulturtheorie des Rechts, in: Dreier, Horst; Hilgendorf, Eric (Hrsg.), Kulturelle Identität als Grund und Grenze des Rechts, Stuttgart 2008, S. 193–221; hier S. 207 f.

künftiger religiöser Erfahrungswelten ein – oder sie erweitert es. Die Richter stecken also das Spektrum der Möglichkeiten ab, bestimmte Lebensführungen als religiöse Lebensführungen zu tradieren und zu institutionalisieren.

Darüber hinaus kann das Recht aber auch einen Prozess des Reflexivwerdens von religiös ggf. zunächst unbestimmten Praktiken als religiösen Praktiken in Gang setzen. Dazu kann es kommen, wenn eine bestimmte Praxis (wie etwa die Praxis des Kopfbedeckens) strittig wird und wenn in der Folge für diese Praxis das Grundrecht auf Religionsfreiheit in Anspruch genommen wird. Denn dann muss die strittige Praxis als religiöse Praxis – und zwar als religiöse Praxis im Sinne des Religionsfreiheitsrechts – ausgelegt werden. Eine zunächst nicht explizit religiös verstandene, sondern etwa kulturell geprägte Praxis kann also durch die Inanspruchnahme des Rechts zu einer religiösen Praxis gleichsam werden. Und hier haben wir es dann mit einem Fall zu tun, in dem das Recht nicht nur reguliert, sondern auch die Dynamik religiösen Wandels mit beeinflusst.[20]

Ein anderes Beispiel sei zur weiteren Illustration genannt: Es wird – im Hinblick zum Beispiel auf die Frage, welche islamischen Verbände als Kooperationspartner des Staates an der Organisation islamischen Religionsunterrichts beteiligt werden sollen – immer wieder die Frage aufgeworfen, wen die verschiedenen islamischen Verbände überhaupt repräsentieren. Die Frage ist deshalb so kompliziert, weil es im Islam keine Mitgliedschaftsstrukturen gibt, wie sie in den christlichen Kirchen fest etabliert sind, denen zugehört, wer getauft ist. Islamische Verbände, auch die Moscheegemeinden, haben demgegenüber bekanntlich nur eine lose Mitgliedschaftsstruktur. So haben viele derjenigen, die eine Moschee regelmäßig frequentieren, keinerlei organisatorische Bindung an die Moschee. Familien etwa sind in den Vereinsstrukturen häufig lediglich durch den Ehemann und Vater vertreten, auch wenn die ganze Familie an den Aktivitäten der Moschee teilnehmen mag. Staatlicherseits werden von den islamischen Vereinen und Verbänden immer wieder transparente Mitgliedschaftsstrukturen als rechtliche Voraussetzung für die Anerkennung des Repräsentativitätsanspruchs eingefordert. Vielfach stößt dies jedoch auf Widerstand seitens der islamischen Vereine und Verbände. Deren Vertreter treibt die Sorge um, dass die am historischen Vorbild der christlichen Kirchen entwickelte Rechtsförmigkeit der religiösen Vorstellungswelt der Musliminnen und Muslime nicht äußerlich bleibt, sondern in die hergebrachten islamischen Vorstellungen von religiöser Gemeinschaftlichkeit eingreifen könnte. Konkret wird die Sorge vor der ,Verkirchlichung' des Islams geäußert.[21]

---

20 Vgl. ähnliche Überlegungen bereits in: REUTER, Astrid, Religion in der Schule. Kommentar zu Christian Walter, in: ZevKR, 62,4 (2017), S. 415–418.

21 Vgl. nur die Debatte um die in einem inzwischen mehrjährigen Rechtsstreit ausgetragene Frage, ob der *Zentralrat der Muslime in Deutschland e. V.* (ZMD) und der *Islamrat für die Bundesrepublik Deutschland e. V.* (IR) Religionsgemeinschaften im Sinne von Art. 7

Wenn nun also das Recht das religiöse Leben tatsächlich nicht nur von außen reguliert, sondern auch nach innen gestaltet, dann heißt das: Das Recht – die Recht setzende ebenso wie die Recht sprechende Gewalt – hat eine erhebliche Mitverantwortung dafür, wie sich religiöses Leben in der Zukunft entwickelt. Es verarbeitet religiösen Wandel nicht nur – es bestimmt religiösen Wandel mit.

4.   Schluss

In dem Beitrag wurde das Verhältnis von Recht und Religion bzw. religiösem Wandel von zwei Seiten beleuchtet: Zunächst wurde die Resonanz erörtert, die der Wandel im religiösen Feld auf dem Feld des Rechts hat, bevor anschließend die umgekehrte Perspektive eingenommen und die Überlegung angestellt wurde, ob und welche Resonanz das Recht seinerseits im religiösen Feld erzeugt.

Dabei wurde zum einen deutlich, dass das Recht angesichts dessen, dass wir es im religiösen Feld mit widerstreitenden Tendenzen zu tun haben, die mit den Stichworten Säkularisierung und Pluralisierung umrissen werden können, vor der besonderen Herausforderung steht, diese widerstreitenden Tendenzen gleichzeitig zu verarbeiten: Einerseits nehmen immer mehr Menschen ihr Grundrecht auf Religionsfreiheit (im Sinne positiver Religionsfreiheit und Öffentlichkeit ihres Bekenntnisses) in Anspruch. Zugleich aber sind immer weniger Menschen imstande und bereit, den Eigensinn, der Religion mitunter anhaftet, zu tolerieren – und auch diese Menschen berufen sich auf die Religionsfreiheit (im negativen Sinn) und auf das Gleichheitsprinzip.

Deutlich wurde zum anderen, dass rechtliche Regulierungen – ob sie nun auf die Religion zielen oder nicht – das religiöse Leben nicht nur regulieren, dem religiösen Leben also nicht äußerlich bleiben, sondern vielmehr auch gestaltend ins Möglichkeitsfeld religiösen Lebens, religiöser Imagination und religiöser Lebensführung eingreifen und damit ihrerseits Einfluss auf den religiösen Wandel nehmen. Das Recht – so lässt sich resümieren – reguliert also religiöse Lebenswelten, die es selbst mit hervorgebracht hat und immer von Neuem mit hervorbringt.

Abs. 3 Satz 2 sind und als solche als Träger ordentlichen islamischen Religionsunterrichts in Nordrhein-Westfalen infrage kommen. Diese Frage war 2017 vom Oberverwaltungsgericht Nordrhein-Westfalen verneint worden; das Bundesverwaltungsgericht folgte jedoch 2018 dieser Entscheidung nicht und gab die Frage zu weiterer Klärung an das OVG Münster zurück; vgl. BVerwG, Beschluss vom 20. Dezember 2018 – 6 B 94.18; OVG NRW, Beschluss vom 09. November 2017 – 19 A 997/02.

Literaturverzeichnis:

ALBERTS, Wanda; JUNGINGER, Horst; NEEF, Katharina; WÖSTEMEYER, Christina (Hrsg.), Handbuch Religionskunde in Deutschland [in Vorbereitung].

BERGER, Peter L., The Desecularization of the World. Resurgent Religion and World Politics, Washington, D.C. 1999.

CASANOVA, José, Public Religions in the Modern World, Chicago; London 1994.

COVER, Robert M., Nomos and Narrative, in: Harvard Law Review 97,4 (1993), S. 4–69.

EBERTZ, Michael N., Erosion der Gnadenanstalt? Zum Wandel der Sozialgestalt von Kirche, Frankfurt a.M. 1998.

GEERTZ, Clifford, Local Knowledge. Further Essays in Interpretive Anthropology, New York 1993.

GRAF, Friedrich W., Die Wiederkehr der Götter. Religion in der modernen Kultur, München 2004.

HALTERN, Ulrich, Notwendigkeit und Umrisse einer Kulturtheorie des Rechts, in: Dreier, Horst; Hilgendorf, Eric (Hrsg.), Kulturelle Identität als Grund und Grenze des Rechts, Stuttgart 2008, S. 193–221.

KNOBLAUCH, Hubert, Individualisierung, Privatisierung, Subjektivierung, in: Pollack, Detlef; Krech, Volkhard; Müller, Olaf u.a. (Hrsg.), Handbuch Religionssoziologie, Wiesbaden 2018, S. 329–346.

LIEDHEGENER, Antonius, Pluralisierung, in: Pollack, Detlef; Krech, Volkhard; Müller, Olaf u.a. (Hrsg.), Handbuch Religionssoziologie, Wiesbaden 2018, S. 347–382.

NAGEL, Alexander-Kenneth, Religion, Ethnizität und Migration, in: Pollack, Detlef; Krech, Volkhard; Müller, Olaf u.a. (Hrsg.), Handbuch Religionssoziologie, Wiesbaden 2018, S. 981–1000.

POLLACK, Detlef, Säkularisierung – ein moderner Mythos? Studien zum religiösen Wandel in Deutschland, Tübingen 2003.

DERS., Rückkehr des Religiösen? Studien zum religiösen Wandel in Deutschland und in Europa II, Tübingen 2009.

DERS.; GÄRTNER, Christel; GABRIEL, Karl (Hrsg.), Umstrittene Säkularisierung. Soziologische und historische Analysen zur Differenzierung von Religion und Politik, Berlin 2012.

DERS.; ROSTA, Gergely, Religion in der Moderne. Ein internationaler Vergleich, Frankfurt a.M. 2015.

DERS., Religion und gesellschaftliche Differenzierung. Studien zum religiösen Wandel in Europa und den USA III, Tübingen 2016.

DERS., Säkularisierung, in: ders.; Krech, Volkhard; Müller, Olaf (Hrsg.), Handbuch Religionssoziologie, Wiesbaden 2018, S. 303–327.

DERS.; KRECH, Volkhard; MÜLLER, Olaf; HERO, Markus u. a. (Hrsg.), Handbuch Religionssoziologie, Wiesbaden 2018.

REUTER, Astrid, Religion in der verrechtlichten Gesellschaft. Rechtskonflikte und öffentliche Kontroversen um Religion als Grenzarbeiten am religiösen Feld, Göttingen 2014.

DIES., Säkularität und Religionsfreiheit – ein doppeltes Dilemma, in: Leviathan. Berliner Zeitschrift für Sozialwissenschaft 35,2 (2007), S. 178–192.

DIES., Religion in der Schule. Kommentar zu Christian Walter, in: ZevKR 62,4 (2017), S. 415–418.

RIESEBRODT, Martin, Die Rückkehr der Religionen. Fundamentalismus und der 'Kampf der Kulturen', München 2000.

ROHE, Mathias, Der Islam – Alltagskonflikte und Lösungen: Rechtliche Perspektiven, Freiburg i. Br. 2001.

DERS., Der Islam in Deutschland. Eine Bestandsaufnahme, München 2016.

STATISTISCHE ÄMTER DES BUNDES UND DER LÄNDER (Hrsg.), Zensus 2011. Zensus kompakt. Endgültige Ergebnisse, Stuttgart 2014.

SULLIVAN, Winnifred F., Paying the Words Extra. Religious Discourse in the Supreme Court of the United States, Cambridge 1994.

DIES., The Impossibility of Religious Freedom, Princeton; Oxford 2005.

WALTER, Christian, Religionsverfassungsrecht in vergleichender und internationaler Perspektive, Tübingen 2006.

DERS.; HEINIG, Hans Michael (Hrsg.), Staatskirchenrecht oder Religionsverfassungsrecht? Ein begriffspolitischer Grundsatzstreit, Tübingen 2007.

DERS.; HEINIG, Hans Michael (Hrsg.), Religionsverfassungsrechtliche Spannungsfelder. Interdisziplinäre Perspektiven, Tübingen 2015.

DERS., Reformationsfolgen, Säkularisierungsfolgen, Pluralisierungsfolgen. Religiöse Konflikte in der Schule, in: ZevKR 62,4 (2017), S. 395–414.

WILLEMS, Ulrich; REUTER, Astrid; GERSTER, Daniel (Hrsg.), Ordnungen religiöser Pluralität. Wirklichkeit – Wahrnehmung – Gestaltung, Frankfurt a. M. 2016.

Internetquellen:

DEUTSCHE ISLAM KONFERENZ, Zahl der Muslime in Deutschland. Hochrechnung für das Jahr 2015. 14.12.2016. URL: http://www.deutsche-islam-konferenz.de/DIK/DE/Magazin/Lebenswelten/ZahlMLD/zahl-mld-node.html [eingesehen am: 17.05.2019].

DEUTSCHE ISLAM KONFERENZ, Islam und Recht. URL: http://www.deutsche-islam-konferenz.de/DIK/DE/Magazin/Recht/islam-recht-node.html [eingesehen am: 17.05.2019].

PEW RESEARCH CENTER, Being Christian in Western Europe vom 29. Mai 2018. URL: https://www.pewforum.org/2018/05/29/being-christian-in-western-europe/ [eingesehen am: 21.05.2019].

PEW RESEARCH CENTER, U. S. Public Becoming Less Religious vom 3. November 2015. URL: https://www.pewforum.org/2015/11/03/u-s-public-becoming-less-religious/ [eingesehen am: 21.05.2019].

REUTER, Astrid, Ein Kopftuch voll Angst. FAZ-Blog: Ich. Heute. 10 vor 8., vom 30 März 2015. URL: http://blogs.faz.net/10vor8/2015/03/30/ein-kopftuch-voll-angst-4252/ [eingesehen am: 23.05.2019].

4. Panel

Rechtlicher Umgang mit und Gründe für Scheitern

In diesem Panel geht es um den rechtlichen Umgang der kirchlichen Autoritäten mit Scheitern und Fehlverhalten, sei es moralisch oder strafrechtlich sanktioniert. Beispiele hierfür sind die erneute Eheschließung nach ziviler Scheidung, sexueller Missbrauch durch Kleriker, die Grundordnung im kirchlichen Dienstrecht sowie der Verlust des klerikalen Standes strafweise oder auf dem Verwaltungsweg. Über welche straf- und disziplinarrechtlichen Mittel verfügt die Kirche und wie werden diese angewendet. Auf der anderen Seite steht die kriminologische Analyse der möglichen Gründe für das Scheiter / Fehlverhalten und eine Einschätzung über die Effektivität des Strafens. In Bezug auf das Thema der Tagung soll reflektiert werden, ob der kontemporäre rechtliche Umgang ausreicht, um die Ziele des Strafrechts (c. 1341 CIC/1983), die Behebung des Ärgernisses, die Herstellung der Gerechtigkeit und die Besserung des Täters zu verwirklichen, oder für die Prävention und fortlaufende Behandlung der Sache psychologische Erkenntnisse einbezogen werden müssten. Im dritten Vortrag soll auf die Praxis hin ausgerichtet aus der Perspektive der systematischen Theologie der Versuch unternommen werden, ein Modell einer Theologie des Scheiterns zu entwerfen. Im religiösen bzw. kirchlichen Bereich deutet das mehr der Religion an, dass nicht nur ein rechtlicher Umgang, sondern eine theologisch fundierte Handlungsweise erforderlich ist, um das Problem des Scheiterns aufzufangen.

Manfred Bauer

Rechtlicher Umgang mit Scheitern und Fehlverhalten im Kirchenrecht

Abstract Kirchliches Strafrecht widerspricht dem Wesen der Kirche keineswegs, es bringt vielmehr den für die Kirche zentralen Liebesgedanken insofern zum Ausdruck, als es Aufgabe der Kirche ist, nicht nur, wo es angebracht ist, Tätern verzeihende Liebe entgegenzubringen, sondern auch den Opfern liebevolle Zuneigung zu zeigen, indem man ihre Anliegen ernst nimmt und ihnen Gerechtigkeit widerfahren lässt – auch durch Anwendung des Strafrechts gegenüber den Tätern, denen einen korrektes Verfahren gewährleistet werden muss.

1.   Vorbemerkung

Für jeden Praktiker ist es wichtig, dass er sein Tun wissenschaftlicher Reflexion unterwirft. In den juristischen Fächern, und damit auch im Kirchenrecht, hat das Tradition. Zu ihr soll nun auch hier ein Beitrag geleistet werden. Wenn der rechtliche Umgang mit Scheitern und Fehlverhalten im Kirchenrecht näher betrachtet wird, so erfolgt dies seitens des Verfassers vor dem Hintergrund der nunmehr fünfjährigen Erfahrungen, die er in seiner Tätigkeit an der Glaubenskongregation gesammelt hat, welche *Supremum Tribunal* in den Fällen der ihr reservierten Delikte ist. Die folgenden Ausführungen ergehen allerdings nicht *im Namen* der Glaubenskongregation; sie sind also keine amtliche oder halbamtliche Stellungnahme. Vielmehr sind sie als Diskussionsbeitrag zu verstehen, zu dem auch in der Folgezeit Stellung genommen werden soll. Diese Aufforderung hat ihren Grund darin, dass diesem Beitrag ein anderer Ausgangspunkt zugrunde liegt, als es in manch früherem zum Thema der Fall ist. Hier wird nicht von Delikten nach kanonischem Recht ausgegangen, die als typische Strafe die Exkommunikation nach sich ziehen. Diesen Ansatz hat mit äußerst bedenkenswerten Beiträgen beispielsweise Libero Gerosa verfolgt, weil er – so mag es hier etwas vergröbernd zusammengefasst werden dürfen – Verletzungen der Kirche als Glaubensgemeinschaft in den Mittelpunkt seiner Erwägungen stellte, zu der der Täter nach seiner Handlung nicht mehr gehört (das meint die Exkommunikation als Folge), weil er sich von ihr *willentlich distanziert* hat. Der hier ausgehend von der aktuellen kanonistischen Praxis jedoch vertretene Ausgangspunkt soll hingegen die Straftat sein, die die kirchliche Verwaltung und das kirchliche Gerichtswesen seit einigen Jahren am häufigsten beschäftigt, nämlich der sexuelle Missbrauch Minderjähriger durch Kleriker. Bei dieser Straftat zeigt sich, dass die (mitunter ebenfalls als Strafe vorgeschlagene) Exkommunikation nicht greifen kann und deshalb ungeeignet ist. Denn die Exkommunikation als Beuge-, Besserungs- oder Medizinalstrafe muss aufgehoben werden, wenn der Täter sich eben bessert, also sein strafrechtlich relevantes Verhalten ändert. Das funktioniert (zumindest theoretisch) sehr gut bei den Glaubensdelikten und ist auch insbesondere von dorther gedacht.[1] Beim sexuellen Missbrauch hingegen kann das nicht so gehen. Die Tat ist begangen, das Opfer für sein gesamtes Leben verletzt und gezeichnet – da müssen offensichtlich andere Strafen ausgesprochen werden, wie es das Gesetz schließlich auch vorsieht. Nach diesen ersten Andeutungen soll nun aber strukturiert vorgegangen und das gestellte Thema *Rechtlicher Umgang mit Scheitern und Fehlverhalten im Kirchenrecht* unter einigen Gesichtspunkten mosaikartig beleuchtet werden.

2. Einleitung

Die heutige Sicht auf das kirchliche Strafrecht ist eine zur früheren, nämlich zur Zeit der Erarbeitung und des Inkrafttretens der beiden geltenden Codices, des CIC/1983 und des CCEO, grundsätzlich veränderte. Diese Veränderung ist, wie bereits angedeutet, der zahlenmäßig häufigsten Straftat geschuldet, welche kirchliche Gerichte und kirchliche Verwaltung beschäftigt: der sexuelle Missbrauch Minderjähriger durch Kleriker. Das Aufdecken einer Vielzahl von Fällen – der mit Abstand größte Teil davon sogenannte Altfälle, die oftmals seit vielen Jahren nach staatlichem wie kirchlichem Recht verjährt sind – hat die Notwendigkeit eines funktionstüchtigen Strafrechts auch in der Kirche überdeutlich vor Augen gestellt. Es gibt heute niemanden mehr, wie es in der Zeit des Zweiten Vatikanischen Konzils und der sich anschließenden Reformphase des CIC durchaus vorkam,[2] der die Berechtigung eines kirchlichen Strafrechts per se in Frage stellt. Dennoch muss sich der Kanonist einige Fragen prinzipieller Art

---

1 Eine knappe Zusammenfassung der Entwicklung seines Ansatzes bei GEROSA, Libero, „Communio" und „Excommunicatio". Ein Streitgespräch, in: Müller, Ludger, u. a. (Hrsg.), „Strafrecht" in einer Kirche der Liebe, Münster 2006 (= KRB; 9), S. 97–116; hier S. 97–100; auch DERS., Das Recht der Kirche, Paderborn 1995 (= Lehrbücher der katholischen Theologie; 12), S. 228–235. Die Exkommunikation als Strafe bei sexuellem Missbrauch Minderjähriger durch Kleriker schlägt bspw. vor: LANDAU, Peter, Kanonisches Strafrecht heute, in: Kroppenberg, Inge u. a. (Hrsg.), Recht – Religion – Verfassung. Festschrift für Hans-Jürgen Becker zum 70. Geburtstag, Bielefeld 2009, S. 115–123; hier S. 122 f.

2 Vgl. dazu die knappe Übersicht bei REES, Wilhelm, Die Strafgewalt der Kirche. Das geltende kirchliche Strafrecht – dargestellt auf der Grundlage seiner Entwicklungsgeschichte, Berlin 1993 (= KStT; 41), S. 48–50.

stellen, um nicht unreflektiert zur Anwendung der Normen des kirchlichen Strafrechts zu schreiten.

So führt das gestellte Thema *Rechtlicher Umgang mit Scheitern und Fehlverhalten im Kirchenrecht* zu den Grundfragen und Grundlagen des kirchlichen Strafrechts. Es ist insofern ein Teil der Fundamentalkanonistik. Die erste Frage, die sich in diesem Zusammenhang nämlich stellt, ist diejenige nach der Herleitung der Befugnis der Kirche, überhaupt *eigenes Recht zu setzen*. Denn diese Frage geht, der dem Thema naheliegenden Befugnis der Kirche, eigenes *Strafrecht* zu setzen, logisch voraus.

3.   Das Recht der Kirche zur Rechtsetzung

Zunächst seien mir zwei Vorbemerkungen zum weltlichen Bereich gestattet: Die Staaten überlassen die Beantwortung der Frage, woher ihre Befugnis zur Rechtsetzung rührt, in erster Linie den Rechtsphilosophen. In einigen Verfassungen der heutigen Staaten findet sich allerdings ein *Gottesbezug,* so in der Präambel unseres deutschen Grundgesetzes. Das ist nach allgemeiner Auffassung mit der historischen Situation 1949 zu erklären: Der Grundgesetzgeber war sich nach den Schrecken der NS-Diktatur und des Zweiten Weltkriegs durchaus des Problems bewusst, dass der Staat seine Gewalt nicht uneingeschränkt ausüben kann und darf, weil er und seine Institutionen, ja die Volkssouveränität selbst, eben nicht absolut gesetzt werden können und dürfen. Vielmehr steht er in einem gewissen höheren Verantwortungszusammenhang, nämlich in der Verantwortung, wie es in der genannten Präambel heißt, *vor Gott und den Menschen,* womit eine Bindung an die unverbrüchlichen Menschenrechte als tragfähige ethische Basis angesprochen ist. Nach der Wiedererlangung der deutschen Einheit gab es bei der Neufassung der Präambel eine Diskussion, ob dieser Gottesbezug im Sinne einer klareren Trennung von Staat und Kirche aufgegeben werden solle, denn diese Bezugnahme auf Gott sei zu unspezifisch und habe deshalb in einem modernen Verfassungstext keinen Platz. In der Diskussion der Gemeinsamen Verfassungskommission wurde seitens der Befürworter des Gottesbezugs festgestellt, dass es sich gerade nicht um eine *invocatio Dei*[3] handele, weil die Verfassung nicht im Namen Gottes erlassen werde. Unter Hinweis auf die in Art. 4 GG verbürgte Religionsfreiheit wurde stattdessen deutlich gemacht, dass der Gottesbezug die Menschen in Deutschland weder auf das Christentum festlege noch die Bundesrepublik zu einem christlichen Staat mache. Vielmehr stelle er – und so habe es auch der Parlamentarische Rat 1949

---

3   Zu diesem Begriff (mit zutreffender Abgrenzung zu Gottesbezügen wie in der Präambel des GG) vgl. HOLLERBACH, Alexander, s. v.: Invocatio Dei-Formel, in: LKStKR, Bd. 2, S. 319 f. Nicht zutreffend hingegen SCHULZ, Michael, Strafe Gottes – Strafe der Kirche, in: Müller, Ludger, u. a. (Hrsg.), „Strafrecht" in einer Kirche der Liebe (wie Anm. 1), S. 45–60; hier S. 48.

verstanden wissen wollen – klar, dass überstaatliche Werte sowie Normen bestehen, über die auch der Verfassungsgeber nicht befinden kann.[4]

Festzuhalten bleibt, dass wenigstens in Grundsatzdebatten und -reden auch heute noch darauf und auf den Staatsrechtslehrer und ehemaligen Verfassungsrichter Ernst-Wolfgang Böckenförde verwiesen wird, von dem das berühmte Wort stammt, dass der freiheitliche, säkularisierte Staat von Voraussetzungen lebe, die er selbst nicht garantieren kann.[5] Was das in der Praxis des staatlichen Handelns bedeutet oder bedeuten könnte, bleibt jedoch weitgehend unklar. Man hält sich – aus gut nachvollziehbaren Gründen – doch gerne an Greifbareres, nämlich rechtliche Grundnormen, wie wir sie in unserem Grundgesetz in den Menschenrechten und einigen anderen grundsätzlichen Regelungen, beispielsweise dem Demokratie- und dem Rechtsstaatsprinzip, vorfinden.[6] Hinzu kommt die Auslegung dieser Normen durch die Rechtsprechung des Bundesverfassungsgerichts (= BVerfG),[7] welche weltweit hohe Anerkennung genießt, welche aber zugleich, so zumindest kann man mitunter den Eindruck gewinnen, wenig mehr außerhalb sehr spezieller Einzelfragen hinterfragt wird, sieht man von den ebenfalls veröffentlichten, meist hochinteressanten Minderheitsvoten einiger Verfassungsrichter ab; insoweit besteht eine interne Kritik, während äußere Kritik leicht in den Ruf geraten kann, nicht mehr auf dem Boden der Verfassung zu stehen – ein Vorwurf, dem sich nachvollziehbarerweise niemand ausgesetzt sehen möchte.

Die zweite kurze Vorbemerkung soll der EU gelten: Als vor einigen Jahren darüber beraten wurde einen europäischen Verfassungsvertrag zu schließen, gab es heftigen Streit darüber, ob ein Gottesbezug – ähnlich dem des Grundgesetzes – eingefügt werden solle oder nicht. Insbesondere am Widerstand Frankreichs ist diese Idee gescheitert.[8]

Nun zum Thema der Fragestellung im engeren Sinne: Wie steht es in der Kirche mit der Grundlegung des Rechts? Woher kommt die Rechtsetzungsgewalt der Kirche – und damit auch die Gewalt oder Vollmacht, sich ein eigenes Strafrecht zu geben? In der Geschichte gab es hierzu verschiedene Antworten. Von großer Bedeutung wurde

---

4   Zum Ganzen vgl. nur SCHMIDT-BLEIBTREU, Bruno; KLEIN, Franz, Kommentar zum Grundgesetz, Neuwied [9]1999, Präambel Rn. 2 m. N.

5   BÖCKENFÖRDE, Ernst-Wolfgang, Recht, Staat, Freiheit. Die Entstehung des Staates als Vorgang der Säkularisation (Wissenschaft; 914), Frankfurt a. M. [6]2016, S. 92–114; hier S. 112, Wiederabdruck auch in: Der säkularisierte Staat. Sein Charakter, seine Rechtfertigung und seine Probleme im 21. Jahrhundert, München 2007, S. 71.

6   Dazu DERS., Der säkularisierte Staat (wie Anm. 5), S. 18–20.

7   KIRCHHOF, Paul, Staat und Kirche (hg. v. Hofmann, Friedhelm), Würzburg 2012, S. 19, charakterisiert die Tätigkeit des BVerfG wie folgt: Es gebe „dem Grundgesetz seine aktuelle Sprachfähigkeit" und übersetze „die überbrachten Wertungen der Verfassung in die Gegenwart".

8   Vgl. CHARDON, Matthias, s. v.: Gottesbezug, in: Große Hüttmann, Martin, u. a. (Hrsg.), Europalexikon, Bonn; Dietz [2]2013.

der Ansatz der Würzburger Kanonistenschule des 18. Jahrhunderts,[9] die die Kirche als *societas perfecta* gleichberechtigt neben den absolutistischen und säkularisierten Staat stellte, gegen den sie sich und ihre Freiheit mit dieser Argumentation zu verteidigen suchte. Die Rechtsetzungsgewalt der Kirche hatte dadurch letztlich den gleichen Grund wie die des Staates. Diese im *Ius Publicum Ecclesiasticum* entwickelte Theorie wurde, abgewandelt in der Kanonistik der Römischen Schule, herrschende Lehre:[10] So war der Codex von 1917 von diesem Denken geprägt.

Mit dem geltenden Codex von 1983 sieht das heute aber doch recht anders aus. Die Münchener Kanonistenschule hatte schon nach dem Zweiten Weltkrieg einen anderen Weg gesucht. Ihr Gründer Klaus Mörsdorf wollte das Kirchenrecht nicht mehr in einer schlichten Parallel-Stellung zum staatlichen Recht hergeleitet sehen. Er hat überzeugend die Grundauffassung vertreten, dass *Kirchen*recht sich nicht anders als *theologisch* herleiten lassen könne.[11] Das war die Geburtsstunde der Rechtstheologie als eigenes Fach im Chor der klassischen kanonistischen Grundlagenfächer Rechtsphilosophie[12] und Rechtsgeschichte[13] sowie der neueren Fächer Rechtstheorie[14] und der m. E. leider in der Kanonistik und in Teilen der Theologie vielfach allzu skeptisch betrachteten Rechtssoziologie (in der Lehre des kirchlichen Eherechts werden aus deren

---

9   Dazu ERDÖ, Péter, Theologie des kanonischen Rechts. Ein systematisch-historischer Versuch, Münster 1999 (= KRB; 1), S. 14–16; auch MÜLLER, Ludger; OHLY, Christoph, Katholisches Kirchenrecht. Ein Studienbuch, Paderborn 2018, S. 14–17.

10   Vgl. in dieser Tradition z. B. noch ganz OTTAVIANI, Alaphridus, Institutiones Iuris Publici Ecclesiastici Vol I, Vatikan 1958, S. 7. Zum Ganzen ERDÖ, Péter, Theologie des kanonischen Rechts (wie Anm. 9), S. 16–19; GEROSA, Das Recht der Kirche (wie Anm. 1), S. 31 f.; auch MÜLLER, Ludger, Warum und wozu kirchliche Sanktionen?, in: Ders. u. a. (Hrsg.): „Strafrecht" in einer Kirche der Liebe (wie Anm. 1), S. 183–202; hier S. 184–187.

11   EICHMANN, Eduard; MÖRSDORF, Klaus, Lehrbuch des Kirchenrechts Bd. 1, Paderborn [7]1953, S. 27–35. Ausführlich MÖRSDORF, Klaus, Zur Grundlegung des Rechtes der Kirche, in: Aymans, Winfried, u. a. (Hrsg.), Schriften zum Kanonischen Recht, Paderborn 1989, S. 21–45; DERS., Wort und Sakrament als Bauelement der Kirchenverfassung, ebd., S. 46–53; DERS., Kanonisches Recht als theologische Disziplin, ebd., S. 54–67; neuere knappe Darstellungen bei MÖRSDORF LB I, S. 28–32; GEROSA, Das Recht der Kirche (wie Anm. 1), S. 41–44; MÜLLER; OHLY, Katholisches Kirchenrecht (wie Anm. 9), S. 22–28; ausführlich MÜLLER, Ludger, Die „Münchener Schule". Charakteristika und wissenschaftliche Anliegen, in: AfkKR 166 (1997), S. 85–119.

12   Als kurze Einführung sei verwiesen auf LUF, Gerhard, Rechtsphilosophische Grundlagen des Kirchenrechts, in: HdbKathKR³, S. 42–56.

13   Eine knappe Übersicht hierzu bietet HAERING, Stephan, Kirchliche Rechtsgeschichte, in: HdbKathKR³, S. 3–11.

14   Dazu PREE, Helmuth, Theorie des kanonischen Rechts, in: HdbKathKR³, S. 57–69.

Forschungen mitunter Erkenntnisse rezipiert[15]). Mit der juristischen Aufarbeitung der Missbrauchsfälle treten in der Praxis nun weitere wichtige Nebenfächer auf, die aus dem staatlichen Strafrecht hinlänglich bekannt sind: die forensische Psychiatrie und die Rechtsmedizin. – Doch zurück zur Rechtstheologie: Auch wenn man nicht dem weiteren speziellen Weg der Münchener Schule folgen will (das kann hier nicht im Einzelnen weiter vertieft werden), muss man jedenfalls die Notwendigkeit einer theologischen Grundlegung als solche anerkennen, soll Kirchenrecht, und damit auch kirchliches Strafrecht, nicht (so man eine reine, also absolute Außenperspektive einnimmt) eine bloße Anmaßung sein und deshalb – bildhaft gesprochen – *in der Luft hängen*.

Jede theologische Grundlegung des Kirchenrechts muss heute sicherlich auf der Basis dessen erfolgen, was das Zweite Vatikanische Konzil über die Kirche ausführt. Hier ist m. E. ein äußerst brauchbarer Ansatz derjenige von Péter Erdö.[16] Er geht von der in der Dogmatischen Konstitution *Lumen gentium* festgestellten „nicht unbedeutenden Analogie"[17] im Christusereignis und in der Existenz der Kirche aus (Kirche ist – das als Hinweis für die Nichttheologen unter den Lesern – in diesem Zusammenhang nicht konfessionell zu verstehen, sondern umfassend als theologische Größe, nämlich als *Kirche Jesu Christi*). Das Konzil führt dies weiter mit folgenden Worten aus: „Wie nämlich die angenommene Natur dem göttlichen Wort als lebendiges, ihm unlöslich geeintes Heilsorgan dient, so dient auf ganz ähnliche Weise das gesellschaftliche Gefüge der Kirche dem Geist Christi, der es belebt, zum Wachstum seines Leibes." So wie also Jesus Christus in zwei Naturen erkannt wird, nämlich in göttlicher und in menschlicher Natur, und zwar, wie schon das Konzil von Chalkedon im Jahre 451 lehrte, unvermischt, unveränderlich, ungetrennt und unteilbar,[18] so birgt auch die Kirche zwei Seiten in sich, die göttliche, himmlische, geistliche einerseits, sowie andererseits die irdische, greifbare, menschlich-gesellschaftliche. Auf dieser letztgenannten Seite der

---

15   Zwei Hinweise sollen hier genügen, der erste auf ein älteres Werk, nämlich HERMANN, Horst, Ehe und Recht. Versuch einer kritischen Darstellung, Freiburg i. Br.; Basel; Wien 1972 (= QD; 58), insb. S. 60–77 sowie S. 141–150; der zweite Hinweis gilt einem neueren Werk mit Darstellung unterschiedlichster Ansatzpunkte: GRAULICH, Markus; SEIDNADER, Martin, (Hrsg.), Zwischen Jesu Wort und Norm. Kirchliches Handeln angesichts von Scheidung und Wiederheirat, Freiburg i. Br.; Basel; Wien 2014 (= QD; 264).

16   Vgl. ERDÖ, Péter, Theologie des kanonischen Rechts (wie Anm. 9), S. 123–125; dazu auch REES, Wilhelm, Strafe und Strafzwecke – Theorien, geltendes Recht und Reformen, in: Pulte, Matthias (Hrsg.), Tendenzen der kirchlichen Strafrechtsentwicklung, Paderborn 2017 (= KStKR; 25), S. 23–60; hier S. 24–26. Zu diesem Ansatz kritisch GEROSA, Das Recht der Kirche (wie Anm. 1), S. 37–39.

17   Dogmatische Konstitution Lumen gentium vom 21. November 1964, in: AAS 57 (1965), S. 5–75; hier S. 11; mit dt. Übersetzung in: HThk-VatII, Bd. 1, S. 73–185; hier S. 83 f.; auch in: LThK²-K, Bd. 1, S. 156–347; hier S. 170 f.

18   DENZINGER, Heinrich; HÜNERMANN, Peter, Enchiridion symbolorum definitionum et declarationum de rebus fidei et morum, Freiburg i. Br.; Basel; Wien ³⁹2001, Rn. 302.

Kirche, die ebenfalls ungetrennt und unvermischt mit der anderen Seite immer zugleich besteht, haben wir vor allem das Kirchenrecht zu verorten. Es gehört also wesentlich zur Kirche, weil das menschlich-gesellschaftliche Wesen der Kirche immer gemeinsam mit ihrem geistlich-himmlischen Wesen besteht – ungetrennt und unvermischt.

So kann heute also der Inkarnationsgedanke fruchtbar gemacht werden zur Erkenntnis des Wesens der Kirche und zugleich zur entsprechend wesensgemäßen Verortung des Rechts und seiner Notwendigkeit in der Kirche. In einem zweiten Schritt ist nun theologisch auch darzulegen, wie ein Straf- oder Sanktionsrecht in der Kirche zu verorten ist, ob es ihr ebenfalls wesentlich zugehört oder ob es ihrem Wesen nicht gar völlig widerspricht.[19]

4. Das Recht der Kirche auf ein eigenes Strafrecht

Es ist bemerkenswert, dass der Codex des kanonischen Rechts von 1983 gleich zu Beginn seines sechsten Buches, welches das Strafrecht enthält, in c. 1311 festhält: „Es ist das angeborene und eigene Recht der Kirche, straffällig gewordene Gläubige durch Strafmittel zurechtzuweisen." Diese Norm ist ein verkürztes Zitat der Vorgängernorm, nämlich des c. 2214 § 1 CIC/1917. Man sah offenbar auch 1983 weiterhin die Notwendigkeit, ausdrücklich darzulegen, dass die Kirche sich ihr Strafrecht selbständig und unabhängig geben dürfe und könne, nämlich weil es ihr *ius nativum* und ihr *ius proprium* sei.[20] Als ihr angeborenes Recht wird die Strafgewalt der Kirche bezeichnet, weil sie diese Befugnis „von sich aus, von allem Anfang an" hat und sie nicht erst „entwickelt oder gar usurpiert" hat; und als *ius proprium* wird die Strafgewalt der Kirche bezeichnet, um klarzulegen, dass sie „nicht stellvertretend ausgeübt wird und weder auf Verleihung noch auf Delegation beruht", womit sie zugleich als unabhängig vom Staat gekennzeichnet wird.[21]

Wer die Kodexreform nach dem Zweiten Vaticanum in ihren Grundlagen verstehen will, tut gut daran, sich immer wieder die zehn Prinzipien,[22] an denen sich diese Arbeit orientieren sollte, vor Augen zu führen. Das neunte Prinzip wandte sich dem

---

19 Zum Ganzen vgl. auch HAERING, Stephan, Reichweite und Grenzen des kirchlichen Strafrechts im Vorgehen gegen Sexualstraftäter, in: Hallermann, Heribert u. a. (Hrsg.), Der Strafanspruch der Kirche in Fällen von sexuellem Missbrauch, Würzburg 2012 (= WTh; 9), S. 211–242; hier S. 212 f.

20 Nicht zu Unrecht sieht MÜLLER, Ludger, in: KanR IV, S. 90 f., hierin einen „Rest einer im Gegenüber zum Staat entwickelten Begründung kirchlicher Strafgewalt, wie sie in der kirchenrechtlichen Schule des *Ius Publicum Ecclesiasticum* entwickelt worden ist". Vgl. auch REES, Die Strafgewalt der Kirche (wie Anm. 2), S. 366–368.

21 So treffend LÜDICKE, Klaus, Kommentar zu c. 1311, in: MK CIC, Rn. 3 f.

22 *Principia quae Codicis Iuris Canonici Recognitionem dirigant,* in: Communicationes 1 (1969), S. 77–85.

Strafrecht zu und betonte in seinem ersten von zwei Absätzen, dass sich die Reformkommission der allgemeinen Auffassung anschließe, dass die Strafen im neuen Codex reduziert werden sollten. Keinesfalls jedoch wolle man das kirchliche Strafrecht völlig beseitigen, weil keiner vollkommenen Gesellschaft (also keiner *societas perfecta*) – und eine solche sei schließlich auch die Kirche – ein Zwangsrecht abgesprochen werden könne.[23]

Vor dem Hintergrund dieses neunten Prinzips wird auch sofort der Wortlaut des vorhin kurz vorgestellten c. 1311 CIC/1983 nachvollziehbar, wie auch die an ihm in der Literatur geübte Kritik seines Verhaftet-Seins im alten Denken des *Ius Publicum Ecclesiasticum*.

Wenn die Kirche aber, wie oben dargelegt, in Analogie zur Natur und zum Wesen des Gottmenschen Jesus Christus zu sehen ist, so stellen sich mit der Begründung eines kirchlichen Strafrechts ganz andere, weitreichende Fragen, an die ein am alten *Ius Publicum Ecclesiasticum* orientiertes Denken nicht heranreicht: Kann, ja darf eine Kirche, die analog zu Jesus Christus und damit also *sakramental* zu begreifen ist, Strafrecht setzen?

Eine kanonistische Tagung in Bamberg im Jahre 2004 behandelte derartige Fragen. Diese Tagung stand unter dem Thema *„Strafrecht" in einer Kirche der Liebe – Notwendigkeit oder Widerspruch?* Im Vorwort des Tagungsbandes haben die Veranstalter das Anliegen folgendermaßen sehr griffig ins Wort gebracht: „Wenn es [...] um Sanktionen in der Kirche geht, stellt sich die grundlegende Frage: Kann es in einer Kirche, in der die Liebe einen hohen Stellenwert einnimmt, überhaupt Strafen geben?"[24]

5.   Strafrecht in einer Kirche der Liebe

Die Exegeten sind sich recht einig darin, dass sich im Doppelgebot der Liebe ein Grundanliegen Jesu[25] findet. Dessen Bestandteile, nämlich die *Gottesliebe* einerseits und die *Nächstenliebe* andererseits, findet Jesus an zwei verschiedenen Stellen des alttestamentlichen Gesetzes[26] und fügt sie nach der Tradition der synoptischen Evange-

---

23   Ebd., S. 84 f. Zu den Prinzipien und zum Reformprozess vgl. REES, Die Strafgewalt der Kirche (wie Anm. 2), S. 324–362, zu den Prinzipien insb. S. 330–333. Die Reduktion der Straftatbestände war erheblich: Enthielt der CIC/1917 noch 220 Canones im Strafrecht, verblieben im CIC/1983 lediglich 89, vgl. LÜDICKE, Klaus, Einleitung vor c. 1311, in: MK CIC, Rn. 9.

24   Vgl. MÜLLER, Ludger u. a., Vorwort, in: Dies. (Hrsg.): „Strafrecht" in einer Kirche der Liebe (wie Anm. 1), S. 7.

25   So wörtlich KREMER, Jacob, Lukasevangelium. Die Neue Echter-Bibel. Kommentar zum Neuen Testament mit der Einheitsübersetzung Bd. 3, Würzburg 1988, S. 75.

26   Das Gebot der Gottesliebe in Dtn 6,5; das Gebot der Nächstenliebe in Lev 19,18.

lien[27] zu einer Einheit zusammen. Dabei darf nicht außer Acht gelassen werden, dass Jesus in diesem Zusammenhang auch den Bezug des Menschen zu sich selbst nicht vernachlässigt, denn er antwortet auf die ihm gestellte Frage nach dem wichtigsten Gebot: *Du sollst den Herrn, deinen Gott, lieben mit ganzem Herzen, mit ganzer Seele und mit all deinen Gedanken. Das ist das wichtigste und erste Gebot. Ebenso wichtig ist das zweite: Du sollst deinen Nächsten lieben wie dich selbst.* (Mt 22,37–39). Man kann am Schluss des Gebotes der Nächstenliebe also deutliche Anklänge an die Goldene Regel feststellen, die Jesus in ihrer positiven Formulierung[28] in der Bergpredigt nennt (Mt 7,12, auch Lk 6,31). Schließlich geht Jesus aber in der soeben genannten Bergpredigt einen ganz entscheidenden Schritt weiter, indem er darüber hinaus in einer seiner Antithesen[29] die Feindesliebe fordert (vgl. Mt 5,43–44, auch Lk 6,27.35).

Neben die synoptische treten die johanneische und die paulinische Tradition im Neuen Testament. Dort wird als Ausgangspunkt jeglicher Liebe Gott selbst gesehen, ja er wird mit ihr identifiziert, wenn im Ersten Johannesbrief der einfache und deshalb so einprägsame Satz zu finden ist *Gott ist die Liebe* (1 Joh 4,8). Und Paulus schreibt im Ersten Korintherbrief seinen Hymnus auf die Liebe (1 Kor 13) nicht losgelöst von den Schwierigkeiten seiner Adressaten, sondern stellt dieses Hohelied der Liebe ganz bewusst in die praktischen Zusammenhänge des korinthischen Gemeindelebens, das viele Probleme aufweist, zu denen er Stellung nimmt – unter anderem auch mit der Strafe der Exkommunikation, also des Gemeindeausschlusses, in einem Fall von Blutschande (1 Kor 5,1–13).[30]

---

27 Es geht um die Stellen Mt 22,34–40; Mk 12,28–31; Lk 10,25–28.

28 Zur Goldenen Regel im Rechtsdenken vgl. SPENDEL, Günter, Die Goldene Regel als Rechtsprinzip, (Wiederabdruck) in: Ders., Für Vernunft und Recht, Tübingen 2004, S. 69–96; hier S. 88 f. Nach Spendel taugt nur die negative Formulierung als Rechtsprinzip, weil sie – im Gegensatz zur positiven Formulierung – keiner Voraussetzungen ethischer Natur bedarf. Aus neutestamentlich-exegetischer Sicht verweist SCHNACKENBURG, Rudolf, Matthäusevangelium. Die Neue Echter-Bibel. Kommentar zum Neuen Testament mit der Einheitsübersetzung Bd. 1/1, Würzburg ²1991, S. 74, darauf, dass es im Matthäus-Evangelium nicht in erster Linie auf die negative oder positive Formulierung ankomme, sondern vielmehr auf die Nähe zum Gebot der Nächstenliebe. Bei Lukas steht das Gebot der Feindesliebe ausdrücklich im Zusammenhang mit der Goldenen Regel, vgl. KREMER, Lukasevangelium (wie Anm. 25), S. 74 f.

29 Zu diesen bspw. SCHNACKENBURG, Matthäusevangelium (wie Anm. 28), S. 52 f.; auch BERGER, Klaus, Wer war Jesus wirklich?, Gütersloh 1999, S. 79–85; hier S. 82 f.

30 Dazu knapp aus kanonistischer Sicht unter der Überschrift „Biblische Grundlagen einer kirchlichen Strafgewalt" STRIGL, Richard, in: GrNKirchR, Regensburg 1980, S. 745 f. (dieser Teil findet sich nicht mehr im entsprechenden Abschnitt des HdbkathKR, Regensburg ¹1983, S. 923–929, vom selben Verfasser, geblieben ist nur auf S. 924 der Verweis in Anm. 4); aus neutestamentlich-exegetischer Sicht vgl. z. B. ROLOFF, Jürgen, Ansätze

Die Kirche darf die oben genannten Worte ihres Herrn zur hervorragenden Stellung der Liebe nicht verschweigen – gerade auch dann nicht, wenn sie für sich in Anspruch nimmt, ihre Glieder gegebenenfalls zu strafen. Ganz im Gegenteil: Diese zentralen Aussagen Jesu, die auf den ersten Blick einem kirchlichen Strafrecht klar zuwiderlaufen, sind eine Herausforderung für jegliche Rechtfertigung der von der Kirche in Anspruch genommenen Befugnis zu strafen. Und auch Paulus musste Argumente zur Begründung seiner eben genannten Strafe finden.

Dass die Liebe wesentlich zur Kirche gehört, zeigen die vielfältigen caritativen bzw. diakonischen Werke der Kirchen. Es gibt keine christliche Konfession, die sich dieser Aufgabe nicht stellt, weil Werke der Nächstenliebe, ausgehend von den zu Beginn dieses Abschnitts zitierten Worten Jesu, zum wesentlichen Bestandteil jeglichen kirchlichen Lebens gehören. In diesen Werken wird die innerste Verbundenheit der irdischen, äußerlich sichtbaren Kirche und ihrer geistlich-himmlischen Seite deutlich erfahrbar. „Die äußere Gestalt der Kirche zielt auf die verborgene Innenseite, auf den Aufbau einer geistlichen Gemeinschaft, der Gemeinschaft des Glaubens, der Hoffnung und der Liebe, und diese bedarf der äußeren Gestalt, um in der Welt wirksam sein zu können."[31]

Das Liebesgebot legt als Praxis der Kirche bei Scheitern ihrer Glieder die Vergebung nahe. Die Evangelien geben an vielen Stellen Zeugnis davon, dass sich die Kirche in dieser Frage klar an Jesus orientieren kann und muss: Auf drei Beispiele für das Verhalten Jesu sei hier verwiesen, nämlich auf die Heilung eines Gelähmten, welcher zunächst die *Sündenvergebung* vorausgeht, worüber Streit unter den Anwesenden entsteht (Mk 2,1–12), auf die Ehebrecherin (Joh 8,1–11)[32] und auf den Schächer zur Rechten, dem Jesus noch am Kreuz in seiner letzten Stunde alle Sünden vergibt, indem er ihm das Paradies verheißt (Lk 23,39–43).[33]

Eine Konsequenz aus diesem Befund ist, dass die Kirche in der Geschichte ihre Bußpraxis gelockert hat. Ohne hier auf Einzelheiten[34] eingehen zu können, ist in

kirchlicher Rechtsbildungen im Neuen Testament, in: Schlaich, Klaus (Hrsg.), Studien zu Kirchenrecht und Theologie I, Heidelberg 1987, S. 83–142; hier S. 125.

31 KRÄMER, Peter, Strafen in einer Kirche der Liebe, in: Müller, Ludger u. a. (Hrsg.), „Strafrecht" in einer Kirche der Liebe (wie Anm. 1), S. 9–22; hier S. 12.

32 Vgl. etwa BERGER, Wer war Jesus wirklich? (wie Anm. 29), S. 88–91, der kritisch fragt: „Wird unter solchen Voraussetzungen nicht jede Justiz unmöglich?", ebd., S. 90 f.

33 Vgl. DORMEYER, Detlev, Das Lukasevangelium. Neu übersetzt und kommentiert, Stuttgart 2011, S. 280; KREMER, Lukasevangelium (wie Anm. 25), S. 230–232.

34 Vgl. nur die knappe Übersicht bei KALB, Herbert, s. v.: Buße, in: LKStKR, Bd. 1, S. 309 f.; ausführlicher z. B. Aymans Lb III, S. 283–286; HEGGELBACHER, Othmar, Geschichte des frühchristlichen Kirchenrechts, Freiburg (Schweiz) 1974, S. 180–190; auch MARKSCHIES, Christoph, Das antike Christentum. Frömmigkeit, Lebensformen, Institutionen, München ²2012, S. 183 f.

der Kirchengeschichte in Bezug auf das Bußwesen folgende Entwicklung festzuhalten: War zunächst die Sündenvergebung einmalig, nämlich als an den sakramentalen Taufakt gebundene, so zeigte sich alsbald, dass auch Getaufte, weil sie in schwere Sünde fallen (oder vielleicht besser: zurückfallen) können, das große Verlangen haben, in den Stand der Gnade zurückzukehren, in den sie mit der Taufe ja eingetreten waren. Ein solcher – nach der empfangenen Taufe – zweiter Akt der Vergebung der Sünden konnte seinerseits nicht mehr wiederholt werden. Spätestens mit der Entwicklung des Christentums zur Religion breiter Volksschichten seit der Konstantinischen Wende[35] setzte sich die Einsicht durch, dass die Bußpraxis erleichtert werden muss und die Sünden häufiger vergeben werden können. Zwei Hauptkonsequenzen wurden deshalb im Zuge eines langen Prozesses (insbesondere im Westen) im Ergebnis gezogen: Die Buße wurde zum einen aus der Öffentlichkeit der Gemeinde in den Privatbereich geholt. Diese Entwicklung setzte in der keltischen Kirche ein, wo die altkirchliche Bußpraxis unbekannt war, und wurde durch die iro-schottische Mission auf dem europäischen Festland verbreitet.[36] Zum andern wurde diese Privatbuße ohne zahlenmäßige Beschränkung gewährt, war also wiederholbar.[37]

Im Christentum der Antike blieb das Bußwesen von einem eigenständig bestehenden kirchlichen Strafrecht noch nicht klar unterschieden. Dieser Prozess der Unterscheidung setzte erst im Frühmittelalter zaghaft ein, nämlich „in Anlehnung an die Unterscheidung zwischen öffentlicher und geheimer Buße".[38] Mit dem Dekret Gratians wurde ein zweiter Schritt getan mit der Bearbeitung der bisherigen kanonistischen Sammlungen und dem Verfassen einer Art scholastischen Traktats über die Strafe, der vom Denken des spätantiken Kirchenvaters Augustinus stark beeinflusst war. Dabei wurde insbesondere die Frage behandelt, ob Sühnestrafen, denen schließlich der Gedanke der Rache bzw. der Vergeltung innewohnt, mit dem genannten Hauptgebot der

---

35 Dazu z.B. SCHLEICH, Thomas, Konstantin der Große, in: Greschat, Martin (Hrsg.), Gestalten der Kirchengeschichte. Alte Kirche I, Stuttgart 1984/1993, S. 189–214; hier S. 201–205; DÜNZL, Franz, Fremd in dieser Welt? Das Christentum zwischen Weltdistanz und Weltverantwortung, Freiburg i. Br. 2015, S. 183–186 (zur Ausbreitung des Christentums), S. 346–349 (zur Entwicklung des Bußwesens); allgemein auch DERS., Der Auftakt einer Epoche: Konstantin und die Folgen, in: Ders. u. a., Umbruch – Wandel – Kontinuität (312–2012) (= WTh; 10), Würzburg 2014, S. 11–40; ZIPPELIUS, Reinhold, Staat und Kirche. Eine Geschichte von der Antike bis zur Gegenwart, München 1997, S. 20–22; zu den Auswirkungen auf das kirchliche Leben in der Stadt Rom vgl. HEID, Stefan, Aufschwung des Märtyrerkults unter Konstantin, in: Gnilka, Christian u. a. (Hrsg.), Blutzeuge. Tod und Grab des Petrus in Rom, Regensburg ²2015, S. 173–188.

36 Vgl. KALB, Herbert, s. v.: Buße, in: LKStKR I, S. 309 f.; KÉRY, Lotte, Canonica severitas und amor correctionis, in: Müller, Ludger u. a. (Hrsg.), „Strafrecht" in einer Kirche der Liebe (wie Anm. 1), S. 23–44; hier S. 26 f.

37 Vgl. Aymans Lb III, S. 285 f.; KÉRY, Canonica severitas (wie Anm. 36), S. 26 f.

38 Ebd., S. 24.

Liebe Jesu Christi vereinbart werden können. Das wurde bejaht, wenn die Strafe nicht aus Hass oder Rachsucht verhängt wird, sondern aus Liebe zum Sünder und aus Eifer für die Gerechtigkeit. Im Hintergrund stand als höchstes Ziel das Heil der Seelen, die *salus animarum,* welche noch heute im letzten Canon des CIC/1983, nämlich in c. 1752, als *suprema lex* bezeichnet wird, welches der Rechtsanwender immer vor Augen haben muss. Auch findet sich bereits bei Gratian der Hinweis, dass das Verhängen von Strafen immer nur die *ultima ratio* sein darf – ebenfalls ein Gedanke, der sich noch heute in c. 1341 CIC/1983 findet.

Von besonderer Bedeutung wurde aber Bernhard von Pavia aus der Rechtsschule von Bologna, der das römische Recht mitberücksichtigte und ihm so das kirchliche Strafrecht erstmals als eigenständiges System zur Seite stellen konnte.[39] Indem er den Unterschied zwischen Strafe und Buße vor allem am Verfahren festmacht, bereitet er die spätere Unterscheidung von *forum externum* und *forum internum* vor:[40] Die Strafen setzen nämlich ein öffentliches Verfahren voraus, während die Bußen im geheimen Verfahren auferlegt werden.

6. Heutige Abgrenzung von kirchlichem Strafrecht und sakramentaler Buße

Klaus Lüdicke beschreibt im Münsterischen Kommentar in der Einleitung zum sechsten Buch des Codex sehr klar die Problematik: „In der Kirche, die sich dem bürgerlichen Gemeinwesen gegenüber als eine ganz anders geartete Gemeinschaft darstellt, kann die Frage nach der angemessenen Reaktion auf das Fehlverhalten eines Mitglieds die Bedeutung dieses Verhaltens vor Gott nicht außer Acht lassen. Mit der Betrachtung des Fehlverhaltens im Licht des Gottesverhältnisses ist ein Problem angesprochen, das über die Berücksichtigung der Schuld, wie sie auch in zivilen Strafrechts-Systemen üblich ist, weit hinausreicht."[41] Die Antwort auf die gestellte Frage ist daher in einer Misch-Theorie zu finden: Erforderlich ist eine Strafrechtstheorie, die

---

39 Ebd., S. 24 f.; auch DIES., Aspekte des kirchlichen Strafrechts im Liber Extra, in: Lüderssen, Klaus, u. a. (Hrsg.), Konflikt, Verbrechen und Sanktion in der Gesellschaft Alteuropas: Symposien und Synthesen Bd. 2, Köln; Weimar; Wien 1999, S. 241–297; hier S. 246–249.

40 Dazu ausführlich aus rechtshistorischer Sicht TRUSEN, Winfried, Zur Bedeutung des geistlichen Forum internum und externum für die spätmittelalterliche Gesellschaft, in: ZRG.K 76 (1990), S. 254–285.

41 LÜDICKE, Klaus, Einleitung vor 1311, in: MK CIC, Rn. 1.

sowohl vom Selbstverständnis der Kirche, also von ekklesiologischen Gegebenheiten, als auch von den Strafrechtstheorien der Staaten beeinflusst ist.[42]

Diese Strafrechtstheorien im Sinne einer Lehre von den Strafzwecken sollen hier in aller Kürze ins Gedächtnis gerufen werden: Zunächst ist an die Präventionstheorie zu denken, in der sich eine allgemeine und eine besondere Stoßrichtung äußert: Der Gedanke der Generalprävention sieht den Zweck der Strafe darin, andere Menschen, die sehen, dass der Täter seiner Strafe zugeführt wird, davon abzuhalten, diese Straftat zu begehen; der Gedanke der Spezialprävention bleibt hingegen beim Täter, der gebessert werden soll, also dahin gebracht werden soll, künftig diese (und andere) Straftat(en) nicht mehr zu begehen. Die Präventionstheorie wird heute von vielen gutgeheißen, weil der in ihr liegende Besserungsgedanke für viele überzeugend und vertretbar erscheint, denn es kommt ein positives Menschenbild in ihr zum Ausdruck.[43] Im Verhältnis dazu schneidet hingegen der Gedanke der Vergeltung eher schlecht ab: Danach ist als Zweck der Strafe festzuhalten, dass das begangene Unrecht einen Ausgleich fordere. Kein Geringerer als Immanuel Kant vertrat diese Auffassung, um den Straftäter nicht anderen, politischen Zwecken zu unterwerfen, was seiner Würde widerstreite.[44] Die Kirche sprach und spricht in diesem Zusammenhang von der Wiederherstellung der Gerechtigkeit bzw. des Rechts – kein geringerer als Papst Pius XII., selbst Kanonist, hat diese Auffassung in mehreren Ansprachen vor Juristen und Kanonisten in den Jahren 1953, 1954 und 1955 vertreten.[45] Heute noch findet sich dieser Gedanke in c. 1341 CIC/1983 wieder.

Nach der hier vertretenen Auffassung hat er angesichts des gegenwärtig die kirchliche Verwaltung wie die kirchlichen Gerichte am meisten beschäftigenden Delikts, also angesichts des sexuellen Missbrauchs Minderjähriger durch Kleriker, zu Recht seinen aktuellen Platz bei den Strafzwecken. Denn den Gedanken einer Wiederher-

---

42 DERS., ebd., Rn. 2 m. N. Ebenso HIEROLD, Alfred, Vom Sinn und Zweck kirchlicher Strafe, in: Gabriels, André u. a. (Hrsg.) Ministerium Iustitiae, Festschrift für Heribert Heinemann zur Vollendung des 60. Lebensjahres, Essen 1985, S. 331–341; hier S. 335–337 m. N.; ausführlich zum Ganzen auch REES, Strafe und Strafzwecke (wie Anm. 16), S. 41–45.

43 Vgl. etwa SEBOTT, Reinhold, Das kirchliche Strafrecht. Kommentar zu den Kanones 1311–1399 des Codex Iuris Canonici, Frankfurt a. M. 1992, S. 23; auch REES, Strafe und Strafzwecke (wie Anm. 16), S. 32 m. N.; generell kritisch zu den Lehren von den Strafzwecken FISCHER, Thomas, Über das Strafen. Recht und Sicherheit in der demokratischen Gesellschaft, München 2018, S. 148 f.

44 In: Metaphysik der Sitten (Werke Bd. IV, hrsg. v. Weischedel, Wilhelm, Darmstadt 1956, Nachdruck 1998), S. 452–460; hier S. 453 f.; dazu und zum Ganzen noch immer sehr lesenswert RADBRUCH, Gustav, Rechtsphilosophie (hrsg. v. Wolf, Erik, u. a.), Stuttgart [8]1973, S. 258–265; DERS., Einführung in die Rechtswissenschaft (hrsg. v. Zweigert, Konrad), Stuttgart [12]1969, S. 135–157.

45 Vgl. LÜDICKE, Klaus, Einleitung vor c. 1311, in: MK CIC, Rn. 13; ausführlich auch REES, Strafe und Strafzwecke (wie Anm. 16), S. 38–40 m. N.

stellung von Recht und Gerechtigkeit auch durch das Mittel der Strafe völlig abzulehnen, verführt leicht dazu, die Opfer und das von ihnen erlittene Leid einschließlich der tragischen Spätfolgen insbesondere psychischer Natur aus dem Blick zu verlieren. Und so komme ich auch auf die Frage nach der Berechtigung des Strafrechts in einer Kirche der Liebe zurück: Der Gedanke des Ausgleichs und der Wiederherstellung von Recht und Gerechtigkeit auch durch Bestrafung des Täters kann den Opfern dabei helfen, aus ihrer Rolle des Ungehört-Seins und Nicht-verstanden-Werdens herauszufinden, die allzu leicht immer weiter verlängert wird und die Opfer in schreckliche Passivität und damit verbundene Hilflosigkeit zwingt. Eine Kirche der Liebe muss sich aber gerade auch den Opfern liebevoll zuwenden – und dazu gehört, neben verständnisvoller Pastoral sowie dem Angebot von Hilfen finanzieller, aber auch medizinischer und psychologischer Art, eben auch die Bestrafung der Täter. Geschähe das nicht, zeigte sich die Kirche den Schwächsten gegenüber lieblos. Das darf nicht geschehen. Darüber hinaus wirkt der Gedanke der Wiederherstellung von Gerechtigkeit und Recht nicht nur auf das unmittelbare Opfer, sondern auch auf die ebenso von der Straftat verletzte Rechtsordnung. Die Kirche zeigt ihren Willen, ihrem Recht auch zur Durchsetzung zu verhelfen. So birgt der Gedanke der Wiederherstellung von Recht und Gerechtigkeit, wie ihn c. 1341 CIC/1983 aufgreift, durchaus ihn rechtfertigende Aspekte. Auf diese Weise entsteht letztlich eine Mischtheorie der kirchlichen Strafzwecke, wie wir es auch aus der staatlichen Strafrechtslehre kennen.[46] Von Seiten der juristischen bzw. kanonistischen Praxis bleibt in diesem Zusammenhang anzumerken, dass spätestens bei der Festlegung des Strafmaßes derartige Erwägungen in Bezug auf die Angemessenheit der Strafe im Verhältnis zur Tatbegehung schlicht unausweichlich sind.[47] Insofern kann man – psychologisch nachvollziehbar – aus der Sicht der zur Tatzeit minderjährigen Opfer sexuellen Missbrauchs durch Kleriker sogar zu der Auffassung kommen, dass auch ihr langes Schweigen-Müssen strafmaßerhöhend wirken müsste im Sinne eines Ausgleichs der Gerechtigkeit. Dieser Gedanke könnte die vielfache Unzufriedenheit mit den gegenüber den Tätern ausgesprochenen Strafen eventuell miterklären helfen. Eine juristische Umsetzung dieses Gedankens kann sicher nur eingeschränkt erfolgen, gegebenenfalls bei Berücksichtigung der (langfristigen) Folgen der Missbrauchstaten.

Für die Kirche müssen nun – in im Verhältnis zum staatlichen Strafrecht zusätzlichen Erwägungen – Strafzwecke auch im Hinblick auf das Verhältnis des Menschen

---

46 Vgl. Lüdicke, Klaus, Einleitung vor c. 1311, in: MK CIC, Rn. 23; auch Sebott, Strafrecht (wie Anm. 43), S. 24: „Bei der Strafe geht es um die Behebung eines Ärgernisses, die Wiederherstellung der Gerechtigkeit und vor allem um die Besserung des Täters."; Aymans; Mörsdorf; Müller, KanR IV, S. 86.

47 Zu letztgenanntem Gedanken auch Rees, Strafe und Strafzwecke (wie Anm. 16), S. 32 m. N.

zu Gott formuliert werden. Denn der Gläubige muss in den Canones vorfinden, wie er sich im religiösen Leben zu verhalten hat, wenn er der Güter teilhaft werden will, die die Kirche zur Erlangung des ewigen Heils anbietet.[48] Und so sind, in aller Kürze, als typisch kirchliche Strafzwecke zu ergänzen: die Bewahrung der kirchlichen Gemeinschaft und die Umkehr des Täters.[49] Die kirchliche Gemeinschaft ist nämlich nicht nur bei den Glaubensdelikten oder den Delikten bei der Sakramentenspendung betroffen. Auch der sexuelle Missbrauch betrifft die Kirche als solche. Zunächst sind die erstbetroffenen Opfer ja in der Regel Mitglieder der Kirche. Wenn ein Mitglied der Kirche in ihrer Mitte schwer verletzt wird, leidet die ganze Kirche. Das zeigt sich ganz offensichtlich darin, dass die Opfer häufig zu Protokoll geben: Damals habe ich das Vertrauen in die Kirche und ihre Amtsträger verloren – und darüber hinaus habe ich den Glauben an Gott verloren.[50] Der sexuelle Missbrauch Minderjähriger durch Kleriker hat also eine ekklesiologische Dimension und eine Glaubensdimension. Der ekklesiologische Aspekt wird auch in weiterer Hinsicht relevant: Die Täter hinterlassen tief verunsicherte und sehr oft gespaltene Gemeinden, und schließlich ist darüber hinaus an die erheblich gestiegene Zahl der Kirchenaustritte zu denken.

Aus diesem Konglomerat von Strafzwecken, das offenbar eine Gemeinsamkeit jeglichen Strafrechts ist und die Unzulänglichkeit jeder einzelnen Theorie für sich im Verhältnis zur Wirklichkeit zeigt (und zwar insbesondere aufgrund ihrer Einseitigkeit),[51] kann man nun aber in brauchbarer Weise zur besseren Unterscheidung der sakramentalen Buße und des Strafrechts in der Kirche gelangen. Auch beim Delikt des sexuellen Missbrauchs ist dem Täter die Möglichkeit gegeben, im Sakrament der Buße Versöhnung mit Gott und der Kirche zu suchen – und da soll auch die Versöhnung mit

---

48 Vgl. Hierold, Vom Sinn und Zweck kirchlicher Strafe (wie Anm. 42), S. 334 m. N.

49 So ders., ebd., 339; einen geschichtlichen Überblick zu kanonistischen Strafzwecklehren bis heute bei Rees, Strafe und Strafzwecke (wie Anm. 16), S. 45–53 m. N.

50 Etwa Frawley-O'Dea, Mary Gail, „Stellen Sie sich vor, Sie sind acht Jahre alt", in: Müller, Wunibald u. a. (Hrsg.), Aus dem Dunkel ans Licht. Fakten und Konsequenzen des sexuellen Missbrauchs für Kirche und Gesellschaft, Münsterschwarzach 2011, S. 61–63.

51 Vgl. Fischer, Über das Strafen (wie Anm. 43), S. 149, der sogar von einer Verwechslung der Wirklichkeit mit der Theorie spricht. In seinem Vortrag auf der dem vorliegenden Band zugrunde liegenden Tagung verwies Torsten Verrel auf Zusammenhänge, die über die klassischen Lehren vom Zweck der Strafe hinausgehen, wenn bspw. berücksichtigt wird, welche gesellschaftlichen Folgen allein eine öffentliche Anklage hat. Im Zusammenhang der Ahndung sexuellen Missbrauchs Minderjähriger durch Kleriker ist hier an die Frage der Rehabilitierung Freigesprochener zu denken, die sich faktisch oft als unmöglich erweist, vgl. dazu etwa Wolf, Lorenz, Vorwurf Sexueller Missbrauch von Minderjährigen, in: KlBl 2011, S. 81; auch Bauer, Manfred, Der Beweiswert staatsanwaltschaftlicher Ermittlungen im kirchenrechtlichen Verfahren, in: Hallermann, Heribert u. a. (Hrsg.), Der Strafanspruch der Kirche in Fällen von sexuellem Missbrauch (wie Anm. 19), S. 337–366; hier S. 364 f.

dem Opfer nicht fehlen, was sich naturgemäß nicht einfach gestaltet. Da die Tat aber im Äußeren die Kirche als Gemeinschaft, insbesondere das Opfer als einen Teil der Kirche, verletzt hat, kann die sakramentale Versöhnung, in der sich die Kirche immer als Kirche der Liebe zeigt, nicht ausreichen. Die äußere Tatbegehung mit den äußeren schweren Folgen fordert äußere Konsequenzen. Diese versucht das kirchliche Strafrecht zu ziehen.

7. Besonderheiten des kirchlichen Strafrechts – das kirchliche Strafrecht als geistliches Strafrecht

Der Charakter des kirchlichen Strafrechts als geistliches Strafrecht führt – das haben die bisherigen Ausführungen zu verdeutlichen versucht – nicht zur Aufhebung seines rechtlichen Charakters. Darüber hinaus ersetzt es staatliches Strafen ausdrücklich nicht. Staat und Kirche haben eine unterschiedliche Sicht auf die Welt und die Menschen: Der Staat muss das *bonum commune* im Auge haben, das Allgemeinwohl. Deshalb muss er für äußeren und inneren Frieden sorgen sowie für die Wohlfahrt des Einzelnen wie auch – zumindest mit den für ihn bestehenden Möglichkeiten – für die Wohlfahrt der Völker – letzteres im Rahmen der Außenpolitik, beispielsweise durch Entwicklungshilfe. Zur Sorge für den inneren Frieden gehört dann insbesondere auch eine funktionierende und gerechte Strafrechtspflege, heute also nach den Anforderungen moderner Rechtsstaatlichkeit unter Wahrung der Grund- und Menschenrechte. Die Kirche hingegen muss in erster Linie das Seelenheil der Menschen, die *salus animarum,* im Blick haben (vgl. c. 1752 CIC/1983). Deshalb bestraft sie oftmals *anderes* als der Staat, sie bestraft mitunter dasselbe *unter anderem Blickwinkel* und sie sanktioniert (hier wird ganz bewusst ein etwas weiterer Begriff verwendet) gegebenenfalls *mit anderen Mitteln.* Das soll nun folgendermaßen erläutert werden:

Die Kirche bestraft *anderes* als der Staat: Die *delicta contra fidem* kann und will der Staat nicht bestrafen, weil er als moderner, säkularer Rechtsstaat diese Aufgabe nicht hat; seine Aufgabe ist es vielmehr, und das fordert die Kirche ja auch von den heutigen Staaten, im Rahmen der Achtung der Grund- und Menschenrechte insbesondere auch die Religionsfreiheit zu gewährleisten.[52]

Sodann bestraft die Kirche mitunter dasselbe wie der Staat, aber *unter anderem Blickwinkel.* Hierher gehören die Missbrauchstaten. Der Staat nimmt den Schutz des

---

52   Einen kurzen historischen Überblick zur Entwicklung dieser heutigen Haltung der Kirche bei Bauer, Manfred, Theologische Grundlagen und rechtliche Tragweite der Gleichheit gemäß can. 208 CIC/1983 bzw. can. 11 CCEO, St. Ottilien 2013 (= DiKa; 25), S. 20–21 m. N.

Zölibats natürlich nicht in den Blick; die Kirche hingegen hat neben dem Schutz des Opfers auch weiterhin[53] diesen Schutz des Zölibats vor Augen.

Und schließlich: Die Kirche hat *andere Mittel*. Sie kann nämlich auch (und deshalb wurde soeben bewusst nicht der Ausdruck *bestrafen* im juristisch-technischen Sinne verwendet, sondern der mit weiterem Sinn ausgestattete Begriff *sanktionieren*) Bußen nach cc. 1312 § 3, 1340, 1343, 1358 § 2 CIC/1983[54] auferlegen, beispielsweise Wallfahrten oder Gebete für die Opfer. Das ist wiederum für den modernen Staat undenkbar.

Weil kirchliches Strafen in diese Dimension vorstößt und letztlich dem Heil der Seelen dienen muss (und da ist immer der Blick auf Opfer wie auf Täter zu richten), kann es im kirchlichen Strafrecht in ganz besonderen Fällen gerechtfertigt sein, Verjährungsfristen aufheben zu können. Das dient auch dem Seelenheil der Betroffenen: Nämlich der Opfer, die Unsägliches haben erleiden müssen, und sodann dem der Täter, denen das Tragen der Strafe auch nach vielleicht langer Zeit persönliche Buße sein kann. Darüber hinaus ist an die Allgemeinheit zu denken: Auch der Ruf und das Ansehen der Kirche stehen zur Debatte, wenn der Anschein entsteht, dass auf Missbrauchstaten nicht in angemessener Weise reagiert wird. Das ist insbesondere in der öffentlichen Wahrnehmung der Fall, wenn der Eindruck von Untätigkeit oder gar Vertuschung entsteht. Damit bei der Aufhebung der Verjährung aber nicht der Willkür Tür und Tor geöffnet werden, ist diese Möglichkeit ausdrücklich auf „einzelne Fälle" beschränkt: Art. 7 § 1 der Normen zum Motu proprio *Sacramentorum sanctitatis tutela* in der Fassung von 2010 (= *Normae SST 2010*) sagt wörtlich *pro singulis casibus*. Die Aufhebung der Verjährung darf also nicht Regelfall sein und bedarf in jedem einzelnen Fall der Rechtfertigung. Sie erfolgt deshalb immer erst nach Beratung eines neu eingegan-

---

53 Dieser stand bei der historischen Entwicklung der betreffenden Normen zunächst klar im Vordergrund, vgl. etwa HAERING, Stephan, Reichweite und Grenzen des kirchlichen Strafrechts im Vorgehen gegen Sexualstraftäter, in: Hallermann, Heribert u. a. (Hrsg.), Der Strafanspruch der Kirche in Fällen von sexuellem Missbrauch (wie Anm. 19), S. 211–242; hier S. 214 f. Das wirkt sich auf das Denken mancher bis heute aus, weshalb, den Schutz des Opfers in den Vordergrund zu rücken, einem Paradigmenwechsel gleichkam, den auch in weiteren Punkten mancher fordert, vgl. z. B.: WIJLENS, Myriam, Vom Schutz des Klerikerstandes zum Schutz des Geringsten: Die Notwendigkeit eines Paradigmenwechsels, in: Müller, Wunibald u. a. (Hrsg.), Ans Licht gebracht. Weiterführende Fakten und Konsequenzen des sexuellen Missbrauchs für Kirche und Gesellschaft, Münsterschwarzach 2012, S. 23–31; mit weiteren Gesichtspunkten auch HILLENBRAND, Karl, Perspektivenwechsel im Kirchen- und Amtsverständnis, in: ebd., S. 147–158.

54 Vgl. dazu etwa SEBOTT, Das kirchliche Strafrecht (wie Anm. 42), S. 24–27, S. 105–107, S. 113 f., S. 143 f.; REES, Die Strafgewalt der Kirche (wie Anm. 2), S. 370, S. 397–401, S. 412 f.; LÜDICKE, Klaus, Kommentar zu c. 1312, in: MK CIC, Rn. 15; Kommentar zu c. 1340, ebd., Rn. 1–3; Kommentar zu c. 1343, ebd., Rn. 3; Kommentar zu c. 1358, ebd., insb. Rn. 5.

genen Falles durch eine interne Kommission mit dem Schreiben des zuständigen Oberen der Glaubenskongregation an den Ordinarius des Angeklagten.[55]

Der geistliche Charakter des kirchlichen Strafrechts zeigt sich darüber hinaus bei den Strafen selbst. Es gibt zunächst die Beugestrafen bzw. Zensuren, die dazu dienen, den Täter zu bessern, ihn zur Gemeinschaft der Kirche zurückzuführen. Hier ist als typisches Beispiel die Exkommunikation zu nennen. Dem Täter wird verdeutlicht, dass er sich mit seinem Handeln selbst aus der Gemeinschaft der Kirche herausbegeben hat. Deshalb tritt die Exkommunikation auch als sogenannte Tatstrafe in Erscheinung, deren Eintritt dann vom zuständigen Ordinarius gegebenenfalls festgestellt wird. Eine Tatstrafe tritt von selbst mit Deliktsbegehung ein – das ist also zunächst ein geheimer Vorgang, der sich im Inneren des Menschen vollzieht und äußerlich nicht sichtbar wird. Bleibt die Straftat geheim, so wendet sich der Exkommunizierte, wenn er wieder die volle Gemeinschaft der Kirche sucht, an die Apostolische Pönitentiarie, die in einem geheimen Verfahren den Exkommunizierten wieder aufnimmt *(pro foro interno).*[56] Sind die Taten hingegen öffentlich geworden, so ist bei den reservierten Delikten die Kongregation für die Glaubenslehre zuständig, die ein Verfahren *pro foro externo* führt.

Bei den Sühnestrafen ist die Ähnlichkeit zu den Strafen des staatlichen Rechts nicht abzustreiten. Zu nennen ist beim sexuellen Missbrauch Minderjähriger durch Kleriker die Höchststrafe der Entlassung aus dem Klerikerstand, die auf der sakramentalen Ebene nichts nehmen kann, weil das Weihesakrament wie die Taufe nach kirchlicher Lehre dem Empfänger ein unauslöschliches Prägemal aufdrückt.[57] Die Ausübung der mit der Weihe verbundenen Vollmachten ist jedoch untersagt, bis auf den in den cc. 976, 986 § 2 CIC/1983 genannten Fall der Todesgefahr, wo jeder Priester, auch der aus dem Klerikerstand Entlassene,[58] verpflichtet ist, die Beichte entgegenzunehmen.

---

55 Allg. dazu vgl. Cito, Davide, Questioni sulla prescrizione dell'azione criminale (art. 7 M.P. *Sacramentorum Sanctitatis Tutela*), in: Papale, Claudio (Hrsg.), La procedura nei delitti riservati alla Congregazione per la Dottrina della Fede, Rom 2018 (= Quaderni di Ius Missionale; 12), S. 27–44; knapp auch Althaus, Rüdiger, Art. 7 *Normae de gravioribus delictis,* in: Ders.; Lüdicke, Klaus (Hrsg.), Der kirchliche Strafprozess nach dem Codex Iuris Canonici und den Nebengesetzen. Normen und Kommentar, Essen ²2015 (= BzMK; 61), Rn. 2.

56 Vgl. nur Schmitz, Heribert, Römische Kurie, in: HdbKathKR³, S. 512.

57 Vgl. II. Vatikanisches Konzil, Dekret Presbyterorum ordinis (= PO) vom 7. Dezember 1965, Abs. 2, in: AAS 58 (1966), S. 991–1024; hier S. 991–993, insb. S. 992; dt.: HThK-VatII, Bd. 1, S. 532–591; hier S. 533–536, insb. 534 f.; auch in: ²LThK-K, Bd. 3, S. 142–239; hier S. 146–153; siehe auch Dogmatische Konstitution Lumen gentium (= LG) vom 21. November 1964, Abs. 10, in: AAS 57 (1965), S. 5–75; hier S. 14 f.; dt.: HThK-VatII, Bd. 1, S. 73–185; hier 89 f.; auch in: LThK²-K, Bd. 1, S. 156–347; hier S. 180–183.

58 Sie sind nach allg. Meinung einbezogen, ohne ausdrücklich genannt zu werden, vgl. dazu Althaus, Rüdiger, Kommentar zu c. 976, in: MK CIC, Rn. 1; Ders., Kommentar zu

Hier kommt überdeutlich zum Ausdruck, dass das Heil der Seelen Ziel kirchlichen Rechts ist und bleibt. Oftmals werden jedoch nur Teile der mit der Weihe verbundenen Vollmachten in ihrer Ausübung untersagt. So kann auf den Einzelfall in abgestufter Weise eingegangen werden. Wenn der Reformentwurf für das Strafrecht des CIC in hoffentlich absehbarer Zeit in Kraft tritt, können voraussichtlich auch Geldstrafen verhängt werden.[59] Hier wird dann die Nähe zum staatlichen Strafrecht bei den Sühnestrafen noch größer, denn ein geistlicher Zweck ist da schon schwerer ausfindig zu machen. Aus praktischen Erwägungen heraus bin ich jedoch ein Befürworter dieser Möglichkeit. Die Gelder könnten in Fonds zum Opferschutz, bspw. auch für Präventionsmaßnahmen, fließen. Auf diese Weise müsste in diesem Zusammenhang der geistliche Charakter des kirchlichen Strafrechts gewahrt bleiben – m. E. auf einem recht einfach gangbaren Weg.

Schließlich bleibt eine kurze Bemerkung zu den Schutzgütern des kirchlichen Strafrechts zu machen: Die Kirche will mit ihrem Strafrecht vor allem ihre Sendung schützen und fördern. Sie schützt mit ihren Strafnormen also zuallererst ihr eigene Werte und Güter, die auch nur sie selbst schützen kann. Solche sind ihre in der Ekklesiologie gründende Ordnung sowie die ihr anvertrauten geistlichen Güter, welcher sie zu ihrem immer neuen Aufbau und zur Heilsvermittlung an die Menschen bedarf. So ist also das kirchliche Strafrecht kein umfassendes, sondern ein auf diese Bereiche sinnvoll begrenztes. In diesem Zusammenhang erklärt sich einerseits die heutige Ausweitung des kirchlichen Strafrechts bei Sexualdelikten (parallel zur Ausweitung in den Strafgesetzen vieler Staaten) wie auch andererseits die Zurückhaltung des kirchlichen Strafrechtsgesetzgebers in Bezug auf die mögliche Ahndung von Verhalten, das schon durch strafrechtliche Normen der Staaten in ausreichendem Maße geahndet werden kann.[60]

8. Schluss

Mit vorliegendem Beitrag wurde versucht, bestimmte Aspekte des kirchlichen Strafrechts unter besonderer Berücksichtigung seiner aktuell häufigsten Praxis aufzuzeigen. Mehr als ein Mosaik konnte nicht entstehen, einige Gesichtspunkte mussten außerhalb der Betrachtung bleiben, die andere zu Recht bei ähnlichen Anlässen vertiefter

---

c. 986, ebd., Rn. 7.

59 Vgl. GRAULICH, Markus, Die große Strafrechtsreform der Päpste Benedikt XVI. und Franziskus, in: Pulte, Matthias (Hrsg.), Tendenzen der kirchlichen Strafrechtsentwicklung (wie Anm. 16), S. 16–21; hier S. 18 Anm. 12.

60 Dazu etwa HAERING, Reichweite und Grenzen des kirchlichen Strafrechts im Vorgehen gegen Sexualstraftäter (wie Anm. 53), S. 211–242; hier S. 212–217; auch REES, Die Strafgewalt der Kirche (wie Anm. 2), S. 69–71.

ausgeführt haben. Wie sehr sich hier der Kanonist auf einer rechtlichen „Baustelle" befindet, hat sich wieder am 9. Mai 2019 gezeigt, als das *Motu proprio „Vos estis lux mundi"*[61] mit entsprechenden Normen, insbesondere einer erweiterten Meldepflicht in Art. 3, erlassen wurde, mit dem insbesondere das Thema der Vertuschung sexuellen Missbrauchs erneut aufgegriffen wird, nachdem bereits das *Motu proprio „Come una madre amorevole"* mit zugehörigen Normen vom 4. Juni 2016[62] hierzu erste Regelungen getroffen hatte. Weitere Neuerungen sind auf diesem Rechtsgebiet seitens des kirchlichen Gesetzgebers sicher zu erwarten, denn loslassen wird die Kirche das Thema der Aufarbeitung des sexuellen Missbrauchs und damit auch die Befassung mit dem Strafrecht nicht mehr.

---

61 Papst FRANZISKUS, Motu proprio „Vos estis lux mundi" vom 09.05.2019, in: OR 159 (2019).

62 Papst FRANZISKUS, Motu proprio „Come una madre amorevole", in: AAS 108 (2016), S. 715–717.

Literaturverzeichnis

ALTHAUS, Rüdiger, Art. 7 *Normae de gravioribus delictis,* in: Ders.; Lüdicke, Klaus (Hrsg.), Der kirchliche Strafprozess nach dem Codex Iuris Canonici und den Nebengesetzen. Normen und Kommentar, Essen ²2015 (= BzMK; 61).

BAUER, Manfred, Der Beweiswert staatsanwaltschaftlicher Ermittlungen im kirchenrechtlichen Verfahren, in: Hallermann, Heribert u. a. (Hrsg.), Der Strafanspruch der Kirche in Fällen von sexuellem Missbrauch, Würzburg 2012 (=WTh; 9), S. 337–366.

DERS., Theologische Grundlagen und rechtliche Tragweite der Gleichheit gemäß can. 208 CIC/1983 bzw. can. 11 CCEO, St. Ottilien 2013 (= DiKa; 25).

BERGER, Klaus, Wer war Jesus wirklich?, Gütersloh 1999.

BÖCKENFÖRDE, Ernst-Wolfgang, Recht, Staat, Freiheit. Die Entstehung des Staates als Vorgang der Säkularisation (Wissenschaft; 914), Frankfurt a. M. ⁶2016. Wiederabdruck auch in: Der säkularisierte Staat. Sein Charakter, seine Rechtfertigung und seine Probleme im 21. Jahrhundert, München 2007.

CHARDON, Matthias, s. v. Gottesbezug, in: Große Hüttmann, Martin, u. a. (Hrsg.), Europalexikon, Bonn; Dietz ²2013.

CITO, Davide, Questioni sulla prescrizione dell'azione criminale (art. 7 M.P. *Sacramentorum Sanctitatis Tutela*), in: Papale, Claudio (Hrsg.), La procedura nei delitti riservati alla Congregazione per la Dottrina della Fede, Rom 2018 (= Quaderni di Ius Missionale; 12), S. 27–44.

DORMEYER, Detlev, Das Lukasevangelium. Neu übersetzt und kommentiert, Stuttgart 2011.

DÜNZL, Franz, Fremd in dieser Welt? Das Christentum zwischen Weltdistanz und Weltverantwortung, Freiburg i. Br. 2015.

DERS., Der Auftakt einer Epoche: Konstantin und die Folgen, in: Ders. u. a., Umbruch – Wandel – Kontinuität (312–2012) (= WTh; 10), Würzburg 2014.

EICHMANN, Eduard; MÖRSDORF, Klaus, Lehrbuch des Kirchenrechts Bd. 1, Paderborn ⁷1953.

ERDÖ, Péter, Theologie des kanonischen Rechts. Ein systematisch-historischer Versuch, Münster 1999 (= KRB; 1).

FISCHER, Thomas, Über das Strafen. Recht und Sicherheit in der demokratischen Gesellschaft, München 2018.

FRAWLEY-O'DEA, Mary Gail, „Stellen Sie sich vor, Sie sind acht Jahre alt", in: Müller, Wunibald u. a. (Hrsg.), Aus dem Dunkel ans Licht. Fakten und Konsequenzen des sexuellen Missbrauchs für Kirche und Gesellschaft, Münsterschwarzach 2011, S. 61–63.

GEROSA, Libero, „Communio" und „Excommunicatio". Ein Streitgespräch, in: Müller, Ludger, u. a. (Hrsg.), „Strafrecht" in einer Kirche der Liebe, Münster 2006 (= KRB; 9), S. 97–110.

DERS., Das Recht der Kirche, Paderborn 1995 (= Lehrbücher der katholischen Theologie; 12).

GRAULICH, Markus; SEIDNADER, Martin, (Hrsg.), Zwischen Jesu Wort und Norm. Kirchliches Handeln angesichts von Scheidung und Wiederheirat, Freiburg i. Br.; Basel; Wien 2014 (= QD; 264).

DERS., Die große Strafrechtsreform der Päpste Benedikt XVI. und Franziskus, in: Pulte, Matthias (Hrsg.), Tendenzen der kirchlichen Strafrechtsentwicklung, Paderborn 2017 (= KStKR; 25), S. 11–22.

HAERING, Stephan, Kirchliche Rechtsgeschichte, in: HdbKathKR³, S. 3–11.

DERS., Reichweite und Grenzen des kirchlichen Strafrechts im Vorgehen gegen Sexualstraftäter, in: Hallermann, Heribert u. a. (Hrsg.), Der Strafanspruch der Kirche in Fällen von sexuellem Missbrauch, Würzburg 2012 (= WTh; 9), S. 211–242.

HEGGELBACHER, Othmar, Geschichte des frühchristlichen Kirchenrechts, Freiburg (Schweiz) 1974.

HEID, Stefan, Aufschwung des Märtyrerkults unter Konstantin, in: Gnilka, Christian u. a. (Hrsg.), Blutzeuge. Tod und Grab des Petrus in Rom, Regensburg ²2015, S. 173–188.

HERMANN, Horst, Ehe und Recht. Versuch einer kritischen Darstellung, Freiburg i. Br.; Basel; Wien 1972 (= QD; 58).

HIEROLD, Alfred, Vom Sinn und Zweck kirchlicher Strafe, in: Gabriels, André u. a. (Hrsg.) Ministerium Iustitiae, Festschrift für Heribert Heinemann zur Vollendung des 60. Lebensjahres, Essen 1985, S. 331–341.

HILLENBRAND, Karl, Perspektivenwechsel im Kirchen- und Amtsverständnis, in: ebd., S. 147–158.

HOLLERBACH, Alexander, s. v.: Invocatio Dei-Formel, in: ²LKStKR, Bd. 2, S. 319 f.

KALB, Herbert, s. v.: Buße, in: ²LKStKR, Bd. 1, S. 309 f.

KÉRY, Lotte, Canonica severitas und amor correctionis, in: Müller, Ludger u. a. (Hrsg.), „Strafrecht" in einer Kirche der Liebe, Münster 2006 (= KRB; 9), S. 23–44.

DIES., Aspekte des kirchlichen Strafrechts im Liber Extra, in: Lüderssen, Klaus, u. a. (Hrsg.), Konflikt, Verbrechen und Sanktion in der Gesellschaft Alteuropas: Symposien und Synthesen Bd. 2, Köln; Weimar; Wien 1999, S. 241–297.

KIRCHHOF, Paul, Staat und Kirche (hg. v. Hofmann, Friedhelm), Würzburg 2012.

KRÄMER, Peter, Strafen in einer Kirche der Liebe, in: Müller, Ludger u. a. (Hrsg.), „Strafrecht" in einer Kirche der Liebe, Münster 2006 (= KRB; 9), S. 9–22.

KREMER, Jacob, Lukasevangelium. Die Neue Echter-Bibel. Kommentar zum Neuen Testament mit der Einheitsübersetzung Bd. 3, Würzburg 1988.

LANDAU, Peter, Kanonisches Strafrecht heute, in: Kroppenberg, Inge u. a. (Hrsg.), Recht – Religion – Verfassung. Festschrift für Hans-Jürgen Becker zum 70. Geburtstag, Bielefeld 2009, S. 115–123.

LUF, Gerhard, Rechtsphilosophische Grundlagen des Kirchenrechts, in: HdbKathKR³, S. 42–56.

MARKSCHIES, Christoph, Das antike Christentum. Frömmigkeit, Lebensformen, Institutionen, München ²2012.

MÖRSDORF, Klaus, Kanonisches Recht als theologische Disziplin, in: Aymans, Winfried, u. a. (Hrsg.), Schriften zum Kanonischen Recht, Paderborn 1989, S. 54–67.

DERS., Wort und Sakrament als Bauelement der Kirchenverfassung, in: ebd., S. 46–53.

DERS., Zur Grundlegung des Rechtes der Kirche, in: ebd., S. 21–45.

MÜLLER, Ludger, Die „Münchener Schule". Charakteristika und wissenschaftliche Anliegen, in: AfkKR 166 (1997), S. 85–119.

DERS., Warum und wozu kirchliche Sanktionen?, in: Ders. u. a. (Hrsg.): „Strafrecht" in einer Kirche der Liebe, Münster 2006 (= KRB; 9).

DERS.; OHLY, Christoph, Katholisches Kirchenrecht. Ein Studienbuch, Paderborn 2018.

DERS.; u. a., Vorwort, in: Dies. (Hrsg.): „Strafrecht" in einer Kirche der Liebe, Münster 2006 (= KRB; 9), S. 7.

OTTAVIANI, Alaphridus, Institutiones Iuris Publici Ecclesiastici Vol I, Vatikan 1958.

Papst FRANZISKUS, Motu proprio „Vos estis lux mundi" vom 09.05.2019, in: OR 159 (2019).

DERS., Motu proprio „Come una madre amorevole", in: AAS 108 (2016), S. 715–717.

PREE, Helmuth, Theorie des kanonischen Rechts, in: HdbKathKR³, S. 57–69.

RADBRUCH, Gustav, Rechtsphilosophie (hrsg. v. Wolf, Erik, u. a.), Stuttgart ⁸1973.

DERS., Einführung in die Rechtswissenschaft (hrsg. v. Zweigert, Konrad), Stuttgart ¹²1969.

REES, Wilhelm, Die Strafgewalt der Kirche. Das geltende kirchliche Strafrecht – dargestellt auf der Grundlage seiner Entwicklungsgeschichte, Berlin 1993 (= KStT; 41).

DERS., Strafe und Strafzwecke – Theorien, geltendes Recht und Reformen, in: Pulte, Matthias (Hrsg.), Tendenzen der kirchlichen Strafrechtsentwicklung, Paderborn 2017 (= KStKR; 25), S. 23–60.

ROLOFF, Jürgen, Ansätze kirchlicher Rechtsbildungen im Neuen Testament, in: Schlaich, Klaus (Hrsg.), Studien zu Kirchenrecht und Theologie I, Heidelberg 1987, S. 83–142.

SCHLEICH, Thomas, Konstantin der Große, in: Greschat, Martin (Hrsg.), Gestalten der Kirchengeschichte. Alte Kirche I, Stuttgart 1984/1993, S. 189–214.

SCHMITZ, Heribert, Römische Kurie, in: HdbKathKR[3], S. 494–528.

SCHNACKENBURG, Rudolf, Matthäusevangelium. Die Neue Echter-Bibel. Kommentar zum Neuen Testament mit der Einheitsübersetzung Bd. 1/1, Würzburg [2]1991.

SCHULZ, Michael, Strafe Gottes – Strafe der Kirche, in: Müller, Ludger, u.a. (Hrsg.), „Strafrecht" in einer Kirche der Liebe, Münster 2006 (= KRB; 9), S. 45–60.

SEBOTT, Reinhold, Das kirchliche Strafrecht. Kommentar zu den Kanones 1311–1399 des Codex Iuris Canonici, Frankfurt a. M. 1999.

SPENDEL, Günter, Die Goldene Regel als Rechtsprinzip, (Wiederabdruck) in: Ders., Für Vernunft und Recht, Tübingen 2004, S. 69–96.

STRIGL, Richard, Grundfragen des kirchlichen Strafrechts, in: GrNKirchR, Regensburg 1980, S. 744–750.

TRUSEN, Winfried, Zur Bedeutung des geistlichen Forum internum und externum für die spätmittelalterliche Gesellschaft, in: ZRG.K 76 (1990), S. 254–285.

WEISCHEDEL, Wilhelm (Hrsg.), Immanuel Kant, Metaphysik der Sitten (Werke Bd. IV), Darmstadt 1956, Nachdruck 1998.

WIJLENS, Myriam, Vom Schutz des Klerikerstandes zum Schutz des Geringsten: Die Notwendigkeit eines Paradigmenwechsels, in: Müller, Wunibald u.a. (Hrsg.), Ans Licht gebracht. Weiterführende Fakten und Konsequenzen des sexuellen Missbrauchs für Kirche und Gesellschaft, Münsterschwarzach 2012, S. 23–31.

WOLF, Lorenz, Vorwurf Sexueller Missbrauch von Minderjährigen, in: KlBl 2011, S. 81.

ZIPPELIUS, Reinhold, Staat und Kirche. Eine Geschichte von der Antike bis zur Gegenwart, München 1997.

Torsten Verrel

Rechtlicher Umgang mit Fehlverhalten
im staatlichen Recht

Abstract Besteht das Fehlverhalten von Menschen in einem vorwerfbaren Verstoß gegen Strafnormen, drohen diese Vorschriften, die dem Strafrecht seinen Namen geben und sein Wesen ausmachen, Strafen an. Im Folgenden wird dargestellt, dass sich die vom staatlichen Strafrecht zur Verfügung gestellten Reaktionsmöglichkeiten jedoch nicht in der Rechtsfolge einer Strafe erschöpfen. Danach wird der Frage nachgegangen, welche Erkenntnisse sich aus der Sanktionsforschung über den Erfolg von Strafen ergeben haben, was auf den seit Jahrhunderten darüber geführten Streit verweist, zu welchem Zweck gestraft wird.

1.   Konkretisierung

Die an den Strafrechtler und Kriminologen gerichtete Frage danach, wie staatliches Recht mit Fehlverhalten oder – wie es in der Überschrift von Panel IV heißt – mit ‚Scheitern' umgeht, führt zu thematischen Beschränkungen. So soll es im Folgenden nur um *strafrechtlich* relevantes Fehlverhalten und die dafür vom Strafrecht zur Verfügung gestellten Reaktionsmöglichkeiten gehen. Der Begriff des Scheiterns wird in diesem Zusammenhang allein in der vielleicht unerwarteten Weise aufgegriffen, dass es um Erkenntnisse über die Effizienz der strafrechtlichen Sanktionen, also um deren noch zu definierendes Gelingen oder Scheitern gehen wird. Dabei sollte nicht aus dem Blick geraten, dass das Strafrecht nur *einen* (immer größer werdenden?) *Ausschnitt* der vielfältigen Formen von Fehlverhalten erfasst und nur *ein Instrument* der rechtlichen Verhaltenssteuerung neben dem Zivil- und Öffentlichen Recht ist. Zudem darf die Bedeutung des Rechts insgesamt bei der Erzeugung von Normkonformität im Vergleich zu dem, was andere Träger der Sozialkontrolle wie etwa Familien, Freunde und Schule leisten,[1] nicht überschätzt werden. Unter den rechtlichen Steuerungsmitteln nimmt das Strafrecht allerdings wegen seiner Eingriffsintensität, die nicht nur in den unmittelbaren Wirkungen von Ermittlungsmaßnahmen und Sanktionen, sondern auch und gerade in den mittelbaren negativen Folgen für den sozialen Status des davon

---

1   Grundlegend zum System der Sozialkontrolle aus kriminologischer Sicht KAISER, Günther, Kriminologie, Heidelberg ³1996, S. 208–215.

Betroffenen besteht,[2] eine besondere Rolle ein und macht es zur ultima ratio[3] staatlicher Interventionen.[4] In dieser Charakterisierung steckt aber auch das Verständnis von der Unverzichtbarkeit strafrechtlicher Maßnahmen. So wie Vielstraferei das scharfe Schwert des Strafrechts stumpf macht,[5] lehren Geschichte und Gegenwart umgekehrt auch, dass ein friedliches Zusammenleben ohne eine funktionierende, rechtsstaatlichen Prinzipien verpflichtete Strafverfolgung nicht möglich, ein Staat ohne Strafrecht Utopie ist. Dies vorausgeschickt soll das Sanktionensystem des staatlichen Strafrechts skizziert (3.) und die Frage nach seiner Effizienz gestellt werden (4.), was beides zunächst aber eine Vergewisserung über die mit strafrechtlichen Sanktionen verfolgten Zwecke voraussetzt (2.).

2. Sanktionszwecke

2.1 Begriffsklärungen

Wenn bisher in scheinbar gleichbedeutender Weise von Strafe und Sanktionen die Rede war, bedarf es insoweit einer begrifflichen Präzisierung. Das dem Rechtsgebiet seinen Namen gebende und sein Wesen ausmachende Charakteristikum der Rechtsfolge Strafe liegt darin, dass der Staat auf eine schuldhaft begangene Straftat mit der zwangsweisen Zufügung eines Übels, also der Beschneidung von Freiheitsrechten wie etwa der Fortbewegungsfreiheit oder der Verwendung von Einkünften reagiert und darin zugleich ein öffentliches sozialethisches Unwerturteil über die Tat des Täters zum Ausdruck bringt.[6] In diesem Unwerturteil kommen die „symbolischen Wirkungen des Strafrechts zum Tragen: die Ächtung des dem Normbruch zugrunde liegenden Geschehens, die Zuweisung personaler Verantwortung, die Bekundung von Solidarität mit dem Opfer und die autoritative Bekräftigung der Normgeltung"[7]. Allerdings kennt das moderne Strafrecht nicht nur die tadelnde Übelszufügung als Rechtsfolge, sondern auch die schuld- und damit vorwurfsunabhängigen Maßregeln

---

2   Vgl. Puppe, Ingeborg, Die List im Verhör des Beschuldigten, in: Goltdammer's Archiv für Strafrecht 125 (1978), 303 f. spricht anschaulich von der „capitis deminutio", die ein Angeklagter durch ein Strafverfahren erleidet.

3   Näher dazu Kindhäuser, Urs, Straf-Recht und ultima-ratio-Prinzip, in: Zeitschrift für die gesamte Strafrechtswissenschaft 129 (2017), S. 382–389.

4   Vgl. BVerfGE 37, 104, 118; 43, 291, 347; 80, 182, 185 f.; räumen dem Gesetzgeber allerdings einen weiten Entscheidungsspielraum über den Einsatz des Strafrechts als Steuerungsmittel ein.

5   Vgl. Kaiser, Kriminologie (wie Anm. 1), S. 351.

6   Vgl. Jescheck, Hans-Heinrich; Weigend, Thomas, Lehrbuch des Strafrechts, Berlin ⁵1996, S. 65.

7   Meier, Bernd-Dieter, Strafrechtliche Sanktionen, Berlin u. a. ⁴2015, S. 16.

(§ 61 StGB), mit denen neben oder statt Strafe auf vom Täter ausgehende Gefahren reagiert wird und die in ihrer Belastungswirkung über Strafen deutlich hinausgehen können. Die häufigste Maßregel ist die zumeist mit einer Geldstrafe kombinierte Entziehung der Fahrerlaubnis (§ 69 StGB) etwa als typische Folge einer Trunkenheitsfahrt. Die eingriffsintensivste ist die Anordnung einer sich an die Verbüßung einer Freiheitsstrafe anschließenden Sicherungsverwahrung (§ 66 StGB). Beide Sanktionen haben keinen strafenden Zweck, werden aber sehr wohl als erhebliche Übel empfunden, so dass sich die strafrechtsdogmatische Unterscheidung zwischen repressiven Strafen und rein präventiven Maßregeln in der Wahrnehmung der davon Betroffenen einebnet. Neben Strafen und Maßregeln gibt es noch eine Mischgruppe weiterer Straftatfolgen wie etwa die Einziehung von Tatwerkzeugen oder Eintragungen im Bundeszentralregister. Es kann einstweilen festgehalten werden, dass mit dem weiten Begriff der Sanktionen das gesamte Spektrum der strafrechtlichen Reaktionsmittel erfasst wird, von denen sich Strafen durch ihre gewollte Schmerzhaftigkeit und „expressiv-kommunikative"[8] Symbolik auszeichnen.

2.2 Straftheorien

Die Charakterisierung des Wesens von Strafe sagt noch nichts über die mit ihrer Verhängung verfolgten Zwecke und damit letztlich über ihre Legitimation aus. Die Auseinandersetzung über die *richtige* Sinngebung von Strafe wird seit Jahrhunderten geführt, ohne dass sich eine der dazu vertretenen Straftheorien als allein ausreichend hätte durchsetzen können.[9] Vielmehr wird mit unterschiedlichen Nuancierungen der Weg einer Theoriekombination beschritten, mit der sich auch das Sanktionensystem des StGB in seiner derzeitigen Gestalt am besten begreifen lässt.

Die maßgeblich vom deutschen Idealismus geprägte *absolute Straftheorie* kann heute nicht mehr in ihrer ursprünglichen Konzeption als reine Unrechtsvergeltung um ihrer selbst willen und Absage an jegliche gesellschaftliche Nützlichkeitserwägungen[10] überzeugen. Bestand hat jedoch die freiheitswahrende Bedeutung des Verständnisses von Strafe als Schuldausgleich, die Mahnung *Kants*, dass der Mensch nicht „unter die Gegenstände des Sachenrechts gemengt werden"[11] dürfe, die freilich bei ihm

---

8   U. a. HÖRNLE, Tatjana, Tatproportionale Strafzumessung. Berlin 1999, S. 114 ff.

9   Vgl. STUCKENBERG, Carl-Friedrich, Kants Inselbeispiel – Versuch einer Annäherung an einen sperrigen Text, in: Bonner Rechtsjournal, Sonderausgabe 01/2019, S. 26 spricht zutreffend davon, dass sich die Antworten auf die Frage nach dem Sinn der Strafe „seit der Antike in einem überschaubaren Feld (bewegen)".

10   Verdeutlicht durch das berühmte Inselbeispiel von KANT, Immanuel, Die Metaphysik der Sitten, Königsberg ²1798, AA VI, S. 331, Zeile 11–25.

11   Ebd., Zeile 20–31.

als Ablehnung jeglicher Einflussnahme auf den Täter oder andere gemeint war. Der vom BVerfG in ständiger Rechtsprechung[12] mit Verfassungsrang ausgestattete Schuldgrundsatz *nulla poena sine culpa* macht die individuelle Verantwortlichkeit des Täters nicht nur zur Voraussetzung für staatliches Strafen überhaupt (sog. Strafbegründungsschuld), sondern hat auch eine das Strafmaß bestimmende, vor allem nach oben begrenzende Funktion (sog. Strafzumessungsschuld), was in § 46 Abs. 1 Satz 1 StGB so zum Ausdruck kommt: „Die Schuld ist die Grundlage für die Zumessung der Strafe." Weitergehend und insoweit auch heute noch in der Tradition der absoluten Straftheorie stehend, fordern manche Stimmen sogar eine völlige spezialpräventive Abstinenz der Strafzumessung, die sich allein nach der Unrechtsschwere richten dürfe.[13]

Die *relativen,* den sozialen Zweck der Straftatverhinderung als Legitimationsgrund ansehenden *Straftheorien* unterscheiden sich im Hinblick auf die Adressaten. Während die *generalpräventiven* Ansätze die Wirkung der Bestrafung des Täters auf die *Allgemeinheit* betonen, für die sich die im StGB in drei Vorschriften[14] verwendete Formulierung „Verteidigung der Rechtsordnung" anführen lässt, rechtfertigt sich die Strafe aus *spezialpräventiver* Sicht allein durch die beim *Täter* bezweckte Straftatverhinderung, die u.a. in § 46 Abs. 1 Satz 2 StGB ihren gesetzlichen Niederschlag gefunden hat: „Die Wirkungen, die von der Strafe für das künftige Leben des Täters in der Gesellschaft zu erwarten sind, sind zu berücksichtigen."

Beide präventive Richtungen lassen sich weiter danach differenzieren, ob sie als *negative* Generalprävention auf die bei der Allgemeinheit erhoffte Abschreckungswirkung, also die Furcht vor Strafe[15] oder als *positive* Generalprävention auf den normbestätigenden, Rechtsvertrauen schaffenden Effekt von Strafen (sog. Integrationsprävention)[16] bauen, bzw. ob der einzelne Täter durch eine *positive* Spezialprävention in Form sozialpädagogischer Einwirkung *(Resozialisierung)* oder durch *negative* Spezialprävention in Gestalt einer Individualabschreckung oder einer Sicherung vor erneuten Straftaten bewahrt werden soll.[17] So wenig der *Kantische* Ansatz vom Selbstzweck der Krimi-

---

12 Vgl. BVerfGE 20, 323, 331; 25, 269, 286; 45, 187, 259.

13 Vgl. u. a. HÖRNLE, Strafzumessung (wie Anm. 8), S. 143 ff.; kritisch MEIER, Sanktionen (wie Anm. 7), S. 171.

14 Vgl. §§ 47 Abs. 1, 56 Abs. 3, 59 Abs. 1 Satz 1 Nr. 3 StGB.

15 Grundlegend dafür ist die von v. FEUERBACH, Anselm, Lehrbuch des gemeinen in Deutschland gültigen Peinlichen Rechts, hrsg. v. C.J.A. Mittermaier, Gießen ¹⁴1847, § 16 entwickelte „Theorie des psychologischen Zwangs."

16 S. nur KINDHÄUSER, Urs; ZIMMERMANN, Till, Strafrecht Allgemeiner Teil, Baden-Baden ⁹2019, § 2 Rn. 14.

17 Diese Dreiteilung geht auf v. LISZT, Franz, Der Zweckgedanke im Strafrecht, in: Strafrechtliche Aufsätze und Vorträge, Bd. 1, hrsg. v. Franz von Liszt, Berlin 1905, S. 126, 162 ff. zurück.

nalstrafe zu tragen vermag, so sehr bergen die von Nützlichkeitsgedanken getragenen präventiven Theorien die Gefahr überzogener Eingriffe. Dies ist bei der negativen General- und Spezialprävention besonders deutlich *(viel hilft viel),* doch können auch wohlmeinende Behandlungsmaßnahmen zu einer unangemessenen Zwangserziehung ausarten und zu mit der Tat nicht mehr im Verhältnis stehenden Strafen führen. Die Theorie der Spezialprävention bietet umgekehrt keine Grundlage für die Bestrafung nicht rückfallgefährdeter (sozial integrierter) Täter, selbst wenn diese schwerste Straftaten begangen haben.[18] Ob schließlich die von allen präventiven Theorien erhofften Wirkungen tatsächlich eintreten, soll ebenso wie die Frage, ob sich das Gelingen eines Schuldausgleichs empirisch überprüfen lässt, im vierten Teil dieses Beitrags erörtert werden.

Angesichts der schon theoretischen Bedenken, die gegen die Alleinmaßgeblichkeit absoluter oder relativer Straftheorien sprechen, liegt eine Kombination ihrer Elemente nahe, die hier nur in der von der Rechtsprechung und herrschenden Lehre vertretenen Variante, nämlich der sog. Spielraumtheorie vorgestellt wird.[19] Demnach bildet die Schuld einen verbindlichen Rahmen für die Strafzumessung, innerhalb dessen die konkrete Strafhöhe unter Berücksichtigung spezialpräventiver Zwecke zu bestimmen ist (Strafzumessung im engeren Sinn).[20] Während die Rechtsprechung mit allerdings ganz erheblichen Anforderungen an die Begründung auch generalpräventive Strafschärfungen innerhalb des Rahmens der Schuldstrafe für möglich hält,[21] beschränkt die Lehre den Anwendungsbereich generalpräventiver Überlegungen auf die bereits erwähnten, allein für die Wahl der Strafart (Strafzumessung im weiteren Sinn) relevanten Vorschriften und verweist im Übrigen auf die generalpräventive Funktion, die bereits der Existenz von Strafnormen als solcher zukommt (sog. Androhungsprävention).[22]

Mit der Benennung möglicher Strafzwecke ist die Grundlage zum Verständnis des nunmehr dargestellten strafrechtlichen Sanktionensystems gelegt, dessen dreiteilige Struktur bereits einen Beitrag zur Relativierung des Streits über die Straftheorien leistet. Die folgende Darstellung ist auf das Erwachsenenstrafrecht beschränkt. Im Jugendstrafrecht hat sich der Gesetzgeber wohl begründet für einen klaren Vorrang des

---

18 Zu dem dafür häufig genannten Beispiel des NS-Täters KETT-STRAUB, Gabriele; KUDLICH, Hans, Sanktionenrecht, München 2017, S. 9, 12.

19 Näher zu solchen Vereinigungstheorien ROXIN, Claus, Strafrecht Allgemeiner Teil, Bd. 1, München ⁴2006, S. 83–96.

20 Vgl. BGHSt 7, 28, 32; 20, 264, 266 f.; 28, 320, 326; ROXIN, Strafrecht (wie Anm. 19), S. 91 f.

21 Vgl. BGHSt 28, 326 f.; BGH in Strafverteidiger 1 (1981), S. 342; BGHR, StGB § 46 Abs. 1, Generalprävention 7.

22 Vgl. SCHÖCH, Heinz, Strafzumessungspraxis und Verkehrsdelinquenz, Stuttgart 1973, S. 95; LACKNER, Karl; KÜHL, Kristian, Kommentar zum StGB, München ²⁹2018, § 46 Rn. 29 mwN.

Strafzwecks der Spezialprävention entschieden (§ 2 Abs. 1 JGG), was zu einem im Vergleich zum Erwachsenenrecht viel ausdifferenzierteren, den unterschiedlichen Erziehungsbedürfnissen junger Täter Rechnung tragenden Sanktionskatalog geführt hat (§§ 9–30 JGG).

3. Grundzüge des strafrechtlichen Sanktionensystems

3.1 Strafen

Die Strafspur des Sanktionensystems wird durch die beiden Hauptstrafen, die Freiheits- und die Geldstrafe (§§ 38–40 StGB), sowie durch die Nebenstrafe des Fahrverbots (§ 44 StGB) gebildet, das (nur) zusätzlich zu einer Hauptstrafe verhängt werden kann. Von großer Bedeutung ist die Unterscheidung zwischen Freiheitsstrafen, deren Vollstreckung auf der Grundlage einer günstigen Legalprognose zur Bewährung ausgesetzt wird (§ 56 StGB) und solchen, die unausgesetzt bleiben, also in den Strafvollzug führen sowie zwischen zeitigen, minimal einen Monat und maximal 15 Jahren betragenden Freiheitsstrafen und der lebenslangen Freiheitsstrafe. Auch wenn für die Bemessung der beiden Hauptstrafen die oben erwähnte Spielraumtheorie und der Grundsatz der Schuldangemessenheit gilt, lassen sich durchaus unterschiedliche Gewichtungen der einzelnen Strafzwecke feststellen. So dient etwa die Nebenstrafe des Fahrverbots weniger dem Schuldausgleich als vielmehr der Individualabschreckung, während der in § 47 StGB angeordnete Vorrang der Geldstrafe vor kurzer Freiheitsstrafe von unter 6 Monaten der Erkenntnis der Schädlichkeit kurzer (vollstreckter) Freiheitsstrafen geschuldet und damit eine Ausprägung der Spezialprävention ist. Diese tritt wiederum durch generalpräventive Erwägungen in den Hintergrund, wenn nämlich die Verhängung einer kurzen Freiheitsstrafe „zur Verteidigung der Rechtsordnung" geboten scheint. Die Begrenzung der Aussetzungsfähigkeit auf Freiheitsstrafen mit einer Strafhöhe von maximal 2 Jahren ist Ausdruck der Einschätzung, dass bei längeren Freiheitsstrafen der Schuldausgleich in den Vordergrund tritt. Die empirische Dominanz der Geldstrafen gegenüber den Freiheitsstrafen mit einem Anteil von zuletzt über 80 % an allen Hauptstrafen[23] trägt u. a. dem Umstand Rechnung, dass dem Verurteilten mit dem Verzicht auf Konsum ein Strafübel auferlegt werden kann, ohne dabei aber vergleichbar desintegrative Wirkungen wie bei einer Freiheitsstrafe zu erzeugen.

---

23 Berechnung nach Tab. 2.3 der Strafverfolgungsstatistik, Statistisches Bundesamt (Hrsg.), Fachserie 10 Reihe 3, Strafverfolgung 2017, S. 92. URL: https://www.destatis.de/DE/Themen/Staat/Justiz-Rechtspflege/_inhalt.html#sprg235918 [eingesehen am: 20.10.2019].

3.2 Maßregeln

Die zweite Spur bilden die drei ambulanten (§§ 68, 69, 70 StGB: Führungsaufsicht, Entziehung der Fahrerlaubnis, Berufsverbot) und drei stationären (§§ 63, 64, 66 ff. StGB: Unterbringung in einer Entziehungsanstalt, einem psychiatrischen Krankenhaus, in Sicherungsverwahrung) Maßregeln, die auch dann verhängt werden können, wenn der Täter ohne Schuld gehandelt hat. Wie schon ihre gesetzliche Bezeichnung als Maßregeln *der Besserung und Sicherung* zeigt, haben sie ausschließlich spezialpräventiven Charakter, werden nämlich nur aus Anlass einer sich aus der Straftat ergebenden Tätergefährlichkeit und nicht zum Zwecke der Vergeltung dieser Tat angeordnet. Diese keineswegs selbstverständliche strafrechtliche Integration von präventiven Maßnahmen der Gefahrenabwehr[24] ergänzt und entlastet die Strafzumessung bei schuldfähigen Tätern insofern, als insbesondere die Dauer der Freiheitsstrafe keine das Schuldmaß überschreitende Sicherungsfunktion übernehmen darf und muss. Bei schuldunfähigen Tätern, die wegen des Grundsatzes *nulla poena sine culpa* nicht bestraft werden können, bei denen aber künftige Straftaten zu erwarten sind, übernehmen Maßregeln eine strafersetzende Funktion. Trotz der klaren Trennung zwischen repressiver Strafe und präventiver Maßregel haben letztere sehr wohl faktisch Strafwirkungen und können eine beachtliche generalpräventive Reflexwirkung erzeugen, wofür die quantitativ bedeutsamste Maßregel der Entziehung der Fahrerlaubnis ein besonders anschauliches Beispiel ist. So dürfte das Wissen darum, dass der Führerscheinverlust (genauer: das Erlöschen der Fahrerlaubnis) und die Anordnung einer Sperrfrist bis zur Neuerteilung die regelhafte Folge einer Trunkenheitsfahrt ist, sowohl eine abschreckende Wirkung als auch neben sonstiger Verkehrserziehung maßgeblich dazu beigetragen haben, Fahren unter Alkoholeinfluss nicht mehr als Kavaliersdelikt anzusehen.[25]

3.3 Sonstige Sanktionen

Das Sanktionensystem kennt schließlich eine ganze Reihe weiterer, praktisch sehr bedeutsamer Maßnahmen, die sich nicht (eindeutig) einer der beiden vorgenannten Spuren und damit bestimmten Zwecken zuordnen lassen und die so unterschiedlich sind, dass sie keine eigenständige dritte Sanktionsspur bilden. Dies trifft etwa auf die sehr häufig genutzten Möglichkeiten der Verfahrenseinstellung durch die Staatsanwaltschaft zu (§§ 153 ff. StPO), die dennoch als strafrechtliche Sanktionen zu begrei-

---

24 Zur international überwiegenden Einspurigkeit s. MEIER, Sanktionen (wie Anm. 7), S. 271.

25 Vgl. SCHÖCH, Heinz, Alkohol im Straßenverkehr, in: Neue Kriminalpolitik 13 (2001), S. 28 f.

fen sind, da auch von ihnen in Kombination mit dem Eindruck, den die Entdeckung und das anschließende Ermittlungsverfahren sowie etwaige Auflagen und Weisungen gemacht haben, eine strafähnliche Wirkung erreicht werden kann. Weder Strafe noch Maßregel werden in den Fällen verhängt, in denen es das Gericht bei einer Schuldfeststellung und damit dem bloßen Unwerturteil belässt. So etwa, weil der Täter durch die Folgen der Tat so schwer getroffen ist, dass von Strafe als einer weiteren Übelzufügung abgesehen werden kann (§ 60 StGB) oder die Voraussetzungen dafür vorliegen, das Strafübel einer Geldstrafe noch nicht zu verhängen, sondern vorzubehalten (§ 59 StGB). Als weitere Bespiele für neben Strafen und Maßregeln stehende strafrechtliche Sanktionen sind Statusfolgen wie der Verlust der Amtsfähigkeit (§ 45 StGB) oder die Einziehung von Tatgegenständen und aus der Tat erlangten Vermögensvorteilen (§§ 74 ff. StGB) und schließlich registerrechtliche Folgen, also etwaige Einträge im Bundeszentralregister (§ 3 BZRG), zu nennen.

3.4 *Selektivität strafrechtlicher Strafen*

Bevor der Frage nachgegangen wird, ob Strafen in der Rechtswirklichkeit das halten, was die Straftheorien zu ihrer Rechtfertigung vorbringen, muss noch einmal darauf hingewiesen werden, wie klein der Ausschnitt des strafbaren Fehlverhaltens ist, das Strafen im formellen Sinn nach sich zieht, wie ausgelesen die Fälle sind, die mit richterlich angeordneter Strafe sanktioniert werden.[26] So standen im Jahr 2017 den 5.761.984 in der Polizeilichen Kriminalstatistik[27] registrierten Straftaten lediglich 716.044 gerichtliche Verurteilungen zu Strafen[28] gegenüber. Abgesehen davon, dass dies nur Hellfeldzahlen sind, es also ein deliktsspezifisch unterschiedlich großes Dunkelfeld gibt, dessen Ausmaß ganz maßgeblich vom Anzeigeverhalten des Opfers abhängt, muss bedacht werden, dass – wiederum in Abhängigkeit von der Art des Delikts – längst nicht alle bekannt gewordenen Taten auch aufgeklärt, sprich Tatverdächtige ermittelt werden können. Viele Strafverfahren werden nicht nur mangels eines zur Verurteilung hinreichenden Tatverdachts (§ 170 Abs. 2 StGB), sondern auch wegen Geringfügigkeit oder mit Rücksicht auf vom Beschuldigten akzeptierte Auflagen und Weisungen bereits von der Staatsanwaltschaft eingestellt (§§ 153 ff. StPO). Wie schon erwähnt kann das Gericht in besonderen Fällen von Strafe absehen oder es

---

26 Näher zum „Trichtermodell" der Strafverfolgung vgl. KUNZ, Karl-Ludwig; SINGELN-STEIN, Tobias, Kriminologie, Bern [7]2016, S. 254–257; STRENG, Franz, Strafrechtliche Sanktionen, Stuttgart [3]2012, S. 56–59.

27 Vgl. Bundeskriminalamt (Hrsg.), Polizeiliche Kriminalstatistik, Jahrbuch 2017, Bd. 1, S. 10. URL: https://www.bka.de/DE/AktuelleInformationen/StatistikenLagebilder/PolizeilicheKriminalstatistik/PKS2017/pks2017_node.html [eingesehen am: 20.10.2019].

28 Vgl. Statistisches Bundesamt, Fachserie (wie Anm. 23), S. 16.

bei einer Verwarnung mit Strafvorbehalt belassen und enden auch manche Gerichtsverfahren mit einer Opportunitätseinstellung oder einem Freispruch. Folglich handelt es sich bei den förmlich *bestraften,* also mit Geld- oder Freiheitsstrafe belegten Taten bzw. Personen keinesfalls um einen repräsentativen Ausschnitt aus der Gesamtkriminalität und entspricht insbesondere die Assoziation nur von Strafgefangenen mit *Kriminellen* nicht der Wirklichkeit.

4. Kriminologische Erkenntnisse über die Effizienz von Strafen

Es ist kein leichtes Unterfangen, gesicherte Aussagen darüber zu treffen, ob Strafen Erfolg haben oder scheitern. Dies fängt schon damit an, dass sich der Strafzweck des Schuldausgleichs einer empirischen Überprüfung gänzlich zu entziehen scheint. Schwieriger als es zunächst den Anschein hat ist aber auch die Überprüfung des spezialpräventiven Effekts der Rückfallverhinderung und stellt erst recht der Nachweis generalpräventiver Wirkungen die Sanktionsforschung vor erhebliche methodische Herausforderungen.

4.1 Schuldausgleich

Beginnen wir mit dem scheinbar empirieresistenten (und deswegen so attraktiven?) Strafzweck des Schuldausgleichs. Zwar kann hier nicht in gleicher Weise wie bei den präventiven Straftheorien ein in der Wirklichkeit vorfindliches Erfolgskriterium definiert werden, da die Schuld ein höchst normatives Konstrukt und nicht messbar ist, wann deren Ausgleich gelungen/gescheitert ist, sofern man nicht einem strengen Talionsprinzip „Aug' um Auge, Zahn um Zahn"[29] folgen möchte. Ein sehr praxisrelevanter Gegenstand der Rechtstatsachenforschung kann aber die Gleichmäßigkeit der Strafzumessung bzw. die Ermittlung üblicher Strafmaße als Orientierungsgröße[30] zur Ermittlung und sodann Vermeidung einer regional unterschiedlichen Strafzumessungspraxis sein.[31] Es ist also durchaus möglich, die Schuldangemessenheit von Strafe durch eine komparative Betrachtung überprüfbar zu machen. Ebenso kann untersucht werden, ob gesetzliche Strafzumessungsvorgaben eingehalten werden, ob sich beispielsweise die gesetzliche Vorwertung von Schuldschwere durch gestaffelte

---

29 2. Mose 21,24.

30 Dazu VERREL, Torsten, Die normative Kraft des Faktischen, in: Zöller, Mark A.; Hilger, Hans; Küper, Wilfried; Roxin, Claus (Hrsg.), Gesamte Strafrechtswissenschaft in internationaler Dimension. Festschrift für Jürgen Wolter zum 70. Geburtstag am 7. September 2013, S. 799–813.

31 Vgl. SCHÖCH, Heinz, Fall 7, in: Kaiser, Günther; Schöch, Heinz; Kinzig, Jörg, Kriminologie, Jugendstrafrecht, Strafvollzug, München 82015, S. 170.

Strafrahmen in entsprechend differenzierten Strafmaßen niederschlägt oder ob neben den zulässigen auch außerrechtliche Strafzumessungsfaktoren wie etwa die Nationalität des Täters oder die soziale Herkunft des Richters eine Rolle spielen. Da es sich bei der auf die Schuldangemessenheit und Rechtsfehlerfreiheit von Strafe bezogenen Sanktionsforschung jedoch nicht im engeren Sinne um eine Effizienzkontrolle handelt, sollen deren Erkenntnisse[32] hier außer Betracht bleiben.

4.2   Spezialprävention

Es verwundert nicht, dass sich die allermeisten Studien zur Effizienz von Strafen mit der spezialpräventiven Wirksamkeit befassen, scheint doch mit der Legalbewährung des Bestraften ein vergleichsweise gut zu operationalisierendes Erfolgskriterium vorzuliegen. Aber abgesehen davon, dass geklärt werden muss, ob jede neue (nur polizeilich registrierte, staatsanwaltlich sanktionierte, gerichtlich verurteilte?) Straftat oder nur bestimmte (einschlägige?) Rückfalltaten und innerhalb welches Beobachtungszeitraums (wieviel Jahre nach der Sanktionierung?) als Scheitern gewertet werden und wie man mit der Dunkelfeldproblematik umgehen soll, ergeben sich besondere methodische Probleme bei dem Nachweis eines ursächlichen Zusammenhangs zwischen der verhängten Sanktion und dem danach gezeigten Verhalten des Sanktionierten.[33] Die schlichte Annahme *post hoc ergo propter hoc* würde übersehen, dass eine Vielzahl anderer Faktoren als die Sanktion Einfluss auf das Legalverhalten nehmen kann wie etwa durch die bisherige Verstrickung in Delinquenz eingeschliffene Verhaltensweisen, der soziale Empfangsraum oder die Arbeitsmarktlage. Will man den Sanktionseffekt isolieren, bedürfte es eines randomisierten und kontrollierten Studiendesigns, das jedoch aus naheliegenden rechtlichen und ethischen Gründen in der Strafverfolgung nur ganz ausnahmsweise umgesetzt werden kann.[34] Man behilft sich daher mit quasiexperimentellen Untersuchungsanordnungen, bei denen auf eine Gleichverteilung bekannter Moderatorvariablen wie etwa Alter, Geschlecht und Vorbelastung geachtet wird oder belässt es bei einem schlichten Vergleich von Rückfallraten nach einzelnen Sanktionen.

Ein derartiger Vergleich ergibt, dass die Rückfallquoten mit der Schwere der Sanktion ansteigen. So zeigt die jüngste deutsche Rückfallstatistik mit dem Bezugs-

---

32   Einen Überblick gibt STRENG, Sanktionen (wie Anm. 26), S. 233–244.

33   Vgl. SCHÖCH, Fall 7 (wie Anm. 31), S. 34–37.

34   So etwa bei den Evaluationen von LINKE, Alexander, Diversionstage in Nordrhein-Westfalen, Münster 2011 oder von ALBRECHT, Hans-Jörg; ORTMANN, Rüdiger, Abschlussbericht. Längsstudie zur Evaluation der Wirkung der Sozialtherapie in Nordrhein-Westfalen sowie Ansätze zur Effizienzsteigerung, Freiburg i. Br. 2000.

jahr 2010,[35] dass 30 % der mit Geldstrafe belegten Täter innerhalb eines Zeitraums von drei Jahren eine erneute Eintragung im Bundeszentralregister aufwiesen, während es bei den zu Freiheitstrafe mit bzw. ohne Bewährung Verurteilten etwa 39 % bzw. 45 % waren. Am schlechtesten schnitten mit 55 % diejenigen Gefangenen ab, die eine, bis zu zwei Jahren betragende Freiheitsstrafe voll verbüßt hatten. Aus diesen Zahlen kann jedoch nicht gefolgert werden, dass es unter spezialpräventiven Gesichtspunkten besser wäre, nur noch ambulante anstelle stationärer Strafen zu verhängen. Die mit der Sanktionsschwere ansteigende Rückfallhäufigkeit ist vielmehr zunächst nur die Bestätigung der schon der Sanktionsentscheidung zugrundeliegenden Einschätzung des Rückfallrisikos.[36] So werden ambulante Sanktionen wie Verfahrenseinstellungen und Geldstrafen bei geringerer Unrechtsschwere und vorwiegend bei Ersttätern verhängt, während langjährige Freiheitsstrafen am anderen Ende des Strafspektrums zumeist eine Reaktion auf eine fortschreitende kriminelle Karriere mit einer entsprechend ungünstigen Legalprognose sind. Besonders deutlich wird dies bei den Vollverbüßern, denn dabei handelt es sich um diejenigen Strafgefangenen, bei denen eine Strafrestaussetzung (§ 57 StGB) mangels günstiger Prognose nicht verantwortet werden konnte. Die deutlich schlechteren Rückfallquoten bei stationären Sanktionen zeigen allerdings, wie wenig berechtigt die Erwartung ist, allein durch Strafschwere Verhaltensänderungen bewirken zu können und dass insbesondere der Strafvollzug jedenfalls in seiner derzeitigen personellen und materiellen Ausstattung keine Wunderdinge vollbringen kann.

Es besteht aber auch kein Grund, den spezialpräventiven Ansatz für gescheitert zu erklären, wie es in den 1970er Jahren nach den ernüchternden Ergebnissen einer Sekundäranalyse amerikanischer Behandlungsprojekte der Fall war *(nothing works)*.[37] Vielmehr zeigen neuere Meta-Analysen, dass besser auf die individuellen Bedürfnisse und Ansprechbarkeiten der Täter zugeschnittene Maßnahmen sehr wohl messbare Erfolge haben *(something works)*.[38] Die Resozialisierung von Menschen durch Strafen, deren heutige Gestalt und Bemessung primär Ausdruck des Unrechtsausgleichs sind, ist jedoch ein von vornherein in seiner Effizienz beschränktes Unterfangen. Dies auch deshalb, weil strafrechtliche Behandlungsbemühungen zumal im Strafvollzug regelmäßig erst zu einem späten Zeitpunkt, nämlich dann einsetzen, wenn individuelle und/oder soziale Risikofaktoren bereits über längere Zeit Einfluss auf die Sozialisation des Tä-

---

35   Vgl. JEHLE, Jörg-Martin; ALBRECHT, Hans-Jörg; HOHMANN-FRICKE, Sabine; TETAL, Carina, Legalbewährung nach strafrechtlichen Sanktionen, hrsg. v. Bundesministerium der Justiz, Berlin 2016, S. 44, 70.

36   Vgl. STRENG, Sanktionen (wie Anm. 26), S. 161.

37   Vgl. MARTINSON, Robert M., What works? – Questions and Answers about Prison Reform, in: The Public Interest 10 (1974), 22–52.

38   Vgl. MEIER, Bernd-Dieter, What works? – Die Ergebnisse der neueren Sanktionsforschung aus kriminologischer Sicht, in: Juristenzeitung 65 (2010), S. 112.

ters genommen haben. Daraus darf aber wiederum nicht der voreilige Schluss gezogen werden, viel früher mit (stationären) strafrechtlichen Mitteln einzugreifen. Strafrechtliche Interventionen sind, auch wenn sie nicht strafend, sondern helfend ausgerichtet sind, stets mit der Gefahr einer stigmatisierenden und damit desintegrativen Wirkung behaftet. Dies gilt insbesondere für die Behandlung unter Freiheitsentzug. Auch darin liegt der Sinn der Rede von der Subsidiarität des Strafrechts. Vorrangig sind andere, insbesondere informelle Mittel der Verhaltenssteuerung und ist auf etwaige Mängellagen in der Tat frühzeitig, aber nicht strafrechtlich zu reagieren. Abschließend kann festgehalten werden, dass die Ergebnisse der Spezialpräventionsforschung zu einer realistischen, jedoch nicht resignativen Erwartungshaltung gegenüber dem führen sollten, was die strafrechtliche Resozialisierung unter den derzeit obwaltenden Bedingungen zu leisten vermag.

4.3   Generalprävention

Die Enttäuschung über die Effekte spezialpräventiver Maßnahmen hat vor allem in den USA zu einem Wiedererstarken des Vergeltungsgedankens *(just desert)* und der Betonung des Abschreckungszwecks von Strafe geführt. Auf die Behandlungseuphorie folgte ein auch durch das Erstarken ökonomischer Kriminalitätstheorien *(rational choice)* begünstigter Neoklassizismus. Damit richtet sich der Blick auf den Erfolg bzw. das Scheitern der Generalprävention. Um generalpräventive Strafeffekte, insbesondere die Bedeutung der Strafschwere, zu überprüfen, kann man zum einen untersuchen, ob es Zusammenhänge zwischen Kriminalitätsraten und einer sich im Zeitverlauf verändernden oder regional unterschiedlichen Sanktionspraxis gibt. Zum anderen können Befragungen darüber durchgeführt werden, welche Bedeutung die erwartete Sanktionsschwere neben anderen Faktoren für die selbst berichtete Begehung von Straftaten hat. Beide Ansätze haben methodische Probleme.[39] Bei den kriminalstatistischen Vergleichen ergibt sich wie bei der Spezialpräventionsforschung die Schwierigkeit, echte Kausalbeziehungen nachzuweisen, denn Veränderungen der Kriminalitätsraten können ebenso wie deren Konstanz durch eine Vielzahl von Faktoren bedingt sein. Mit Befragungen können letztlich nur Einschätzungen der Wirkung von Strafvariablen, nicht aber tatsächliche Merkmalszusammenhänge erhoben werden.

Fasst man den Forschungsstand unter diesen Vorbehalten zusammen, haben sich keine Nachweise für die allerdings sehr verbreitete Annahme ergeben, dass die Androhung härterer Sanktionen einen (besseren) Abschreckungseffekt hat.[40] Für leich-

---

39   Siehe dazu nur SCHÖCH, Fall 7 (wie Anm. 31), S. 166; STRENG, Sanktionen (wie Anm. 26), S. 32–34.

40   Vgl. MEIER, Sanktionen (wie Anm. 7), S. 28 f.; KETT-STRAUB, KUDLICH (s. Anm.18), S. 18.

tere Delikte hat sich gezeigt, dass die (tatsächliche bzw. vermutete) Entdeckungswahrscheinlichkeit, also der Aspekt, überhaupt erwischt und bestraft zu werden, eine Rolle spielt. Verhaltensprägender als drohende Kriminalsanktionen sind dagegen die moralische Verbindlichkeit der Norm, die erwarteten Reaktionen im Umfeld des Täters sowie die dortige Üblichkeit der Deliktsbegehung.[41]

Ist demnach eine deutliche Skepsis gegenüber einer simplen Abschreckungsideologie, nämlich der Vorstellung von einem linearen Zusammenhang zwischen der Strafschwere und ihrer negativgeneralpräventiven Wirkung angebracht, wäre es aber voreilig aus den Forschungsergebnissen zu schließen, dass Strafen gar keine abschreckende Wirkung haben.[42] Den kriminalstatistischen Untersuchungen, aber auch den Befragungsstudien liegt eine tatsächlich stattfindende Strafverfolgung zugrunde. Widerlegt wäre die grundsätzliche Abschreckungswirkung von Strafen erst dann, wenn sich das gleiche Maß an Verhaltenskonformität auch ohne Strafrecht erzeugen ließe. Davon kann man aber angesichts der anomischen Zustände, die eintreten, wenn staatliche Ordnungen zusammenbrechen oder Strafverfolgung de facto ausbleibt, nicht ernsthaft ausgehen. Die bisher vorliegenden Befunde beziehen sich unmittelbar nur auf die negative Generalprävention, was auch damit zu tun hat, dass sich die normstabilisierenden und vertrauensbildenden Wirkungen der positiven Generalprävention noch viel schwieriger messen lassen.[43] So könnte aber die besondere Bedeutung, die der von den Befragten empfundenen Verbindlichkeit einer Strafnorm für deren Legalverhalten zukommt, auch damit zusammenhängen, dass es sich um strafbares Verhalten handelt. Die innere Akzeptanz einer Strafnorm kann jenseits möglicher Abschreckungseffekte gerade darauf beruhen, dass sie ein pönalisiertes Verhalten zum Gegenstand hat. Es scheint also bei der Generalprävention weniger um die Erreichung kurzfristiger Abschreckungseffekte als vielmehr um langfristige einstellungsprägende Wirkungen zu gehen.[44]

5. Fazit

Mit der Kriminalstrafe als gewollter Übelszufügung und öffentlichkeitswirksamer Missbilligung reagiert der Staat auf strafrechtlich relevantes Fehlverhalten in besonders einschneidender Weise. Die Legitimation für einen derart intensiven Eingriff kann im modernen Verfassungsstaat nicht in einer von gesellschaftlichen Zwecken losge-

---

41 Vgl. SCHÖCH, Heinz, Empirische Grundlagen der Generalprävention, in: Vogler, Theo, Festschrift für Hans-Heinrich Jescheck, Bd. 2, Berlin 1985, 1099 ff.

42 Vgl. MEIER, Sanktionen (wie Anm. 7), S. 29.

43 Zu den Problemen der Operationalisierung SCHÖCH, Generalprävention (wie Anm. 41), S. 1083 f.

44 Vgl. DÖLLING, Dieter, Generalprävention durch Strafrecht: Realität oder Illusion?, in: Zeitschrift für die gesamte Strafrechtswissenschaft 102 (1990), S. 12, 18.

lösten metaphysischen Wiederherstellung von Gerechtigkeit, sondern allein darin liegen, seine Bürger zur Normbefolgung anzuhalten. Allerdings bildet das Schuldprinzip eine notwendige Grundlage und Begrenzung für präventiv ausgerichtetes Strafen. Die präventive Wirksamkeit des Strafrechts darf einerseits nicht überschätzt werden, da die Effizienz von Strafen durch individuelle Belastungsfaktoren begrenzt und abhängig von dem Funktionieren anderer, vor allem informeller Systeme der Sozialkontrolle ist. Es gibt bisher auch keine Nachweise dafür, dass härtere Strafen milderen in spezial- oder generalpräventiver Hinsicht überlegen sind und dürfen an einen behandlungsorientierten Strafvollzug, selbst wenn er diesen Namen verdient, angesichts der schwierigen Ausgangslage keine überzogenen Erwartungen gestellt werden. Daraus kann andererseits nicht der Schluss gezogen werden, Strafen seien wirkungslos. Ebenso wie auf die Person des Täters zugeschnittene behandlungsorientierte Sanktionen durchaus messbare Erfolge aufweisen, die Rückfallquoten eben nicht 100 % betragen, erschließt sich die normbekräftigende und einstellungsprägende Bedeutung des Strafrechts nicht nur dann, wenn man sich dessen Existenz gänzlich wegdenkt. Vielmehr liefern auch Befragungsstudien zur Generalprävention Anhaltspunkte für einen verhaltenssteuernden Effekt von Strafrecht. Wenn damit insgesamt nicht von einem Scheitern von Strafen gesprochen werden kann, bleibt die Suche nach effektiveren Strafen eine fortdauernde Herausforderung. Es geht darum, im Rahmen der Schuldangemessenheit von Strafe deren kommunikative Funktion der Missbilligung mit sozialkonstruktiver Einflussnahme, jedenfalls mit einer Verringerung der schädlichen Folgen von Strafen für den Bestraften so zu verbinden, dass sein (weiteres) Scheitern verhindert werden kann. Dabei können „die Spielräume für individualisierende Sanktions- und Diversionsstrategien ausgeweitet werden (…), ohne die Erwartungen der Bevölkerung gegenüber der Strafrechtspflege zu enttäuschen und ohne die generalpräventive Kraft des Strafrechts zu schwächen"[45].

---

45 Schöch, Generalprävention (wie Anm. 41), S. 1104 f.

Literaturverzeichnis

ALBRECHT, Hans-Jörg; ORTMANN, Rüdiger, Abschlussbericht. Längsstudie zur Evaluation der Wirkung der Sozialtherapie in Nordrhein-Westfalen sowie Ansätze zur Effizienzsteigerung, Freiburg i. Br. 2000.

Bundeskriminalamt (Hrsg.), Polizeiliche Kriminalstatistik, Jahrbuch 2017, Bd. 1, URL: https://www.bka.de/DE/AktuelleInformationen/StatistikenLagebilder/Polizeiliche-Kriminalstatistik/PKS2017/pks2017_node.html [eingesehen am: 20.10.2019].

DÖLLING, Dieter, Generalprävention durch Strafrecht: Realität oder Illusion?, in: Zeitschrift für die gesamte Strafrechtswissenschaft 102 (1990), S. 1–20.

FEUERBACH, Anselm von, Lehrbuch des gemeinen in Deutschland gültigen Peinlichen Rechts, hrsg. v. C.J.A. Mittermaier, Gießen [14]1847.

HÖRNLE, Tatjana, Tatproportionale Strafzumessung, Berlin 1999.

JEHLE, Jörg-Martin; ALBRECHT, Hans-Jörg; HOHMANN-FRICKE, Sabine; TETAL, Carina, Legalbewährung nach strafrechtlichen Sanktionen, hrsg. v. Bundesministerium der Justiz, Berlin 2016.

JESCHEK, Hans-Heinrich; WEIGEND, Thomas, Lehrbuch des Strafrechts, Berlin [5]1996.

KAISER, Günther, Kriminologie, Heidelberg [3]1996.

KANT, Immanuel, Die Metaphysik der Sitten, Königsberg [2]1798.

KETT-STRAUB, Gabriele; KUDLICH, Hans, Sanktionenrecht, München 2017.

KINDHÄUSER, Urs, Straf-Recht und ultima-ratio-Prinzip, in: Zeitschrift für die gesamte Strafrechtswissenschaft 129 (2017), S. 382–389.

KINDHÄUSER, Urs; ZIMMERMANN, Till, Strafrecht Allgemeiner Teil, Baden-Baden [9]2019.

KUNZ, Karl-Ludwig; SINGELNSTEIN, Tobias, Kriminologie, Bern [7]2016.

LINKE, Alexander, Diversionstage in Nordrhein-Westfalen, Münster 2011.

LISZT, Franz von, Der Zweckgedanke im Strafrecht, in: Strafrechtliche Aufsätze und Vorträge, Bd. 1, hrsg. v. Franz von Liszt, Berlin 1905.

MARTINSON, Robert M., What works? – Questions and Answers about Prison Reform, in: The Public Interest 10 (1974), S. 22–52.

MEIER, Bernd-Dieter, What works? – Die Ergebnisse der neueren Sanktionsforschung aus kriminologischer Sicht, in: Juristenzeitung 65 (2010), S. 112–120.

MEIER, Bernd-Dieter, Strafrechtliche Sanktionen, Berlin u. a. [4]2015.

PUPPE, Ingeborg, Die List im Verhör des Beschuldigten, in: Goltdammer's Archiv für Strafrecht 125 (1978), S. 289–306.

ROXIN, Claus, Strafrecht Allgemeiner Teil, Bd. 1, München [4]2006.

Sсносн, Heinz, Strafzumessungspraxis und Verkehrsdelinquenz, Stuttgart 1973.

Sсносн, Heinz, Empirische Grundlagen der Generalprävention, in: Vogler, Theo, Festschrift für Hans-Heinrich Jescheck, Bd. 2, Berlin 1985, S. 1081–1105.

Sсносн, Heinz, Alkohol im Straßenverkehr, in: Neue Kriminalpolitik 13 (2001), S. 28–31.

Statistisches Bundesamt (Hrsg.), Fachserie 10 Reihe 3, Strafverfolgung 2017. URL: https://www.destatis.de/DE/Themen/Staat/Justiz-Rechtspflege/_inhalt. html#sprg235918 [eingesehen am: 20.10.2019]

STRENG, Franz, Strafrechtliche Sanktionen, Stuttgart ³2012.

STUCKENBERG, Carl-Friedrich, Kants Inselbeispiel – Versuch einer Annäherung an einen sperrigen Text, in: Bonner Rechtsjournal, Sonderausgabe 01/2019, S. 26–31.

VERREL, Torsten, Die normative Kraft des Faktischen, in: Zöller, Mark A; Hilger, Hans; Küper, Wilfried; Claus Roxin (Hrsg.), Gesamte Strafrechtswissenschaft in internationaler Dimension. Festschrift für Jürgen Wolter zum 70. Geburtstag am 7. September 2013, S. 799–813.

Stephan Goertz

„Kontakt mit dem Scheitern".
Christliche Ethik für post-paradiesische Zeiten am Beispiel des Umgangs mit gescheiterten Ehen

Abstract Die Moderne entwickelt ein besonderes Verhältnis gegenüber dem Scheitern. Es gilt als Normalfall. Zugleich will man sich vor allzu negativen Folgen des Scheiterns schützen. Am Beispiel der gescheiterten Ehe, die eine kulturelle Umdeutung erfährt, kann gezeigt werden, wie unterschiedlich die katholische Theologie auf den modernen Umgang mit dem Scheitern reagiert.

Wenige Wochen vor seinem Tod im Dezember 2018 konfrontiert Wilhelm Genazino sich und seine Leserinnen und Leser mit der Frage nach dem menschlichen Scheitern.[1] Misserfolge, Niederlagen, Fehlschläge – die Alltäglichkeit des gewöhnlichen Scheiterns hinterlasse tiefe Spuren in uns, sein Übermaß bedrohe das Leben. Weil es uns wertlos erscheint, uns erniedrigen kann, neigten wir dazu, es zu verheimlichen, auch wenn wir es kaum vergessen können. Wir trotzen dem Scheitern, wenn wir nach dem Scheitern neue Handlungsmöglichkeiten ergreifen. Das Scheitern, so Genazino, drängt uns zum Denken, sofern wir zurückschauen, über uns nachsinnen. Womöglich erkennen wir, „dass wir sowieso in einer in großem Stil scheiternden Welt leben müssen". Daher sollten wir „das (mögliche, wahrscheinliche) Scheitern von vornherein in unser Leben einplanen". Die allgemeinmenschliche Erfahrung des Scheiterns, dieser Aspekt wird uns im Folgenden näher beschäftigen, wird von Genazino mit einem zeitlichen Index versehen. Er schreibt: „Wer Kontakt hat mit dem Scheitern, befindet sich auf der Spur der Moderne. Ich nehme an, gerade die Ratlosigkeit macht uns zeitgenössisch." Wir Heutigen erlebten uns als die Überforderten. Genazino steht mit dieser Diagnose nicht allein. Das Scheitern gilt seit geraumer Zeit als „die Signatur der Moderne"[2].

---

1 GENAZINO, Wilhelm, Selbstfindung. Sehnsucht nach der Auswechslung des Ichs, in: Frankfurter Allgemeine Zeitung vom 24. September 2018.

2 LÜDKE, Martin; SCHMIDT, Delf (Hrsg.), „Siegreiche Niederlagen". Scheitern: die Signatur der Moderne, Reinbek bei Hamburg 1992 (= Literaturmagazin; 30).

1. Aspekte einer Soziologie des Scheiterns[3]

Der Ursprung des Verbes *scheitern* liegt in der frühen Neuzeit. Die berstenden Holzscheite eines Fahrzeuges oder Schiffes geben dem Vorgang des Zerschellens den Namen.[4] Wenn etwas scheitert, geht etwas zu Bruch oder unter. Scheitern ist zunächst das Gegenteil von Gelingen, von heil bleiben. Wenn wir davon ausgehen, dass es zur Bestimmung des Menschen gehört, ein gefährdetes Wesen zu sein, das in der Welt handelnd sein Leben zu führen hat, stellt sich die Frage, was an dem *Kontakt mit dem Scheitern* spezifisch modern sein soll. Gescheitert sind Menschen zu allen Zeiten, immer ist ihnen das eine oder andere misslungen, sind sie an Grenzen ihrer Handlungsfähigkeit gestoßen.

Unter der Metaphorik der *gewagten Seefahrt* versucht der Mensch nicht erst in der Moderne, „die Bewegung seines Daseins im ganzen [...] zu begreifen".[5] Das menschliche Leben ist auf elementare Weise ein dramatisch gefährdetes, das sich dem Unverfügbaren stellen muss. Niemals können wir unsere Umwelt so kontrollieren, dass sich ein Scheitern ausschließen lässt. Spezifisch neuzeitlich oder modern muss etwas anderes sein als das nautische Daseinsverständnis als solches. Mit Hans Blumenberg könnte die Antwort in einem neuen Arrangement gefunden werden: „Man hat sich auf das Treiben im Meer dauerhaft einzurichten; von Fahrt und Kurs, von Landung und Hafen ist die Rede längst nicht mehr."[6] Das heißt: Das Leben verläuft nicht in geordneten Bahnen, es ist uns immer nur begrenzt verfügbar.

Die bewusste Hinausfahrt auf das offene Meer ist ein zentrales Motiv am Beginn der neuzeitlichen Philosophie. Das führt zu neuen, nicht selten riskanten Handlungsoptionen. Das Frontispiz der *Instauratio magna* von Francis Bacon zeigt 1620 ein Segelschiff, das die Säulen des Herkules – die Meerenge von Gibraltar – und damit die Grenze der bekannten Welt passiert; darunter der zuversichtliche, auf eine Stelle aus dem Buch Daniel (12,4) anspielende Satz *multi pertransibunt & augebitur scientia*, viele werden hinausfahren und das Wissen wird wachsen.[7] Das ängstliche „Verwei-

---

3   Vgl. die konzeptionellen Überlegungen von JUNGE, Matthias, Scheitern: Ein unausgearbeitetes Konzept soziologischer Theoriebildung und ein Vorschlag zu seiner Konzeptualisierung, in: Ders.; Lechner, Götz (Hrsg.), Scheitern. Aspekte eines sozialen Phänomens, Wiesbaden 2004, S. 15–32.

4   Vgl. KLUGE, Friedrich, Etymologisches Wörterbuch der deutschen Sprache, Berlin; New York [23]1999, S. 716.

5   BLUMENBERG, Hans, Schiffbruch mit Zuschauer. Paradigma einer Daseinsmetapher, Frankfurt a. M. 1979, S. 9.

6   Ebd., S. 78.

7   Vgl. GOERTZ, Stephan, Weil Ethik praktisch werden will. Philosophisch-theologische Studien zum Theorie-Praxis-Verhältnis, Regensburg 2004 (= ratio fidei; 23), S. 45.

len im Binnenmeer des Bekannten" gilt der neuen Zeit als „sträflich"[8]. Zudem konnte der Kurs des Schiffes durch eine exaktere Kompasstechnik immer zuverlässiger bestimmt werden. Die moralische Missbilligung der Neugier wird abgelöst durch Entdeckerfreude. Der menschliche Handlungsspielraum wird erweitert.

Dass die moderne Welt sich dabei keineswegs als Ort von Zuverlässigkeit und Gewissheiten erweist, belegt der Aufstieg von Sicherheit zu einer ihrer zentralen Wertideen. Die Welt bleibt unverfügbar. Sicherheit soll (wieder) hergestellt werden, sie wird *reflexiv*.[9] Sie meint „zugleich Gefahrlosigkeit, Verlässlichkeit, Gewissheit und Sorgelosigkeit"[10]. Sicherheit wird zum Wert, weil mit Scheitern in einer komplexer werdenden Welt mit enormen Herausforderungen der Handlungskoordination nach wie vor oder vielleicht erst recht zu rechnen ist und zugleich der Mensch die Geborgenheit der alten Welt verloren hat. Für Franz-Xaver Kaufmann geht das Freiheitsbewusstsein des modernen Subjekts, also die Entdeckung, ein in der Geschichte frei handelndes Wesen zu sein, mit dem Bewusstsein einer zeitlichen Zukunft einher, d. h. einer Zukunft, die als ungewiss, veränderlich wahrgenommen wird.[11] Aus dem menschlichen Objekt der Geschichte wird ein Subjekt. Da die Außenwelt keine Stabilität mehr verspricht, sucht das Subjekt nach Halt in sich selbst. Auch die Identität des Selbst ist in dieser Hinsicht ein modernes Thema.

Gesellschaftstheoretisch haben wir es mit den Folgen einer funktional differenzierten Gesellschaft mit ihrer für das Individuum kaum mehr durchschaubaren oder koordinierbaren, hoch komplexen „Pluralität von Ordnungen"[12] zu tun. Dem konservativen Bewusstsein erscheint eine solche Gesellschaft „als Ordnungsverlust, als Verlust der ‚Ganzheit' oder ‚Geborgenheit'"[13]. Für das gesellschaftlich, also nicht freiwillig freigesetzte Individuum mit einem individuellen Gewissen wird prä-reflexive soziale oder moralische Geborgenheit jedoch zu einer regressiven Idee, zum Ausdruck von Unmündigkeit.[14] Die bergende Ganzheit einer Welt könne, um mit Kaufmann zu sprechen, nur noch „beschworen"[15] werden. Für ein Individuum, das sich als handelndes, als freies Subjekt zu verstehen lernt, komme es demnach mehr und mehr auf

---

8   Blumenberg, Hans, Die Legitimität der Neuzeit, erneuerte Ausgabe Frankfurt a. M. 1996, S. 454.

9   Vgl. Kaufmann, Franz-Xaver, Sicherheit als soziologisches und sozialpolitisches Problem. Untersuchungen zu einer Wertidee hochdifferenzierter Gesellschaften, Stuttgart ²1973, S. 140.

10   Ebd., S. 149.

11   Vgl. ebd., S. 160 f.

12   Ebd., S. 170.

13   Ebd.

14   Vgl. ebd., S. 299; S. 344.

15   Ebd., S. 214.

Selbstsicherheit an, um die eigene Autonomie tatsächlich realisieren zu können. Auch Autonomie aber kann scheitern, wenn das Subjekt sich verliert, keinen Halt in sich selbst findet, wenn dem Subjekt die Handlungsfähigkeit entgleitet, wenn Ordnungen und Strukturen unkontrollierbar wegbrechen und Ereignisse den Einzelnen geradezu unentrinnbar überschwemmen.[16]

„Man hat sich auf das Treiben im Meer dauerhaft einzurichten" – so lautet die Zeitdiagnose von Blumenberg. Vom „Kontakt mit dem Scheitern" spricht Genazino und zieht daraus den Schluss, das Scheitern ins eigene Leben einzuplanen. Die neue, reflexive Sicherheit der Gegenwart ist eine Sicherheit im Bewusstsein der permanenten Möglichkeit des Scheiterns, dem „Normalfall"[17] einer modernen Welt.

2. Entdramatisierung der Ehescheidung

Dass auch Liebesbeziehungen, Partnerschaften und Ehen scheitern, erfährt und weiß heute jedes Kind. Die Lebensform der intimen Beziehung ist sich ihrer Instabilität sehr bewusst, die Rede vom Scheidungsrisiko ist fest etabliert. Mich interessiert an dieser Stelle das, was als die „kulturelle Umdeutung der Ehescheidung"[18] bezeichnet worden ist: Ihre zunehmende gesellschaftliche „Akzeptanz", also ihre Interpretation als „legitime Form ehelicher Konfliktlösung" und nicht mehr „als moralisches Versagen der Ehepartner"[19]. Mit dieser „Entdramatisierung"[20] der Scheidung geht in der Regel eine Abmilderung der negativen Folgen für die betroffenen Kinder einher.

Der Anstieg der Scheidungshäufigkeit im 20. Jahrhundert wird ursächlich mit den veränderten Lebensbedingungen der Menschen in Verbindung gebracht. Wenn Frauen gleichermaßen wie Männer nach einem *eigenen Leben* streben, wenn die Ansprüche an partnerschaftliche Liebesbeziehungen steigen sowie ökonomische und soziale Zwänge eine Scheidung nicht länger zu einem unkalkulierbaren biographischen Risiko machen, dann erhöht sich die Wahrscheinlichkeit, eine Beziehung nicht nur als gescheitert zu betrachten, sondern auch eine gescheiterte Beziehung tatsächlich zu beenden. Aus der verbindlichen Norm einer Ehe, die solange existiert, bis dass der Tod sie scheidet, wird ein Ideal oder Leitbild.[21] Hinzu kommt, dass die lebenslange Ehe in der funktional differenzierten Gesellschaft ebenso wenig wie die Sexualität noch

---

16 Vgl. dazu im Einzelnen JUNGE, Scheitern (wie Anm. 3).

17 Ebd., S. 21.

18 KAUFMANN, Franz-Xaver, Zukunft der Familie im vereinten Deutschland, München 1995, S. 119.

19 Ebd., S. 119.

20 Ebd.

21 Vgl. ebd., S. 121.

ein entscheidender Faktor für die gesellschaftliche Ordnung ist. Die Entdramatisierung der gescheiterten und geschiedenen Ehe spiegelt sich in ihrer neuen rechtlichen Ordnung. Das Prinzip der von den Eheleuten festgestellten Zerrüttung löst die Suche nach dem oder der Schuldigen und seinen oder ihren Verfehlungen ab. Scheidung kann gar als „vernünftige Lösung einer sinnlos gewordenen Ehe"[22] begriffen werden – eine aus katholischer Sicht bislang unvorstellbare Perspektive.[23] Die negativen Folgen einer Scheidung sollen für alle Beteiligten so abgefedert werden, dass keine Existenz in die Brüche geht.[24] Es entspricht dem Trotzen des Scheiterns, wenn Scheidung zur „Chance für einen Neubeginn mit einem anderen Partner in einer neuen Lebensphase"[25] wird. Das Scheitern soll in den Lebenslauf integriert werden. Das mag in vielen Fällen als Verharmlosung erscheinen, ist aber kulturell als Möglichkeit akzeptiert. Blickt man zudem auf die hohe Quote der Wiederverheiratung, könnte man „sogar behaupten", so jedenfalls formuliert es Günter Burkart, „dass die gestiegenen Scheidungszahlen ein Votum *für die Ehe* sind, weil sie zeigen, dass die Paare eine *wirklich gute* Ehe wollen"[26]. Solange Ehen im wesentlichen Versorgungsfunktionen erfüllten und nicht auf romantischer Liebe beruhten, galten für das Gelingen oder Misslingen – aus heutiger Sicht – weniger anspruchsvolle Maßstäbe. Die Tatsache, dass die Ehe in der Moderne

---

22 Burkart, Günter, Lebensphasen – Liebesphasen, Opladen 1997, S. 216.

23 Auch *Amoris laetitia* richtet das Interesse noch ganz auf die Dramatisierung der Scheidung, vgl. Franziskus, *Amoris laetitia*, in: AAS 108 (2016), S. 311–446; dt.: Sekretariat der DBK (Hrsg.), Nachsynodales Schreiben *Amoris laetitia* (= VApSt; 204), Bonn 2016, hier: Nr. 242 (im Folgenden abgekürzt mit AL). „Die Scheidung ist ein Übel, und es ist sehr beunruhigend, dass die Anzahl der Scheidungen zunimmt" (AL 246).

24 Mit Junge, Scheitern (wie Anm. 3), wäre im Falle der Scheidung von einem *graduellen* und nicht von einem *absoluten* Scheitern zu sprechen, da es in der Regel zu keiner grundsätzlichen Implosion der Handlungsmöglichkeiten kommt. Die Gesellschaft versucht, das Problem der gescheiterten Ehe so zu *lösen,* dass der Ordnungsverlust nur vorübergehend ist.

25 Burkart, Lebensphasen (wie Anm. 22), S. 216.

26 Ebd., S. 230. So auch Nave-Herz, Rosemarie, Familie heute. Wandel der Familienstrukturen und Folgen für die Erziehung, Darmstadt 7. überarbeitete Auflage 2019, S. 138: „Die Zunahme der Ehescheidungen ist nicht die Folge eines gestiegenen Bedeutungsverlustes der Ehe; nicht die Zuschreibung der ‚Sinn'-Losigkeit von Ehen hat also das Ehescheidungsrisiko erhöht und lässt Ehepartner heute ihren Eheentschluss eher revidieren, vielmehr ist der Anstieg der Ehescheidungen Folge gerade ihrer hohen psychischen Bedeutung und Wichtigkeit für den einzelnen, so dass die Partner unharmonische eheliche Beziehungen heute weniger als früher ertragen können und sie deshalb ihre Ehe schneller auflösen. Zuweilen in der Hoffnung auf eine spätere bessere Partnerschaft." Vgl. schon Luhmann, Niklas, Liebe als Passion, Frankfurt a. M. 1982, S. 195 f.; Kaufmann, Zukunft (wie Anm. 18), S. 119. Zum damit aufgeworfenen Problem überhöhter Ansprüche an Beziehungen vgl. Höllinger, Stephanie, Ansprüche an Ehe und Partnerschaft. Ein theologischer Beitrag zu einer beziehungsethischen Herausforderung, Münster 2019 (Studien der Moraltheologie. Neue Folge; 11)

aus ihrer Eigenschaft als Liebesbeziehung ihren Sinn schöpft, begründet ihre Attraktivität wie ihre Gefährdung[27] – weil die Liebe, nach der man sich sehnt, enden kann. Über die Liebe kann nicht verfügt werden, aber gescheiterte Ehen kann man scheiden.

3. Das Eheband und das Scheitern der Ehe

Wie steht es um den katholischen „Kontakt mit dem Scheitern"? Auf welcher Spur befindet sich die Theologie? Dass ihr Umgang mit dem Scheitern „notorisch prekär ist"[28], soll im Folgenden an unserem Beispiel der gescheiterten Ehe deutlich gemacht und theologisch analysiert werden.

Es ist bekannt, wie die gesellschaftlichen und rechtlichen Veränderungen im Bereich von Ehe und Familie durch die römische Kirchenleitung in den 1920er Jahren sehr genau beobachtet wurden.[29] Sinkende Geburtenzahlen, der Gebrauch empfängnisverhütender Mittel, die steigende Zahl der *„Mischehen"* und Ehescheidungen – all diese Entwicklungen führten zu großer Besorgnis. Um der befürchteten innerkatholischen Relativierung der bisherigen kirchlichen Ehelehre und Ehemoral entgegenzutreten, entschied sich Pius XI. für die Bekräftigung und Darstellung der Lehre in Form einer der Ehe gewidmeten Enzyklika, die 1930 mit dem Titel *Casti connubii*[30] veröffentlicht wurde und die katholische Position bis zum Zweiten Vatikanum maßgeblich prägen sollte. Die Frage der Ehescheidung nimmt in *Casti connubii* breiten Raum ein und wird auf dreifache Weise thematisiert: Im Kontext der mit der Sakramentalität verbundenen Unauflöslichkeit der Ehe, in der Kritik moderner Irrungen gegen das Sakrament und schließlich im Rahmen der Überlegungen zur Wiederherstellung der Heiligkeit der Ehe.

Grundlage aller weiteren Überlegungen bildet in *Casti connubii* das im Anschluss an Eph 5,32 formulierte Verständnis der Ehe als „Sinnbild der vollkommenen Einheit zwischen Christus und der Kirche" (CC I, 4a); eine Einheit, die „niemals durch irgendeine Trennung gelöst werden" (ebd.) könne. Dieses eherne göttliche Gesetz für die Ehe verbiete jede geschichtliche Veränderung. Die Unauflöslichkeit der Ehe sei

---

27 Vgl. LUHMANN, Liebe (wie Anm. 26), S. 186.

28 WERBICK, Jürgen, s. v.: Scheitern, in: LThK³, Bd. 9, Sp. 121.

29 Vgl. UNTERBURGER, Klaus, Phänomenologie der ehelichen Liebe gegen neuscholastisches Naturrecht? Die Kontroverse um Laros' Aufsatz „Die Revolutionierung der Ehe" vor dem Hintergrund der Enzyklika „Casti connubii" und der Entwicklung der katholischen Ehe- und Sexualmoral, in: Seiler, Jörg (Hrsg.), Matthias Laros (1882–1965). Kirchenreform im Geiste Newmans, Regensburg 2009, S. 131–187.

30 PIUS XI., Enzyklika *Casti connubii*, in: AAS 32 (1930), S. 539–592; dt.: Die Enzyklika *Casti connubii* über die Hoheit und Würde der reinen Ehe. Authentische deutsche Übersetzung, Luzern 1945 (im Folgenden abgekürzt mit CC).

für die Ehegatten, ihre Kinder und das Allgemeinwohl überaus segensreich, wie die Erfahrung zeige und die Vernunft bestätige. Eine Scheidung habe nur Nachteile.[31] Das durch den sakramentalen Charakter der Ehe existierende Bild der Verbindung Christi mit der Kirche sollen die Eheleute durch ihre rechte Gesinnung und Tugendhaftigkeit Leben lebendig halten. Daher dürfe die Ehescheidung auch nicht so dargestellt werden, „als ob sie von jeglicher Schuld und Schande frei wäre" (CC II, 1). Eine Legalisierung der Scheidung des unlösbaren, heiligen Ehebandes könne es grundsätzlich nicht geben. Zwar kennt auch die Enzyklika die Gründe, die für eine Ehescheidung angeführt werden: persönliche Schuld und Verfehlungen, die Gefährdungen des Kindes- und Gemeinwohls durch Zwietracht oder Gewalt und „all das, was irgendwie das Zusammenleben hart und schwer erträglich macht" (CC II, 3c). Aber das göttliche Gesetz könne und dürfe nicht entkräftet werden: „Was Gott verbunden hat, das soll der Mensch nicht trennen" (Mt 16,9). Eine Scheidung *kann* es demnach nicht geben, wohl aber die durch kirchliche und bürgerliche Gesetze zu regelnde Trennung der Ehegatten – bei Wahrung des Ehebandes.

Der Plan Gottes für die Ehe wird nach Pius XI. durch die „menschlichen Leidenschaften, Irrungen und Verfehlungen gegenwärtig allenthalben vereitelt" (CC III). Um die notwendige Ehrfurcht vor der Ehe wiederherzustellen, haben sich alle dem göttlichen Plan „anzugleichen" (CC III, 1) und der „Macht der ungezähmten Begierlichkeit" (CC III, 2) entgegenzustellen, „die ja die Hauptquelle der Sünden gegen die heiligen Ehegesetze ist" (ebd.). Die Wiederherstellung der wahren Ordnung verlangte, sich dem göttlichen Willen und den Weisungen und Lehren der Kirche zu unterwerfen (vgl. CC III, 3). Die Ehegatten sind verpflichtet, die ihnen geschenkten sakramentalen Gnadenkräfte „durch eigenes Arbeiten und Mühen" (CC III, 5) zu betätigen; von der Gesellschaft wird erwartet, etwas gegen die materiellen Nöte zu tun, die der Beobachtung der göttlichen Gebote oft im Wege stehen.

Illusionen über die seelisch oder materiell beklagenswert unglücklichen Zustände vieler Ehen macht sich *Casti connubii* nicht. Das Eheband selbst bleibt davon unbe-

---

31   CC II, 3c: „Da zum Verderben der Familien, um mit den tiefernsten Worten Leos XIII. zu schließen, ,und zum Umsturz der Staaten nichts so sehr beiträgt wie die Sittenverderbnis, so ist leicht ersichtlich, dass die größte Feindin der Wohlfahrt von Familie und Staat die Ehescheidung ist, die aus der Sittenentartung der Völker entspringt und nach dem Zeugnis der Erfahrung den größten Lastern im öffentlichen und privaten Leben Tür und Tor öffnet. Noch viel schlimmer erscheinen diese Übel, wenn man bedenkt, dass in Zukunft keine Zügel stark genug sein werden, um die einmal gewährte Erlaubnis zur Ehescheidung innerhalb bestimmter und absehbarer Grenzen zu halten. Groß ist wahrhaftig die Macht des Beispiels, aber größer noch die der Leidenschaft. Infolge dieser Verlockungen wird es dahin kommen, dass das Verlangen nach Ehescheidung täglich weiter um sich greift und in viele Herzen eindringt gleich einer ansteckenden Seuche oder einem mächtigen Strom, der die Dämme durchbricht und das Land überschwemmt' (Arcanumn divinae sapientiae, 1880)."

rührt – es kann nicht zerreißen, nicht scheitern. Auch eine lieblos gewordene Ehe bleibt eine Ehe. Wer hingegen davon ausgehe, das Eheband könne gelockert oder völlig gelöst werden, wenn die eheliche Zuneigung versiege, der habe ein falsches Verständnis von der „echten und wahren Liebe" (CC II, 3b), dem Fundament der Ehe, die „durch kein Unglück erschüttert oder auch nur schadhaft werden" (ebd.) kann.

Romantische Liebe ist ein riskantes Prinzip für die Ehe als Institution. *Casti connubii* reagiert auf diese moderne Erfahrung und bestimmt das Wesentliche der Ehe mit Hilfe der augustinischen Ehegüterlehre. Die Ehe ist gut, nicht insofern sie eine personal vitale Liebesbeziehung ist, die bekanntlich scheitern kann, weil sie unverfügbar ist, sondern indem sie Zwecke erfüllt, die dieser Liebe gewissermaßen extern, von Gott gewollt und gesellschaftlich nützlich sind. Eine lieblose Ehe, aus moderner Perspektive für viele eine entkernte Beziehung, bleibt unter den Voraussetzungen der katholischen Ehelehre eine religiös intakte Institution, die in diesem Sinne mit dem Scheitern nicht in Kontakt kommt. Wenn Menschen in einer Ehe scheitern, wird nach ihrer Schuld gefragt. Einem Neuanfang in einer zweiten Ehe steht das unzerstörbare Eheband entgegen. So lässt die katholische Ehelehre von *Casti connubii* einen Neuanfang für die in ihrer Ehe Gescheiterten am Eheband scheitern.

Erst ein halbes Jahrhundert später widmet sich ein päpstliches Schreiben wieder ausführlicher der modernen Lage von Ehe und Familie.[32] Nach dem Zweiten Weltkrieg und den gesellschaftlichen Umwälzungen der 1960er Jahre sieht sich die katholische Kirche Anfang der 1980er Jahre mit einer tiefgreifend veränderten Situation konfrontiert. Gleichwohl springen die Parallelen zu den Antworten aus den dreißiger Jahren ins Auge. Angesichts der „besorgniserregenden Verkümmerung fundamentaler Werte" (FC 6) – etwa erkennbar an der steigenden Zahl der Ehescheidungen – gelte es den „im Anfang" von Gott geoffenbarten Plan für Ehe und Familie in seiner Wahrheit und gegen jede Verteidigung der Ehescheidung (vgl. FC 76) erneut vorzulegen (vgl. FC 3). Wie bereits in *Casti connubii* wird die Möglichkeit des „unheilbaren Bruchs" (FC 83) in der Ehe, die zu einer Trennung führen kann, durchaus anerkannt. Das gültige Eheband bleibt davon nach wie vor unberührt. Geht der „unschuldige" Ehepartner nach einer Trennung bzw. Scheidung keine neue Verbindung ein, wird dies als „wertvolles Zeugnis" und „Beispiel der Treue" (FC 83) ausdrücklich gewürdigt. An eine neue Verbindung zu denken, also dem Scheitern zu trotzen, wie wir mit Genazino sagen können, wird als „weitverbreitete Fehlentwicklung" (FC 84) bezeichnet. Die Kirche will den Geschiedenen „in fürsorgender Liebe" (FC 84) beistehen, sieht sich aber nicht ermächtigt, die Wiederverheirateten zur Eucharistie zuzulassen, weil ihre Lebensweise (konkret: ihre gelebte Sexualität) auf objektive Weise dem Bund zwischen Christus

---

32 JOHANNES PAUL II., *Familiaris consortio,* in: AAS 74 (1982), S. 92–149; dt. Übers.: Sekretariat der DBK (Hrsg.), Apostolisches Mahnschreiben *Familiaris consortio,* Bonn 1981 (= VApSt; 33) (im Folgenden abgekürzt mit FC).

und der Kirche widerspreche. An Kirche und Gesellschaft wird appelliert, die Ursachen für Strukturen, die Ehen und Familien in Schwierigkeiten führen können, „soweit wie möglich auszuräumen" (FC 77).

Der Begriff des Scheiterns einer Ehe wird sowohl in *Casti connubii* wie in *Familiaris consortio* sorgsam vermieden. Fokussiert auf den gültigen Eheabschluss und den sexuellen Ehevollzug fehlt eine nachvollziehbare Antwort auf die Frage, wie theologisch mit einer menschlich gescheiterte Ehe umzugehen ist;[33] noch dazu in einer Zeit, in der es gesellschaftlich zu einer Entdramatisierung der Scheidung gekommen ist. Das strikte Festhalten an der eigenen kirchenrechtlichen Interpretation eines Jesuswortes führt zu einer Art theologischen Kontaktsperre gegenüber der menschlichen Wirklichkeit des Scheiterns, der Scheidung einer Ehe und dem Neubeginn in einer zweiten Partnerschaft. Die kirchliche Position dreht sich um die Alternative zwischen Konformität und Abweichung – gemessen am göttlichen Plan *von Anfang an*.

4. Die theologische Verdrängung des Scheiterns

Will man verstehen, warum kirchliche Dokumente noch im 20. Jahrhundert auf das Scheitern von Ehen mit solcher Distanz reagieren, lohnt es sich, auf Analysen zurückzugreifen, die Anfang der achtziger Jahre unter dem Titel „Das Tragische und das Christliche" von Eugen Drewermann vorgelegt wurden. Wenn es zum tragischen Lebensgefühl gehört, das Unentrinnbare der Verstrickungen des Individuums und seines moralischen Scheiterns ganz ernst zu nehmen, dann, so Drewermann, sei es „überraschend, ja erschreckend" festzustellen, dass das Christentum die Tragödie „vollkommen (…) leugnet"[34]. Denn hat das Christentum nicht „mit der Lehre von der Erbsünde die Tragik des menschlichen Willens zunächst wie keine andere Religion der Menschheit hervorgehoben"[35]? Drewermann liest die „jahwistische Urgeschichte" als Geschichte und Diagnose einer Angst, die den Menschen in seinem verzweifelten Bemühen um das Gute immer wieder tragisch scheitern lässt. Um für das Unglück nicht Gott zur Rechenschaft zu ziehen, wird die Schuld dem Menschen aufgebürdet. Dem Christentum dient dieses Erbe zur Darstellung der universalen Erlösungsbedürftigkeit des Menschen. Anstatt jedoch die Erbsündenlehre als „Verständnismittel der Problematik des menschlichen Daseins"[36] weiter zu entfalten, wird aus der Situation der Verstrickung etwas „an sich Überwindbares, ja bereits immer schon

---

33 Vgl. DOMINIAN, Jacob, Das Scheitern der Ehe, in: Conc 9 (1973), S. 511–519.

34 DREWERMANN, Eugen, Psychoanalyse und Moraltheologie, Bd. 1, Mainz 1982, S. 52. Eine bündige Darstellung und Kritik des Konzepts von Drewermann bietet WERBICK, Jürgen, Dynamik der Kontingenzangst, in: HerKorr 73,4 (2019), S. 18–21.

35 Ebd., S. 53.

36 Ebd., S. 55.

von Christus her Überwundenes"[37]. Die Folge dieser Verkehrung einer anthropologischen *Interpretation* in einen moralischen *Appell* sei verheerend. Denn der christliche Glaube werde moralistisch unduldsam „gegenüber den vielfältigen Tragödien des menschlichen Daseins"[38] – inklusive des Scheiterns.[39] So kommt es zu der Vorstellung, die kirchliche Verkündigung der Wahrheit und die individuelle Willensanstrengung führten zur Erlösung. Schuldhafter „Mangel an Moral und Einsicht"[40] ist nun verantwortlich für das vielfältige Misslingen und Scheitern im menschlichen Leben. Es kommt zu einer wirklichkeitsfernen moralischen Überforderung des Menschen. Das bedeutet für unser Thema: „Die katholische Kirche hat [...] zu Recht betont, dass ‚im Glauben', als ‚Sakrament', die Ehe unauflöslich sei, aber sie weigert sich beharrlich, die Tragödien scheiternder Ehen [...] zur Kenntnis zu nehmen. Sie erhebt die Unauflöslichkeit der Ehe zu einer sittlichen Pflicht, so als sei die Gnade der Liebe vom guten Willen menschlicher Moralität abhängig [...]."[41] Man könnte auch sagen, die *Unverfügbarkeit* der Liebe[42] wird nicht ernstgenommen. Wer aber meint, die Kirche verlange mit ihren Lehren vom Menschen zu viel und blicke zu wenig auf die unverfügbaren Verstrickungen, dem wird vorgehalten: „Gott befiehlt nichts Unmögliches"[43]. Er schenkt seine Gnade, damit wir tun können, was zu tun er uns

---

37 Ebd., S. 56.

38 Ebd., S. 58.

39 Vgl. demgegenüber die Distanzierung von „allzu harten und ungeduldigen Urteilen" angesichts des menschlichen Leids und der menschlichen Schwäche in *Amoris laetitia* Nr. 308.

40 DREWERMANN, Psychoanalyse (wie Anm. 32), S. 61. Vgl. ebenso KATECHISMUS DER KATHOLISCHEN KIRCHE, München 1993, Nr. 1704 (im Folgenden abgekürzt mit KKK).

41 Ebd., S. 64.

42 „Liebe ist nicht nur in dem Sinn *unverfügbar,* dass sie sich gibt, sie ist es auch dadurch, dass sie vergehen kann [...], sie ist es freilich nicht so, dass die Liebenden für sie nicht Sorge tragen könnten [...] Wenn nun die auf einem Gefühl beruhende Liebe sich als unverfügbar erweist, weil sie von selbst kommt und von selbst geht, kann sie und damit auch ihre Unverfügbarkeit von den Partnern nicht (zumindest nicht direkt) intendiert werden: Das Gefühl der Liebe tritt absichtslos auf und ab." BREITSAMETER, Christof, Liebe – Formen und Normen. Eine Kulturgeschichte und ihre Folgen, Freiburg i. Br. 2017, S. 282.

43 AUGUSTINUS, De natura et gratia, Berlin 1962 (= CSEL; 60), S. 233–299, hier: S. 270, c. 43, n. 50: *„non igitur deus inpossibilia iubet."* Vgl. die folgende Ermahnung: „Gott will unsere Keuschheit! Wenn aber Gott unsere Keuschheit will, dann muss sie auch möglich sein! Es ist nicht denkbar und ausdenkbar, dass etwas, was Gott will, nicht möglich, nicht zu verwirklichen wäre. Gott gibt uns kein Gebot, das nicht zu halten wäre", so WISDORF, Josef, Muß ein Junge daran scheitern? Düsseldorf ⁵1966, S. 62. Dieses „daran" ist die traditionell als schwer sündhaft verurteile „Selbstbefleckung".

gebietet.[44] Niemand müsse scheitern an einem von der Kirche vorgelegten göttlichen Gebot. Der paradiesische Zustand des Anfangs erscheint als Zielpunkt moralischer Anstrengung. So wird nicht die „Hilfsbedürftigkeit und Ausgeliefertheit", nicht die „Unfreiheit und Ohnmacht" zum religiösen Thema, sondern der Mensch „mit Geboten, heroischen Opferforderungen und einer Menge ungerechter Vorwürfe"[45] überhäuft. „Für Erfahrungen des Scheiterns und des Zerbrechens von Lebensentwürfen scheint in der Kirche kein Platz zu sein; die Wirklichkeit des Scheiterns wird nicht zugelassen, sondern durch individuelle Schuldzuweisungen oder Nicht-Wahrhaben-Wollen verdrängt".[46] Das katholische Christentum ist an dieser Stelle weniger im Kontakt mit dem Scheitern und auf der Spur der Moderne als im Kontakt mit der Schuld und auf der Spur der Antike.

5. Theologien des Scheiterns

Von Landung und Hafen sei „die Rede längst nicht mehr", schreibt Blumenberg. Es gelte sich „auf das Treiben im Meer dauerhaft einzurichten". Für den Soziologen Kaufmann ist die Sehnsucht nach einer das Individuum umgreifenden sozialen Geborgenheit regressiv. Der Wunsch nach Sicherheit fällt auf das Individuum und dessen Autonomie zurück. Ganz anders sprechen die beiden von uns ausgewählten päpstlichen Schreiben. Der moralische Plan Gottes mit seinen klaren Geboten sei der sichere Hafen für das wankende Individuum. Das Streben nach sittlicher Autonomie wird als stolzes Selbstvertrauen zurückgewiesen (vgl. CC III, 2). Um eine Ehe vor dem Scheitern zu bewahren, sei das moralische Gesetz und nicht die Autonomie des Menschen zu stärken.

Das in der Antike verbreitete Motiv der Philosophie als sicherer Hafen für den nach Glück und Wahrheit strebenden Menschen ist von Augustinus aufgegriffen worden.

---

44 Vgl. dazu DEMMER, Klaus, Treue zwischen Faszination und Institution. Moraltheologische Überlegungen zum Gelingen und Scheitern von Lebensbindungen, in: FZPhTh 44 (1997), S. 18–43; hier S. 18: „Und das Scheitern so mancher Lebensgeschichte steht jedermann als Warnsignal vor Augen; fehlenden guten Willen zu unterstellen wäre Zeichen pharisäischer Überheblichkeit, die auf ihre Standfestigkeit, sollte es einmal hart auf hart gehen, noch zu prüfen bliebe."

45 DREWERMANN, Psychoanalyse (wie Anm. 32), S. 66.

46 SCHOCKENHOFF, Eberhard, Chancen zur Versöhnung? Die Kirche und die wiederverheirateten Geschiedenen, Freiburg i.Br. 2011, S. 103. So heißt es etwa im christlichen Eheratgeber von ELL, Ernst, Muß die Ehe daran scheitern? Ehekonflikte – Last und Chance, Limburg 1966, S. 10: „Ziel ist nur, dass die Eheleute ihre Schwierigkeiten annehmen und dann tapfer miteinander durchstehen und zu einer guten Klärung führen." Denn „die Verödung der Ehe ist immer gemeinsame Schuld. [...] Verderben wir die Ehe, ist all unser Leben verdorben. Für dieses unser Leben [...] werden wir am Ende der Tage zur Rechenschaft gezogen" (Ebd., S. 122).

Vom stürmischen Meer mit seinen trügerischen Verlockungen soll der Mensch heimkehren zum heißersehnten „*Festland des Glücks*"[47]. In den „Tragödien" und „Wogen des Schicksals"[48] fänden viele die Heimat jedoch erst dann, wenn Schwierigkeiten und Missgeschicke wie ein günstiger Wind den Kurs änderten. Im Laufe der Geschichte wurde daraus die Vorstellung, die Lehre der katholischen Kirche sei der sichere Hafen, der den Menschen vor dem Scheitern beschützt.

In der Diskussion um das Scheitern einer Ehe ist auf Augustinus Bezug genommen worden: „Wie muss gelebt werden, damit das Lebensschiff nicht vor der Zeit scheitert? Die Antwort der Kirchenväter, mit Blick auf das verlorene Paradies und auf die Rettung aus der Verlorenheit durch Christus ist ganz klar: Leben ohne grundsätzliches Scheitern ist nur möglich in Gemeinschaft mit Gott, im Raum der Sakramente."[49] Die kulturkritische Moral des Paradieses, jenem „ummauerten Garten"[50], sei die Moral des Einverständnisses mit den vorgegebenen Grenzen, so wie Gott den Menschen „ursprünglich" gewollt hat: „Gottes Ebenbild im Bund der Zweigeschlechtlichkeit und Gottes Ebenbild im Bund der lebenslangen Treue bilden die zwei Grundpfeiler des katholischen Ehesakramentes."[51] Im „Idealzustand" wisse der Mensch „nichts von der fundamentalen Möglichkeit, sein Leben zu verfehlen und zu scheitern, und er sollte durch die Begrenzung seiner Freiheit davor bewahrt werden."[52] Gemessen an diesem Idealzustand seien wir alle im Zustand der Erbsünde Gescheiterte. Die Seefahrt erscheint als Vermessenheit, der „in seinen Grenzen naturgemäß lebende Urmensch"[53] kennt sie nicht.

In der Christentumsgeschichte hat eine Narration der Heilsgeschichte großes Gewicht erlangt, die in ihrer Abgrenzung gegenüber dem fatalistischen Schicksalsglauben und den unerbittlichen Launen der heidnischen Götter auf die menschliche Freiheit setzt.[54] Diese Freiheit ist jedoch weniger die Freiheit sittlicher Autonomie als die Freiheit, mit Hilfe der Gnade Gottes den sittlichen Geboten zu gehorchen, die den Weg

---

47 AUGUSTINUS, De beata vita (= CCL; 29), S. 65–85. Dt.: Schwarz-Kirchenbauer, Ingeborg; Schwarz, Willi, De beata vita. Über das Glück, Stuttgart 1982, 1,1.

48 Ebd., 1,2.

49 SCHALLENBERG, Peter, Ethik des Scheiterns und sakramentale Ordnung, in: Graulich, Markus; Seidnader, Martin (Hrsg.), Zwischen Jesu Wort und Norm. Kirchliches Handeln angesichts von Scheidung und Wiederheirat, Freiburg i. Br. 2014 (= QD; 264), S. 172–192; hier: S. 175.

50 Ebd., S. 175.

51 Ebd., S. 187.

52 Ebd., S. 180.

53 BLUMENBERG, Schiffbruch (wie Anm. 5), S. 33.

54 Vgl. KOBUSCH, Theo, Das Gerade, das Krumme und die Begradigung. Historische Notizen zum Scheitern und Gelingen des Menschseins, in: Speier, Holger (Hrsg.), Das in sich verkrümmte Herz, Marburg 2015, S. 255–268.

zur Seligkeit weisen (vgl. KKK 1949). Hinterlegt sei der Plan Gottes für die Ehe im Paradies – und so interpretiert Johannes Paul II. den göttlichen Schöpfungsplan von der biblischen Urgeschichte her, wie es der Botschaft Jesu entspreche: „Habt ihr nicht gelesen, dass der Schöpfer die Menschen von Anfang an als Mann und Frau geschaffen hat und dass er gesagt hat: Darum wird der Mann Vater und Mutter verlassen und sich an seine Frau binden, und die zwei werden ein Fleisch sein?" (Mt 19,4 f., vgl. Mk 10,6 f.). Folgt der Mensch mit seiner Vernunft und seinem Willen dem Gesetz des Anfangs, dann befinde er sich auf dem Weg „zur verheißenen Seligkeit" (KKK 1950). Weil Gott dabei nichts Unmögliches fordere, werden alle, die vom Weg abkommen, an ihre moralische Verantwortung und Willenskraft erinnert. Das mögliche Scheitern ist daher ein Scheitern der eigenen moralischen Anstrengung. Das menschliche Glück ist gemäß dieser Narration das Glück einer durch kirchliche Gebote zu begrenzenden sittlichen Autonomie.

Aber ist das Paradies nicht ein Park, „wo nur die Tiere und nicht die Menschen bleiben können"?[55] Weil die Fähigkeit zur sittlichen Selbstbestimmung die Menschen zu Menschen macht. Warum sollten sie dann zurück sollen in den *ummauerten Garten* einer theonomen Sittlichkeit? Die verheißene Seligkeit ist jedenfalls nicht dort zu suchen, wo die Autonomiemöglichkeiten unterboten werden. Die Welt, in die Gott den Menschen entlassen hat, zeigt sich dem Menschen in seiner Geschichte als Welt einer „radikalen Kontingenz"[56], eines unschuldigen, „unausweichlichen Unglücks".[57] Die Anteile von Tragik und Verantwortung im Scheitern lassen sich nicht abschließend bestimmen. In dieser zweiten Narration wird das Leiden, auch das Leiden angesichts eines Scheiterns, das in seinem Übermaß lebensbedrohlich werden kann, zur theologisch bedrängenden Wirklichkeit. Hat sich, fragt Johannes Baptist Metz, „das Christentum – im Lauf der Zeit – zu ausschließlich als eine sündenempfindliche und zu wenig als eine leidempfindliche Religion interpretiert?"[58] Die letzte Großerzählung ist für Metz die „Lesbarkeit der Welt als Passionsgeschichte der Menschen"[59]. Selig, die Trauernden. Sie halten die Sehnsucht nach Gottes Gerechtigkeit wach. Was im Bereich des Scheiterns von Ehen wirklich der Fall ist, das werden wir niemals in den Blick bekommen, wenn wir nur auf die moralische Schuld blicken.[60] Es ist eine große Illusion zu glau-

---

55 HEGEL, Georg Wilhelm Friedrich, Vorlesungen über die Philosophie der Geschichte, Frankfurt a. M. ⁴1995 (= Werke; 12), S. 389.

56 DREWERMANN, Psychoanalyse (wie Anm. 32), S. 57

57 LESCH, Walter, s. v.: Tragik, in: LThK³, Bd. 10, Sp. 162 f.

58 METZ, Johann Baptist, Nur um Liebe geht es nicht, in: DIE ZEIT vom 15. April 2010.

59 Ebd.

60 Vgl. DEMMER, Treue (wie Anm. 42), S. 33 f.: „Scheitern kann nicht nur unterschiedliche Dramatik annehmen, auch unterschiedliche Ebenen können involviert sein. So ist der Fall denkbar, dass einem das Lebensprojekt unmerklich aus der Hand gleitet, der Andrang der

ben, durch Willensanstrengung ließe sich Scheitern verhindern. Theologisch aber gilt: Der unbedingt den Menschen liebende Gott verwirft niemanden, dessen Ehe scheitert.[61] Menschliches Scheitern ist aus christlicher Sicht niemals ein definitives, endgültiges Scheitern. „Manchmal fällt es uns schwer", klagt *Amoris laetitia,* „der bedingungslosen Liebe in der Seelsorge Raum zu geben. Wir stellen der Barmherzigkeit so viele Bedingungen, dass wir sie gleichsam aushöhlen und sie um ihren konkreten Sinn und ihre reale Bedeutung bringen, und das ist die übelste Weise, das Evangelium zu verflüssigen" (AL 311). Das Mindeste, was wir praktisch tun können, ist, die Folgen des Scheiterns für alle Betroffenen so weit wie möglich erträglich zu machen, man kann auch von Schadensbegrenzung sprechen, und Neuanfängen von Liebe nicht im Wege zu stehen. In diesem Trotzen des Scheiterns liegt mehr christliche Moral als die religiösen Verächter der Moderne zugeben wollen.

äußeren Umstände war stärker. [...] Angesichts dessen von Schuld sprechen zu wollen, trägt den Anschein von Vermessenheit an sich. Das Wort Tragik ist weniger verfänglich, es präjudiziert nicht vorschnell, schließt aber auch die Möglichkeit schuldhaften Versagens nicht kategorisch aus."

61 Vgl. SCHOCKENHOFF, Chancen (wie Anm. 44), hier: S. 120–122; MIETH, Dietmar, Gelingen und Misslingen in Liebe und Ehe. Ein Plädoyer für den angemessenen Umgang mit irreversiblem Scheitern und mit Neuanfängen, in: Augustin, George; Proft, Ingo (Hrsg.), Ehe und Familie. Wege zum Gelingen aus katholischer Perspektive, Freiburg i. Br. 2014, S. 219–243.

Stephan Goertz

Literaturverzeichnis

AUGUSTINUS, De beata vita (= CCL; 29), S. 65–85. Dt.: Schwarz-Kirchenbauer, Ingeborg; Schwarz, Willi, De beata vita. Über das Glück, Stuttgart 1982.

DERS., De natura et gratia, Berlin 1962 (= CSEL; 60), S. 233–299.

BLUMENBERG, Hans, Die Legitimität der Neuzeit, erneuerte Ausgabe Frankfurt a. M. 1996.

DERS., Schiffbruch mit Zuschauer. Paradigma einer Daseinsmetapher, Frankfurt a. M. 1979.

BREITSAMETER, Christof, Liebe – Formen und Normen. Eine Kulturgeschichte und ihre Folgen, Freiburg i. Br. 2017.

BURKART, Günter, Lebensphasen – Liebesphasen, Opladen 1997.

DEMMER, Klaus, Treue zwischen Faszination und Institution. Moraltheologische Überlegungen zum Gelingen und Scheitern von Lebensbindungen, in: FZPhTh 44 (1997), S. 18–43.

DOMINIAN, Jacob, Das Scheitern der Ehe, in: Conc 9 (1973), S. 511–519.

DREWERMANN, Eugen, Psychoanalyse und Moraltheologie, Bd. 1, Mainz 1982.

ELL, Ernst, Muß die Ehe daran scheitern? Ehekonflikte – Last und Chance, Limburg 1966.

FRANZISKUS, *Amoris laetitia,* in: AAS 108 (2016), S. 311–446; dt.: Sekretariat der DBK (Hrsg.), Nachsynodales Schreiben *Amoris laetitia,* Bonn 2016 (= VApSt; 204).

GENAZINO, Wilhelm, Selbstfindung. Sehnsucht nach der Auswechslung des Ichs, in: FAZ vom 24. September 2018.

GOERTZ, Stephan, Weil Ethik praktisch werden will. Philosophisch-theologische Studien zum Theorie-Praxis-Verhältnis, Regensburg 2004 (= ratio fidei; 23).

HEGEL, Georg Wilhelm Friedrich, Vorlesungen über die Philosophie der Geschichte, Frankfurt a. M. [4]1995 (= Werke; 12).

JOHANNES PAUL II., *Familiaris consortio,* in: AAS 74 (1982), S. 92–149; dt. Übers.: Sekretariat der DBK (Hrsg.), Apostolisches Mahnschreiben *Familiaris consortio,* Bonn 1981 (= VApSt; 33).

JUNGE, Matthias, Scheitern: Ein unausgearbeitetes Konzept soziologischer Theoriebildung und ein Vorschlag zu seiner Konzeptualisierung, in: DERS.; Lechner, Götz (Hrsg.), Scheitern. Aspekte eines sozialen Phänomens, Wiesbaden 2004, S. 15–32.

KAUFMANN, Franz-Xaver, Sicherheit als soziologisches und sozialpolitisches Problem. Untersuchungen zu einer Wertidee hochdifferenzierter Gesellschaften, Stuttgart [2]1973.

DERS., Zukunft der Familie im vereinten Deutschland, München 1995.

KLUGE, Friedrich, Etymologisches Wörterbuch der deutschen Sprache, Berlin; New York [23]1999.

KOBUSCH, Theo, Das Gerade, das Krumme und die Begradigung. Historische Notizen zum Scheitern und Gelingen des Menschseins, in: Speier, Holger (Hrsg.), Das in sich verkrümmte Herz, Marburg 2015, S. 255–268.

LESCH, Walter, s. v.: Tragik, in: LThK[3], Bd. 10, Sp. 162 f.

LUHMANN, Niklas, Liebe als Passion, Frankfurt a. M. 1982.

METZ, Johann Baptist, Nur um Liebe geht es nicht, in: Die Zeit vom 15. April 2010.

MIETH, Dietmar, Gelingen und Misslingen in Liebe und Ehe. Ein Plädoyer für den angemessenen Umgang mit irreversiblem Scheitern und mit Neuanfängen, in: Augustin, George; Proft, Ingo (Hrsg.), Ehe und Familie. Wege zum Gelingen aus katholischer Perspektive, Freiburg i. Br. 2014, S. 219–243.

NAVE-HERZ, Rosemarie, Familie heute. Wandel der Familienstrukturen und Folgen für die Erziehung, Darmstadt 7. überarbeitete Auflage 2019.

PIUS XI., Enzyklika *Casti connubii,* in: AAS 32 (1930), S. 539–592; dt.: Die Enzyklika *Casti connubii* über die Hoheit und Würde der reinen Ehe. Authentische deutsche Übersetzung, Luzern 1945.

SCHALLENBERG, Peter, Ethik des Scheiterns und sakramentale Ordnung, in: Graulich, Markus; Seidnader, Martin (Hrsg.), Zwischen Jesu Wort und Norm. Kirchliches Handeln angesichts von Scheidung und Wiederheirat, Freiburg i. Br. 2014 (= QD; 264), S. 172–192.

SCHOCKENHOFF, Eberhard, Chancen zur Versöhnung? Die Kirche und die wiederverheirateten Geschiedenen, Freiburg i. Br. 2011.

UNTERBURGER, Klaus, Phänomenologie der ehelichen Liebe gegen neuscholastisches Naturrecht? Die Kontroverse um Laros' Aufsatz „Die Revolutionierung der Ehe" vor dem Hintergrund der Enzyklika „Casti connubii" und der Entwicklung der katholischen Ehe- und Sexualmoral, in: Seiler, Jörg (Hrsg.), Matthias Laros (1882–1965). Kirchenreform im Geiste Newmans, Regensburg 2009, S. 131–187.

WERBICK, Jürgen, Dynamik der Kontingenzangst, in: HerKorr 73,4 (2019), S. 18–21.

DERS., s. v.: Scheitern, in: LThK[3], Bd. 9, Sp. 121.

WISDORF, Josef, Muß ein Junge daran scheitern? Düsseldorf [5]1966.

Autorenverzeichnis

Thomas Neumann, Dr. theol. Lic. iur. can., Studiengangkoordinator und Fachstudienberater für das Lizentiat im Kanonischen Recht am Institut für Kanonisches Recht an der Westfälischen Wilhelms-Universität Münster.

Bernward Schmidt, Dr. theol., Professur für Mittlere und Neuere Kirchengeschichte an der Katholischen Universität Eichstätt-Ingolstadt.

Martin Rehak, Dr. iur. can., Ass. iur., Dipl.-theol., Professur für Kirchenrecht an der Julius-Maximilians-Universität Würzburg.

Stephan Dusil, Dr. iur., M.A., LMS (PIMS) Professur für Bürgerliches Recht, Deutsche Rechtsgeschichte und Juristische Zeitgeschichte an der Eberhard Karls Universität Tübingen.

Gernot Sydow, Dr. iur., M.A., Kodirektor des Instituts für internationales und vergleichendes öffentliches Recht der Universität Münster und Vorsitzender des Datenschutzgerichts der Deutschen Bischofskonferenz.

Thomas Schüller, Dr. theol. Lic. iur. can., Professur für Kirchenrecht und kirchliche Rechtsgeschichte an der katholisch-theologischen Fakultät der Westfälischen Wilhelms-Universität Münster, zugleich Direktor des Instituts für Kanonisches Recht.

Claus-Dieter Classen, Dr. iur., Professur für Öffentliches Recht, Europa- und Völkerrecht an der Universität Greifswald.

Lena-Maria Möller, Dr. phil., Wissenschaftliche Referentin in der Forschungsgruppe „Das Recht Gottes im Wandel – Rechtsvergleichung im Familien- und Erbrecht islamischer Länder" am Hamburger Max-Planck-Institut für ausländisches und internationales Privatrecht.

Astrid Reuter, Dr. phil., Professur für Religionswissenschaft an der katholisch-theologische Fakultät der Westfälischen Wilhelms-Universität Münster, seit 2019 Hauptantragstellerin im Exzellenzcluster ‚Religion und Politik' der Universität Münster, Gastprofessur an der Humboldt-Universität zu Berlin 2019.

Manfred Bauer, Ass. iur. Dr. iur. utr. Dipl. theol. Lic. iur. can. Seit 2014 Mitarbeiter in der Disziplinarsektion der Kongregation für die Glaubenslehre, Rom.

Torsten Verrel, Dr. iur., Geschäftsführender Direktor des Kriminologischen Seminars der Rheinischen Friedrich-Wilhelms Universität Bonn.

Stephan Goertz, Dr. theol. Professor für Moraltheologie an der Katholisch-Theologischen Fakultät der Johannes Gutenberg-Universität Mainz.

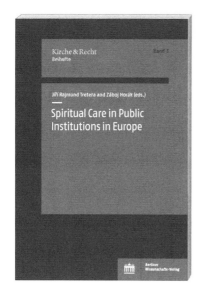

THE EDITORS

Professor JUDr. Jiří Rajmund Tretera, born 1940, received his doctoral degree at the Faculty of Law, Charles University in Prague in 1967. He has taught there since 1990 and, from 2006 onwards, has had the title of Professor of Law at the same faculty. Fields of research: canon law, religion law, legal history.

Associate Professor JUDr. Záboj Horák, born 1975, received his doctoral degree at the Faculty of Law, Charles University in Prague in 2002. He has taught there since and, from 2012 onwards, has had the title of Associate Professor of Law at the same faculty. Fields of research: canon law, religion law, legal history.

THE CONTRIBUTORS

Mark Hill QC | Záboj Horák | Adrian Loretan | Francis Messner | Michaela Moravčíková | Damián Němec | Gerhard Robbers | Martin Šabo | Balázs Schanda | Piotr Stanisz | Jiří Rajmund Tretera | Wolfgang Wieshaider

Jiří Rajmund Tretera,
Záboj Horák (eds.)

Spiritual Care in Public Institutions in Europe

Nowadays, involvement in spiritual care in public institutions or chaplaincy is one of the highly current topics connected with activities of religious communities. Spiritual care is the spiritual assistance provided by religious communities and their members to the benefit of the military, police, prison system, health care and social services, education, fire brigades, victims of crime and disasters, asylum seekers and other areas.

The monograph "Spiritual Care in Public Institutions in Europe" focuses on these topics in detail. It is written by leading experts in the field of religion law from several member states of the European Union and from Switzerland. The book is organized in a well-arranged way according to a unified system and offers the general public orientation in the important and constantly developing area of activity of religious communities in the public sphere. It is published as part of the prestigious publication series „Kirche und Recht – Beihefte".

2019, 140 pp., PPB.,
€ 37.00, 978-3-8305-3991-9
eBook PDF 978-3-8305-4152-3
(Kirche und Recht – Beihefte, Vol. 3)

Berliner Wissenschafts-Verlag | Markgrafenstr. 12–14 | 10 969 Berlin | Germany | Tel. 030 84 17 70-0 | Fax 030 84 17 70-21
www.bwv-verlag.de | bwv@bwv-verlag.de

Kirche und Recht – Beihefte

Neben der 1995 gegründeten Zeitschrift „Kirche und Recht" haben Herausgeber und Verlag eine neue Schriftenreihe etabliert: „Kirche und Recht – Beihefte".

Die Beihefte decken das gesamte thematische Spektrum im Bereich von Recht und Religion ab. Während die Zeitschrift einen besonderen Wert auf aktuelle, praxisrelevante Beiträge legt, sind die Beihefte als in sich geschlossene Themenhefte konzipiert. Sie erscheinen in loser Reihe und stehen in Verantwortung des Herausgebers des einzelnen Bandes.

Die Beihefte zu „Kirche und Recht" bieten Raum für Tagungsbände, Festschriften und andere Sammelbände, aber auch für Einzelschriften.

ISSN Print   2628-9520
ISSN Online 2628-9539

DIE HERAUSGEBER

Dipl.-Kfm. Dr. iur. Jörg Antoine, M.A. | Bernd Th. Drößler | Katrin Gerdsmeier | Prof. Dr. Burkhard Kämper | Dr. Jörg Kruttschnitt | Dr. Evelyne D. Menges L.I.C. | Prof. Dr. Arno Schilberg | Prof. Dr. Gernot Sydow, M.A.

DIE ZEITSCHRIFT

Kirchen und Religionsgemeinschaften nehmen auf vielfältige Weise am Rechtsverkehr teil und sind sowohl verfassungsrechtlich wie auch durch Konkordate und Staatskirchenverträge abgesichert. Dabei haben die Kirchen selbst und ihre Partner in Staat und Verwaltung, Wohlfahrtspflege, Privatwirtschaft und nicht zuletzt auch in der Justiz nicht nur staatliches und zunehmend auch europäisches Recht anzuwenden, sondern auch bestehendes kirchliches Recht zu beachten.

Diese historisch gewachsene rechtliche Gemengelage führte 1995 zur Gründung einer neuen überkonfessionellen und an den Bedürfnissen der Praxis ausgerichteten Fachzeitschrift: Kirche & Recht bereitet relevante Fragen praxisgerecht auf, ohne auf den wissenschaftlichen Anspruch zu verzichten. Dabei war und ist es den acht Herausgebern/innen aus den unterschiedlichsten kirchlichen und staatlichen Feldern sowie aus der Anwaltschaft ein Anliegen, neben einschlägigen Aufsätzen durch eine aktuelle Rechtsprechungsübersicht, eine Bibliographie neuer Fachliteratur, Tagungsberichte sowie aktuelle Informationen und Personalien einen umfassenden Überblick über neue Entwicklungen zu ermöglichen.

Berliner Wissenschafts-Verlag | Markgrafenstr. 12–14 | 10969 Berlin
Tel. 030 84 17 70-0 | Fax 030 84 17 70-21
www.bwv-verlag.de | bwv@bwv-verlag.de